新时代高校育人
体系构建与实践研究

田维宽 ◎ 著

辽宁人民出版社

图书在版编目（CIP）数据

新时代高校育人体系构建与实践研究 / 田维宽著 . —沈阳：辽宁人民出版社，2024.6
ISBN 978-7-205-11178-6

Ⅰ .①新… Ⅱ .①田… Ⅲ .①高等学校—人才培养—研究—中国 Ⅳ .①G649.2

中国国家版本馆 CIP 数据核字（2024）第 101924 号

出版发行：辽宁人民出版社
　　　　　地址：沈阳市和平区十一纬路25号　邮编：110003
　　　　　电话：024-23284325（邮　购）　024-23284300（发行部）
　　　　　http：//www.lnpph.com.cn
印　　刷：沈阳百江印刷有限公司
幅面尺寸：170mm×240mm
印　张：13
字　数：200千字
出版时间：2024年6月第1版
印刷时间：2024年6月第1次印刷
责任编辑：张天恒　王晓筱
装帧设计：山月设计
责任校对：吴艳杰
书　号：ISBN 978-7-205-11178-6
定　价：68.00元

　　随着新时代的不断发展，对于教育也提出了越来越高的要求。探索一种符合时代发展要求和学生成长发展的育人模式，成为当今教育发展的必然之需。本书以新时代高校育人体系为研究对象，深入探讨其构建与实践的各个方面。内容涵盖了高校育人体系建设的基础、原则、核心内容、价值取向、过程方法以及保障机制等关键要素。通过系统化的理论分析和实践探索，为完善高校育人体系、提高育人效果提供有力的支持和指导。

　　全书分为六章，第一章从理论依据、核心要义和教育价值等方面系统探究高校育人工作的本质和目标，将为后续章节的讨论奠定基础；第二章深入探讨高校育人体系构建的原则，总体性原则、主体性原则、导向性原则和实践性原则将为高校育人体系的构建提供基本准则和方向；第三章重点介绍高校育人的核心内容，通过培育学生过硬的政治能力、高尚的道德品质、卓越的"学创"本领、无畏的担当精神、健康的身心素质以及开阔的国际视野，可以使学生在全面发展中成长；第四章讨论筑牢高校育人的价值取向，通过强化"立德树人"

的价值目标、凝聚"学生中心"的价值认同和塑造"全面发展"的价值追求，高校育人将更好地为学生服务；第五章进一步探讨优化高校育人的过程方法，以学术发展驱动学生的主体觉醒、以学术责任涵育学生的道德品行、以学术评价营造长效的育人生态，将为高校育人提供科学的方法和途径；第六章探索高校育人的保障机制，通过统筹不同学科育人整体效应、推进思政元素融入所有课程建设以及提升教师育人能力，将为高校育人的质量和成效提供有力保证。希望通过本书的出版，能够为广大高校教师和学生提供有益的参考和指导，促进高校育人体系的优化和发展。

为了确保研究内容的丰富性和多样性，作者在创作过程中参考了大量理论与研究文献，在此向涉及的专家学者们表示衷心的感谢。

最后，限于作者水平，加之时间仓促，本书难免存在疏漏，恳请同行专家和读者朋友批评指正！

作者

2023 年 9 月

目 录

第一章

高校育人体系的建构基础

高校育人在当代中国是个极为复杂和重大的问题。新形势带来诸多新问题新挑战，育人任务更加迫切。理论是实践的先导，为此，对高校育人方略的分析，应该以科学的理论依据为前提，严谨厘清认知起点，以期为全部研究确立分析依据，提供学理支持。

第一节　高校育人体系的理论依据

恩格斯曾指出："一个民族想要站在科学的最高峰，就一刻也不能没有理论思维。"① 高校育人方略是一项重要的战略工程、创新工程、育人工程。高校育人方略的分析与研究要以马克思主义关于人的全面发展的学说为根本遵循，以思想政治教育本质论和接受论为依据，以系统论和协同论为视角，以期科学全面地理解和把握高校育人方略的理论前提。

一、以马克思主义关于人的全面发展学说为遵循

回溯人类历史发展的长河，每个时代都有符合这个时代发展需要的思想、理论、观点和主张。然而，随着社会历史的不断演进，有的思想、理论逐渐蒙尘甚至销声匿迹，而马克思主义却依然犹如壮丽的日出，闪烁着耀眼的真理光芒。在革命、建设、改革各个历史时期，我们党始终坚持将马克思

---

① 马克思，恩格斯．马克思恩格斯选集（第三卷）［M］．北京：人民出版社，2012：875．

主义基本原理同中国具体实际相结合，积极运用马克思主义立场、观点、方法去深耕各种重大理论与现实问题，指引着中国特色社会主义道路越走越宽广。对于我国的高校育人而言，坚持以马克思主义理论为遵循，既是近代以来我国发展历程赋予的规定性和必然性，也是中国特色繁荣发展的根本要求。

马克思主义理论博大精深，广泛涉及自然科学、社会科学、思维科学各个领域，涵盖政治、经济、文化、社会、生态、历史及党建等方面。人的全面发展理论作为马克思主义理论体系中不可或缺的组成部分，科学回答了人的解放道路的问题。马克思认为，"任何人的职责、使命、任务就是全面地发展自己的一切能力[①]"，这种全面发展包括人的劳动能力全面发展，人的物质需要和精神需要全面发展以及人的社会关系全面发展。马克思指出："生产劳动同智育和体育相结合，它不仅是提高社会生产的一种方法，而且是造就全面发展的人的唯一方法。"[②] 同时，马克思认为共产主义是一种"在保证社会劳动生产力极高度发展的同时又保证人类最全面的发展"[③] 的经济形态，共产主义社会将为每位社会成员提供能够"以一种全面的方式，也就是说，作为一个完整的人，占有自己的全面的本质"[④] 的机会。恩格斯指出，"对我们的穷弟兄来说，只是一件公平的事情，因为每一个人都无可争辩地有权全面发展自己的才能[⑤]"，明确了追求人的全面发展是每个人公平享有的权利。在恩格斯看来，人的全面发展意味着人们能够"根据社会需要或者他们自己的爱好，轮流从一个生产部门转到另一个生产部门[⑥]"，而不至于因被单一生产部门局限和束缚而造成能力的偏废。基于这一认识，恩格斯认为全面发展的人实质上是"才能

---

① 马克思，恩格斯．马克思恩格斯全集（第三卷）［M］．北京：人民出版社，1960：330.

②⑤马克思，恩格斯．马克思恩格斯选集（第二卷）［M］．北京：人民出版社，2012：230，614.

③ 马克思，恩格斯．马克思恩格斯全集（第十九卷）［M］．北京：人民出版社，1963：130.

④ 马克思，恩格斯．马克思恩格斯全集（第四十二卷）［M］．北京：人民出版社，1979：123.

⑥ 马克思，恩格斯．马克思恩格斯选集（第一卷）［M］．北京：人民出版社，2012：308.

得到全面发展、能够通晓整个生产系统的人①"。此外，恩格斯还深入分析了共产主义与人的全面发展之间的内在联系，认为"在那里，每个人的自由发展是一切人的自由发展的条件"②，并强调共产主义者的目的就是要把社会组织成"使社会的每一个成员都能完全自由地发展和发挥他的全部才能和力量，并且不会因此而危及这个社会的基本条件"③。总体来看，针对实现人的全面发展这一终极命题，马克思主义站在人类社会发展的高度，提出了许多富有创见的思想、观点和主张，它要求育人工作必须以"人"本身为起点，以关怀人类为己任，以实现人的全面发展为目标追求，极大丰富了马克思主义理论体系的内容，为繁荣发展高校育人工作奠定了坚实的理论基础。

立足高校场域，构建高校育人方略必须坚持以人为本，坚持以学生为中心，加强对学生的关注、教育和培养，切实发挥高校在帮助学生树立正确世界观、人生观、价值观中的独特作用，实现学生的全面成长成才。

二、以思想政治教育规律论和接受论为依据

规律就是事物在其运动发展的过程中所表现出来的内在的、必然的联系。学者们从不同的角度、不同的层次对思想政治教育规律理论进行了丰富的研究，对思想政治教育规律的认识逐渐从多元证明趋于综合认同，学界"基本认同将思想政治教育过程规律分为基本规律和具体规律，思想政治教育过程的基本矛盾决定基本规律，具体矛盾决定具体规律的基本观点"。④对于思想政治教育的基本规律，邱伟光、张耀灿认为是"适应规律"，也就是"教育者的教育活动既要适应受教育者的思想政治品德基础和发展要求，又要超越受教育者的原有基础，体现社会思想政治品德要求"。⑤对思想政治教育的具体规律是一个包含双向互动规律、内化外化规律、协调控制规律等的一个体系，这些规

---

① 马克思，恩格斯.马克思恩格斯选集（第一卷）［M］.北京：人民出版社，2012：308.
② 马克思，恩格斯.马克思恩格斯全集（第三十九卷）［M］.北京：人民出版社，1974：189.
③ 马克思，恩格斯.马克思恩格斯全集（第四十二卷）［M］.北京：人民出版社，1979：373.
④⑤冯刚，郑永廷.思想政治教育学科30年发展研究报告［M］.北京：光明日报出版社，2014：231，227.

律并不是一成不变的，而是随着时代的发展、教育主客体的特点变化以及教育环境的变化而不断丰富和发展的。可以说，高校育人实质上是一种形式思想政治教育，它必须遵循思想政治教育的基本规律，在学生、学术、学科三者之间的相互作用的活动中，创新和发展思想政治教育过程中的具体规律，在适应当代大学生的思想政治品德的基础之上，教育教学要满足国家和社会对当代大学生思想政治品德的需求和期待。

接受本是人类社会生活中极为常见的现象之一，但由于长期以来人在外部客体面前并无太多主观能动性，致使接受的重要性未能得到有效的凸显。直至进入 20 世纪 60 年代，随着大众传播的迅猛发展与全球信息化时代的到来，接受问题逐渐引起学界关注。随后，接受理论逐渐被引入思想政治教育学科，经过多年的探索与发展，形成了一套关于思想政治教育接受理论的研究体系。所谓思想政治教育接受是指思想政治教育接受主体出于自身需要，在环境作用影响下通过某些中介对接受客体进行反映、选择、整合、内化、外化等多环节构成的、连接的、完整的活动过程。通过有效的接受，社会和社会群体的一定的思想观念、政治观念、道德规范，就可以被内化为接受主体的品德思想，并外化为品德行为。从类型来看，依据不同的划分标准表现出不同的类型。例如，以接受主体的能动性为例，可将思想政治教育接受划分为主动接受和被动接受；从接受的方式来看，可划分为理解性接受与熏陶性接受。从接受过程基本要素来看，可以划分为传导者、接受主体、接受客体、接受中介、接受环境五大基本要素。总的来看，思想政治教育接受理论认为，思想政治教育活动首先要高度关注接受者的主体性。要打破长期以来从党的需要、国家的需要来开展思想政治教育活动的传统思维，充分尊重和开发接受者的实际需要，强化对接受者的服务意识，从而改变接受者关于思想政治教育与知识技术教育实属二元对立关系的错误认知，确保思想政治教育活动真正得到受教育者的接受。其次，要高度重视接受者的能动性。思想政治教育接受理论认为，受教育者在思想政治教育活动中并非总是被动接受外来思想文化信息的一方，而是具有一定的主观能动性。然而这种主观能动性究竟能够得到何种程度的开发，同样有赖于思想政治教育工作者的努力。再次，要充分尊重接受者的差异性。我们需要清晰认识到，由于家庭条件、教育背景抑或先天禀赋的不同，个体与个体之间是存在一定差异的。开展思想政治教育活动，必须充分尊重受教育者的个体差异性，才能更好地提高思想政治教育活动的针对性与实效性。

三、以系统论及协同论为分析视角

系统论是关于系统的专门理论，其试图揭示和探究系统的一般性质和运动规律，并从理论层面加以概括与总结，为人们研究和考察现实系统提供理论和方法。人类在早期的社会实践中，就已经对现实世界的系统特性和规律有了初步的认识，并形成了朴素的系统思想。著名的古哲学书籍《周易》正是中国系统论思想的滥觞，书中所提出的"易有太极，是生两仪，两仪生四象，四象生八卦"这一思想，生动形象地描述了宇宙万物的分化、演化过程，蕴含着运动变化、整体大于部分之和等基本的系统思想。古希腊哲学家亚里士多德提出的"全体并不是部分的总和"这一思想也正是西方早期最具影响力的系统论观点。黑格尔在论及整体与部分的关系时也曾指出："全体的概念必定包含部分。但如果按照全体的概念所包含的部分来理解全体，将全体分裂为许多部分，则全体就停止其为全体。"[1] 而真正现代意义上的系统理论则形成于 20 世纪 30 年代。1934 年，美籍生物学家贝塔朗菲（Bertalanffy）在其发表的《现代发展理论》一文中提出，要用数学和模型来探究生物学的方法和集体系统论概念。这一文章的发表被视为现代系统理论的萌芽，贝塔朗菲也因此被称为现代系统理论的创始人。随后，以比利时物理学家普利高津（Prigogine）、法国数学家 R. 托姆（R.Thom）、德国物理学家哈肯（Hermann Haken）为代表的一大批学者相继提出耗散结构理论、突变理论、协同学理论等思想，极大丰富了现代系统理论的理论内涵。系统理论认为，"系统"本身是一个极为复杂的研究对象，具体指的是由相互作用和相互依赖的若干组成部分结合成具有特定功能的有机整体。[2] 具体来看，系统理论主要包括以下六个基本原理：一是系统整体性原理。系统理论认为，以系统方式存在的事物，必然在整体水平上产生独属于系统整体的属性、功能和行为，而不等同于系统内各要素的属性、功能和行

---

① 黑格尔. 小逻辑［M］. 贺麟，译. 北京：商务印书馆，1980：282.
② 贝塔朗菲. 一般系统论［M］. 林康义，魏宏森，译. 北京：清华大学出版社，1987：51.

为的简单相加。简而言之，整体大于部分之和。二是系统层次性原理。系统理论认为，从系统构成来看，系统是由诸多要素组成的。由于各系统要素之间的差异及其结合方式上的差异，系统组织在结构、地位、功能等方面表现出鲜明的层次性、等级性。三是系统开放性原理。所谓开放性，就是指系统与外部环境始终处于相互联系、相互作用之中，不断进行着物质、能量、信息的交换与沟通。这是系统得以存在与发展的基础和前提。四是系统目的性原理。系统理论认为，当系统与外部环境相互联系、相互作用时，系统会作出相应的选择与反应，从而使其发展趋势在某种程度上不受或者少受外部条件的影响，从而确保系统呈现出预先确定的状态，即合目的地运动。五是系统稳定性原理。所谓稳定性是指一个开放性系统，尽管它会与外部环境进行物质、能量、信息的交换，但其所具有的自我调控能力会帮助它保持或恢复原有的结构和功能，呈现出动态平衡的特征。六是系统自组织原理。系统理论认为，开放系统总是处在一定的自组织的演化过程中，在复杂的非线性相互作用下，系统内部要素自发组织起来，使系统从无序到有序，从低级到高级。[①] 总体来看，系统理论作为一门专门研究事物整体性的理论，是适用于所有系统（或确定的支级系统）的原理性学说。[②] 现阶段，系统理论已经被广泛地应用于自然科学和社会科学的各个领域，成为改造自然和社会的一种有力的思想武器。毫无疑问，我们要将高校育人方略置于系统论视域中进行考察，把它作为一个系统工程来认识和处理。换言之，构建高校育人方略，必须立足其总体目标和现实基础，正确处理和协调高校育人方略中整体与部分、部分与部分、层次与层次、系统与环境之间的关系，从而建立科学的系统结构和顺畅的运行机制，充分调动系统内外部一切可利用资源及要素，从而更好地发挥高校的育人功能，服务于党和国家人才培养工作。

所谓"协同论"，意为"协调合作之学"，是由德国物理学家赫尔曼·哈肯所创立。该理论认为，当系统因一个或几个参数的变化而产生"临界涨落"时，将迅速产生一种巨大的协同力量。从 20 世纪 80 年代起，该理论在公共政

---

① 魏洪森，曾国屏．系统论——系统科学哲学［M］．北京：清华大学出版社，1995：265.

② 贝塔朗菲．一般系统论［M］．林康义，魏宏森，译．北京：清华大学出版社，1987：3.

策执行领域，特别是在提升公共政策执行力问题上得到了积极的尝试。在协同学理论的视域下，公共政策执行力的动力源于政策系统中诸多子系统的相互协调与合作。公共政策执行力的动力系统是产生政策执行力的各要素之和，即人力、财力、信息、权威、制度五大熵流。上述五大熵流构成了公共政策执行力的动力系统，共同形成了公共政策的执行协同力。但一般情况下，它们并不能自动从"无序"向"有序状态"、从"混沌"向"协同"转变，还需要"临界涨落"的重要契机。这一"契机"，在赫尔曼·哈肯看来，主要包括以下三个方面，即公共政策执行协同力的产生需要交叉利益这一序参量、需要促使执行系统的自组织运动、需要确保控制参量发挥作用三种情况。这些参量的存在，才能使公共政策执行系统有机会与系统外部环境保持充分的信息沟通与交换，对于提高公共政策执行系统的开放性、增强公共政策执行动力系统的信息熵流、推动公共政策执行协同力的形成具有重要作用。总体来看，协同论作为政策科学研究的重要分析框架，对于构建高校育人方略的研究仍具有借鉴意义。育人是一个系统工程，涉及学生、学术、学科的内部协同，也涉及学校一家庭一社会的外部协同，这就需要从整体布局和顶层设计出发，统筹各方面资源和力量，完善育人的机制体系，形成各方面合力，实现学生、学术、学科在育人过程中的相互作用和融合融通，实现高校育人方略的科学性、整体性。

第二节　高校育人体系的核心要义

全面剖析高校育人方略的核心要义，需要从一般性的概念逻辑中归纳出育人、育才及育人体系的基本内涵，正确认识高校育人方略的意义指向，同时科学把握其主要特点，为高校育人方略构筑的理论研究奠定坚实基础。

从字面意思来看，"育人"可以理解为教育、培养人，其内在包含培养什么人、怎样培养人、为谁培养人这三个层面的内容。这既是人才培养的根本，也是时代发展的前提。在我们党的历史实践中，"育人"概念一直是事实存在着的，不同的历史时期有着不同的历史任务，归根到底都是为党育人、为国育才。

中国特色社会主义进入新时代，是我国发展新的历史方位。在新时代育什么人、育什么才的问题上，习近平总书记明确指出："我国是中国共产党领导的社会主义国家，这就决定了我们的教育必须把培养社会主义建设者和接班人作为根本任务，培养一代又一代拥护中国共产党领导和我国社会主义制度、立志为中国特色社会主义事业奋斗终身的有用人才。"[①] 因此，"育人"指的就是培养德智体美劳全面发展的社会主义建设者和接班人。新形势下，育人是所有高校的共同使命，事关党的事业后继有人，事关国家发展和民族复兴的前途命运。

第三节　高校育人体系的教育价值

在人的现实实践活动之中，人们在认识真理的过程中，也在不断创造价值、实现价值。从词源上来说，"价值"一词原本指"掩盖、保护、加固"，后来逐渐演化为"可珍贵的、可尊重的、可重视的"等等。哲学范畴的"价值"是指"在实践基础上形成的主体和客体之间的一种意义关系"。[②] 价值关系总是在不同领域、不同层次和不同时态上形成和变化着，形成了复杂多样的价值形态，它们相伴而生且交织在一起，在面临价值冲突时，要加以合理取舍和综合。高校在育人的过程中，本质上政治价值、道德价值、科学认识价值等各种各样的价值形态也在发生并不断变化着。

一、教育学生坚定理想信念

教育引导学生坚定理想信念，是高校育人方略最深层次的价值追求。理想信念是人们精神家园的核心，是人们追求理想世界的价值追求。习近平总书记指出："青年理想远大、信念坚定，是一个国家、一个民族无坚不摧的前进动力。"[③] 高校育人工作对引导学生坚定理想信念具有不可替代的重要地位和作用。其一，引导学生真学、真懂、真信、真用马克思主义。马克思主义是我们

---

① 习近平.坚持中国特色社会主义教育发展道路 培养德智体美劳全面发展的社会主义建设者和接班人 [N].人民日报，2018-09-11（01）.

② 《马克思主义哲学》编写组.马克思主义哲学 [M].北京：高等教育出版社，2009：296.

③ 习近平.在纪念五四运动100周年大会上的讲话 [M].北京：人民出版社，2019：6.

认识世界、把握规律、追求真理、改造世界的强大思想武器。马克思主义思想理论博大精深、常学常新，高校育人方略要致力于教育引导学生自觉地刻苦、深入学习马克思主义经典著作，理解和领悟马克思主义原理，坚定马克思主义信仰和共产主义理想，坚持用马克思主义立场观点方法把握工作规律、破解实际问题，有效传播和引导学生科学认识马克思主义的历史性、科学性和现实性，感悟马克思主义的真理力量。其二，增强学生的道路、理论、制度和文化自信。中国特色社会主义是党团结带领中国人民进行的一切奋斗、一切牺牲、一切创造的根本成就，高校育人方略要致力于引导学生深刻认识中国特色社会主义道路选择的历史必然和光明前景，学深悟透马克思主义中国化的理论精髓，继承实事求是、与时俱进的理论品格，深刻认识我国国家制度和国家治理体系的显著优势，在传递中国特色、中国风格、中国气派中坚定文化自信。其三，增强学生对实现中华民族伟大复兴中国梦的信心。习近平总书记指出："我们教育引导学生，一个重要任务就是用中国梦激扬青春梦，为学生点亮理想的灯、照亮前行的路。"[1] 实现中华民族伟大复兴中国梦是几代中国人的夙愿，是新时代最鲜明的时代主题，高校育人方略要致力于引导学生正确认识中国梦的深刻内涵，深入研究国计民生的重大课题，把握中国特色社会主义发展大势，勇担追梦者和圆梦人的时代使命，在中国梦的历史、现实、未来的纵深中把小我融入大我。其四，提升学生对中国共产党的信服。高校育人方略要致力于引导学生认识到中国共产党的领导是党和国家事业发展的"定海神针"，坚持党的领导是做好各项工作的根本保证和命脉所在，要始终同党和人民站在一起，提升政治敏锐性，认清国内外发展大势，把握世界发展方向，坚定不移听党话、跟党走。

二、培育学生树立正确的世界观、人生观、价值观

马克思主义认为人们所处不同的社会历史条件和生活环境，尤其是处于不同的阶级地位，就会有不同的世界观、人生观、价值观。世界观是人们对生活于其中的整个世界以及人和外在世界之间的关系的根本观点、根本看法，人生

① 习近平. 把思想政治工作贯穿教育教学全过程 开创我国高等教育事业发展新局面 [N]. 人民日报, 2016-12-09（01）.

观是世界观在人生问题上的具体表现，价值观是人们在实践中形成的对于价值、价值关系的一般看法和根本观点，是处理各种价值问题时所持有的比较稳定的立场、观点和态度的总和，三者相互影响、相互作用，支配和指导人们在实践活动中的思想观念和现实选择。大学生正处在世界观、人生观和价值观形成的关键时期，思想活跃、乐于接受新鲜事物，然而心智尚未成熟、自我意识强、容易受外界环境影响，加之自身社会阅历和经验尚浅，容易受到多元价值观念的影响和冲击，尤其要拧紧世界观、人生观和价值观这个"总开关"。当代大学生是与新时代共同前进的一代，高校育人要从其所处的时空境遇出发，从党和国家的需求期待出发，从社会发展需要出发，教育引导学生形成正确的世界观、人生观和价值观。其一，引导学生深刻理解人类命运共同体。人类只有一个地球，各国共处一个世界。当今世界，各国间的联系日趋紧密、相互依存的程度空前加深，人类生存居住在同一个"地球村"，命运休戚与共，历史与现实在同一个时空中交错，你中有我、我中有你的人类命运共同体已经形成。在解决世界问题、人类命题、发展难题的时候，没有任何一个国家能够独善其身、全身而退。高校育人方略要通过对人类文明积极成果的借鉴与吸收，引导学生关注人类前途命运的重大问题，深刻认识人类命运共同体理念的科学内涵，拓展开放包容、合作共赢的国际视野中，涵育人类命运与共的世界情怀，勇担推动人类社会发展的世界公民责任。其二，引导学生树立"永久奋斗"的人生信条。永久奋斗是中国青年运动的革命传统，也是中国青年的青春底色。高校育人方略要讲好我们党的奋斗史，引导学生扬起"永久奋斗"的风帆，发扬艰苦奋斗精神，从小事做起、从点滴做起，在披荆斩棘中奋起，在攻坚克难中前行，做信念执着、永不气馁的新时代奋斗者。其三，引导学生坚定以人民为中心的价值取向。高校育人方略要引导学生树立为人民做学问的理想，聚焦人民群众最关心、最直接、最迫切的现实问题，把自身学术追求同国家和民族发展紧密联系起来，创造经得起实践、人民和历史检验的成果。

三、引导学生提升道德修养和涵养精神境界

崇德修身是做人做事的第一品格。在中国，古代先贤们很早就认识到"远人不服、则修文德以来之"的道理，通过以德服人、以文化人不断提升中华民

族的地位和影响。习近平总书记指出："要在加强品德修养上下功夫，教育引导学生培育和践行社会主义核心价值观。"① 我国高校育人在长期的发展与实践中，培育和形成了崇高的道德规范和精神境界。基于此，高校育人方略要引导学生踏踏实实修好品德、提升精神境界。其一，引导学生志存高远，树立起宽仁慈爱、无私奉献的大爱。树立起报效祖国、服务人民的大德，树立起兼济天下、守望相助的大情怀。中国特色社会主义现代化国家新征程为广大学生施展才华提供了广阔天地，要引导学生深刻认识到只有以大爱大德大情怀为指引，才能在新时代的历史方位中找准人生坐标、坚定思想定力，在解释世界、改造世界中为祖国、为人民立德立言，积极应对人类面临的共同问题。其二，引导学生立足平实，牢记"从善如登，从恶如崩"的道理，从小事、小节做起，明辨是非，踏实修身，在实际学习、生活中传承中华传统美德，塑造高尚品格，并转化为热爱劳动、勤俭节约、乐于助人、自省自律等行为规范，影响和带动社会大众塑造高尚道德情操和行为规范。其三，鼓励学生自觉践行社会主义核心价值观。社会主义核心价值观是中华民族共同的价值追求。大学生是整个社会最积极、最有生气的力量，能否自觉认同和践行社会主义核心价值观决定着社会大向心力。高校育人方略要瞄准培养能够担当民族复兴大任的时代新人的目标，将培育和践行社会主义核心价值观全方位融入教育教学全过程，落细、落小、落实，引领学生科学认识社会主义核心价值观的本质内涵，并将其自觉转化为情感认同和行为习贯，提升价值观自信，做社会主义核心价值观的坚定信仰者、积极传播者和模范践行者。

---

① 习近平.坚持中国特色社会主义教育发展道路 培养德智体美劳全面发展的社会主义建设者和接班人［N］.人民日报，2018-09-10（01）.

第二章

高校育人体系构建的原则

原则就是事物发展的一般法则，是人们认识客观世界和改造客观世界的基本准则。不同的事物有不同的发展原则。原则问题就是按照事物的一般发展法则作为我们观察问题处理问题的方法问题。在高校育人的过程中，应立足于实际，坚持主体性、导向性和实践性的原则，将人才的培养落到实处、落到细处。

第一节　主体性原则

主体性就是人在自觉活动中的本质特性，它包括自主性、能动性、创造性等，它是以人的客观存在为基础的自身主客观的统一。主体性原则是指作为主体性存在的人，从自己的内在尺度出发来把握和占有物的尺度的原则，是主体改造客体、客体统一于主体的原则。主体性原则着重表现在马克思关于主客体相互生成、相互规定以及主体把握客体的"两个尺度"的思想中。马克思认为不能把"对象、现实、感性"当作"感性的人的活动"和"当作实践去理解"；不是"从主体方面去理解"，而"只是从客体的或者直观的形式去理解"，这是"从前的唯物主义"的"主要缺点"。[①]这告诉我们，对人类社会活动的理解和把握要从人这个主体的维度入手。思想政治教育作为"人类史"活动的一部分，从主体性层面认识和把握高校育人的规律，是克服传统认识论基础上形成

---

① 罗骞．总体性的马克思主义［N］．光明日报，2015-05-27（14）．

的"无人的思想政治教育"的重要手段。

一、克服教育活动中"无人"的倾向

中华人民共和国成立后，我国教育学深受以苏霍姆林斯基、凯洛夫为代表的苏联教育学家的影响，而其教育学的主要哲学基础就是知识论。如凯洛夫认为"学生是在掌握知识的过程中认识客观世界的"，但"学生并不负有发现新的真理的任务"，[①] 他们的任务是要把"知识牢牢地记在自己的脑子里"。以知识论为基础探索发展教育规律，其重要意义是不言而喻的。但问题在于，将知识论在教育领域近乎僵化的套用，其结果导致的是静态的"教学认识论"，教师与学生之关系沦为单纯地"以知识为纽带的授受关系"，"教"与"学"的本质就沦为仅仅是对知识的"传递"与"接受"。这虽可能有助于知识的理解与掌握，但根本上无助于学生的自由全面发展。同时，"教学认识论"的前提是默认"知识是确定无疑的"且"教师是真理在握的"，它割裂了知识与人的生存关系，割裂了知识与教师及学生的现实关系，忽略了知识的不确定性和复杂性，压抑着人的创新精神和主体能动性的发挥。总之，这种教育抽掉了存在论意义上的人，因而体现不了教育的主体性和人文关怀，使教育成为"无人"的教育。或者说，以传统知识论为指导的教育，它不是从存在论上探讨人的存在，而是从知识论上探讨"普遍必然的"教育规律。要克服这种"无人"的倾向，唯有从马克思主义存在论基础上坚持人的实践活动是主观目的的设定和客观因果关系的有机统一。

那么，何谓存在论？"存在论"（ontology）这一概念在不同的哲学学说中有不同说法。概而言之，存在论泛指一切有关存在的哲学研究，是这种类型或这一领域哲学的一个总名称，是一个属概念。西方传统哲学本体论和现当代哲学存在论即生存论，都是存在论这门学科在不同历史时期形成的两种不同的哲学理论形态，是存在论下面的两个子概念、子科目。一般而言，西方传统哲学本体论主要表现为某种"超验实体"的哲学理论，它以寻求"终极存在"和"终极价值"的方式，为人类自身的存在寻找"根据"和"尺度"；它又以自

---

① 伊·阿·凯洛夫.教育学［M］.陈侠，朱智贤，邵鹤亭，等，译.北京：人民教育出版社，1957：132.

己所承诺的"本体"作为依据和尺度，批判地反思人类一切活动和全部观念的各种前提，为人类的"生存"和"生活"提供"安身立命之本"或"最高的支撑点"。①

西方现当代哲学存在论，实现了从认识论到生存论的转向，它大都意指某种以人为根本的人本存在论。但西方现当代哲学存在论往往把人解释为某种非理性的"人"。如尼采认为人实际上是一种"意志"、海德格尔认为人是一种意向性的"此在"、萨特认为人是一种"主观性"，因此，他们所构建的存在论大都是某种非理性的人本存在论。而马克思所说的人是"现实的人"，这种"现实的人"在实践的对象化活动中便确立起了其自身对自然和社会的根本地位。同时，马克思指出"一切关系都是由社会决定的，不是由自然决定的"，"全部社会生活在本质上是实践的"，"在人的实践中以及对这种实践的理解中"能够"合理的解决"任何"把理论引向神秘主义的神秘东西"，② 因此，实践问题根本上是人的问题，而人不仅是知识论意义上的主体，更是生存论意义上的主体（即体现实践是人的存在及活动方式）。因而，马克思存在论思想是一种现实的"实践人本存在论"。③ 马克思主义认为人类的任何劳动或实践活动都是目的性与因果性的有机统一。在劳动或实践过程中的目的性设定，是自然存在和社会存在的区别。

只有从人这个主体出发，在主观上设定这一培养目的，才会有思想政治教育工作者等教育教学工作者去探索与这一目的设定相关的各种影响因素及其相互作用关系，并通过各种因素的相互作用使目的朝着主体设定的方向发展。

与此同时，思想政治教育并不是单纯地发现和遵从教育规律，它是一种"现实的人"的主体活动过程。因而，人才的培养并不能像自然规律发生作用那样简单纯粹和必然，它充满着主体意志的作用。这种主体意志即人的主体能动性，它很大程度上决定着因果关系。如对教育手段和方式的选择、对教育时

①韩秋红，史巍，胡绪明.现代性的迷思与真相：西方马克思主义的现代性批判理论［M］.北京：人民出版社，2013：4.
②马克思，恩格斯.马克思恩格斯全集（第三十卷）［M］.北京：人民出版社，1995：235.
③崔秋锁，付秀荣，丁立卿.马克思人本思想研究［M］.北京：人民出版社，2014：279.

间和空间的选择、对教育内容的侧重点选择等等，都会引发、促进、忽略或限制某些因果关系的发挥。在教育实践中，并没有一个脱离人这个主体而存在的绝对教育规律，来决定大学生该如何成长成才，因为无论是教师还是学生，他都是现实的、感性的人。但人并不能随意地选定创造的条件，而是在既定的、从过去继承下来的条件下创造。言外之意，作为以实践为中介的人化自然，其前提、基础和对象仍是客观的、物质的。基于人是自然的一部分的前提，教育作为培养人的一种社会活动，其实质也是人化自然过程中的一部分。因此，目的设定虽说是主观上的设定，但它并不是随心所欲地设定，而是基于实践是客观的物质性活动这一出发点的。

从存在论出发，当前教育研究也更看重人的生命、人的生存状态和人的主体地位，产生了"回归生活世界"的趋势。因而，思想政治教育回归生活化或生活化的思想政治教育成了当前思想政治教育领域研究的热门话题。不可否认，思想政治教育生活化给传统的思想政治教育工作带来了新的尝试与体验，在较大程度上，它更贴近实际、贴近学生、贴近生活，因而它对于摆脱传统知识论基础上形成的"无人"的思想政治教育具有重要的现实价值。但借鉴西方现当代存在论哲学向"生活世界"回归的思想适用于教育领域，这是远远不够的。只有坚持以科学的马克思"生活世界"理论的指导才能真正实现教育向"生活世界"回归。教育向"生活世界"回归，首先就要明晰现实生活世界是一个怎样的世界。马克思笔下的"生活世界"是"现实的人"在"第一个历史活动"即"生产物质生活本身"的基础上，通过实践活动改造后的人化自然，是"现实、感性"的社会生活。在这种社会生活中，个人"受抽象统治"[①]——受在本质上作为社会关系的资本的统治。因而，马克思"生活世界"理论紧密关切着资本逻辑"统治"下的人的命运前途，为此"对实践的唯物主义者即共产主义者来说，全部问题都在于使现存世界革命化，实际地反对并改变现存的事物"，[②]并最终实现自由人联合体的理想。问题是，当今的现实社会还是马克思笔下的"生活世界"吗？关于这一问题，不能简单地作等同回答。

---

① 马克思，恩格斯.马克思恩格斯全集（第三十卷）［M］.北京：人民出版社，1995：114.

② 马克思，恩格斯.德意志意识形态（节选本）［M］.北京：人民出版社，2018：19.

但毫无疑问，我们仍处于资本逻辑"统治"下开启的资本现代性叙述中。

以马克思"生活世界"理论为指导，人才的培养也必须密切关注现实、关注实际，关注"世界和中国发展大势"、关注"中国特色和国际比较"，正确认识"时代责任和历史使命""远大抱负和脚踏实地"。[①] 此外，教育"向生活世界回归"，还须明晰如何"回归"的含义。在方法论意义上，它最终还是要落在实施"回归"的主体——现实的人这个核心点上。因而，就过程而言，教育向生活世界的"回归"还是主观目的设定与客观因果关系相统一的结果。因为，教育在本质上是一种实践活动，而实践活动是目的性与因果性的统一。蓝图已经绘就，目标已经明确，接下来要做的就是达到路径清晰。这就需要我们在实践中去把握培育人才的各种因果关系。

二、自我教育、自我管理与自我服务

坚持自我教育、自我管理与自我服务（以下简称"三自"）的统一是坚持主体性原则的现实表现。随着改革开放的深入，高校和高等教育的改革也逐渐摆上工作日程，其中一个重要的改革方向，就是强调发挥学生在高校和高等教育中的主体作用。1994 年 8 月中共中央发布《关于进一步加强和改进学校德育工作的若干意见》，强调要"培养学生自我教育、自我管理、自我服务、自我约束的能力"。[②] 这是在中央文件中首次明确强调要培养学生的"三自"能力。2004 年中共中央、国务院在《关于进一步加强和改进大学生思想政治教育的意见》将"坚持教育与自我教育相结合"，"充分调动大学生的积极性和主动性，引导他们自我教育、自我管理、自我服务"确定为加强和改进大学生思想政治教育的六条原则之一。[③] 至此，坚持"三自"原则，培养大学生"三自"能力成为加强日常思想政治教育的重要抓手和突破口。

（一）真正的教育就是自我教育

---

① 习近平.习近平谈治国理政：第二卷［M］.北京：外文出版社，2017：378.
② 中共中央文献研究室.社会主义精神文明建设文献选编［M］.北京：中央文献出版社，1996：535.
③ 中共中央文献研究室.十六大以来重要文献选编：中［M］.北京：中央文献出版社，2006：179.

德国哲学家雅斯贝尔斯，认为"真正的教育就是自我教育"[①]"教育的过程是让受教育者在实践中自我联系，自我学习和成长[②]"。苏联教育家苏霍姆林斯基也认为，"只有能够激发学生去进行自我教育的教育，才是真正的教育"。[③]从主体性意义而言，教育的宗旨就是把受教育者引向自我教育的道路。"三自"原则充分尊重学生主体地位，尊重学生的话语权，有利于真正了解学生的真实想法和内在需求，有利于学生真正认识自我和表达自我。而这恰恰是构建因材施教育人机制的前提基础。育人，应注重学生本体的需要和切实发挥学生本体在其成长成才中的主体作用。只有学生真正积极参与、认真实践的育人机制才是最具生命力、渗透力的机制。

倡导和发扬自我教育是我们党做好群众工作的优良传统。我们党十分强调动员群众、依靠群众，让群众自己教育自己、自己解放自己。在党的群众路线的指引下，党领导人民攻克了一个又一个难关，取得了一个又一个胜利。人才的培养并不是按统一的刻板式的模板塑造人，而是注重发挥实践主体能动性的自我设计和自我唤醒。其中设计的是自我成长的路径，唤醒的是自我成长的思想与意识。

坚持青年学生对自己成长成才的自我唤醒和自我设计，就是坚持由"群众自己下决心""使群众认识自己的利益"在当代的现实表现。因此，在育人的过程中，注重对青年学生自我教育意识的唤醒，增强青年学生对人才的价值认同，使成为人才转变为青年学生的自觉活动，就显得尤为重要。

当前，高校是不同意识形态争夺的焦点和关键领域。在西方各种思潮的渗透下，在纷繁复杂的意识形态斗争中，青年学生的思想观念难免会受到不同程度的影响。为此，我们要坚持以马克思主义理论武装青年学生的头脑，对于受到不良思潮影响的青年学生，我们要坚持批评与自我批评的方法。育人不仅意味着要对青年学生进行知识的传授，更重要的是要使青年学生开启心智，形成良好的自我意识，使其能够明辨是非对错、能够明晰自己"可以干什么""有

---

① 雅斯贝尔斯.雅斯贝尔斯哲学自传［M］.王立权，译.上海：上海译文出版社，1989：118.

② 雅斯贝尔斯.什么是教育［M］.邹进，译.北京：生活·读书·新知三联书店，1991：4.

③ 瓦·阿·苏霍姆林斯基.给教师的建议（修订本全一册）［M］.杜殿坤，译.北京：教育科学出版社，1984：350.

能力干什么"和"应该干什么"。只有通过自我教育的方法，才能真正增强青年学生对意识形态斗争等方面的体认，增强青年学生自我提高的内生动力，提升青年学生努力学习、奉献社会的心理动机。

（二）"三自"原则是坚持学生主体性的生动体现

近年来，"三自"原则在国家战略布局中的地位不断上升。2013 年 11 月，中共中央在《关于全面深化改革若干重大问题的决定》中，将"促进群众在城乡社区治理、基层公共事务和公益事业中依法自我管理、自我服务、自我教育"[①] 纳入推进基层民主协商制度化战略；2014 年 10 月，中共中央在《关于全面推进依法治国若干重大问题的决定》中，将坚持"三自"原则，"完善和发展基层民主制度"[②] 作为全面推进依法治国的重大任务；2019 年 10 月，中共中央在《关于坚持和完善中国特色社会主义制度、推进国家治理体系和治理能力现代化若干重大问题的决定》中，将"在城乡社区治理、基层公共事务和公益事业中广泛实行群众自我管理、自我服务、自我教育"，进而"健全充满活力的基层群众自治制度"[③] 作为推进国家治理体系和治理能力现代化的重大战略环节。

在高等教育的改革和发展过程中，同样要贯彻落实上述重大战略决策的要求。换而言之，在构建和谐校园、全面推进依法治校、全面从严治党、"推进高等教育治理体系和治理能力现代化建设"[④] 过程中，应注重构建和发挥高校师生"自我管理、自我服务和自我教育"的机制与作用。在高等教育中，"三自"原则作为广泛接受的教育理念和教育实践，它与来自外部的教育、管理、服务的主要区别就是它生动体现着学生的主体性。具体而言，主要区别在于"主体与客体的内在统一性""过程的自我调控和目标的自我设定"以及"主体

---

① 中共中央文献研究室 . 十八大以来重要文献选编：上［M］. 北京：中央文献出版社，2014：528.

② 中共中央文献研究室 . 十八大以来重要文献选编：中［M］. 北京：中央文献出版社，2016：163.

③ 中国共产党第十九届中央委员会第四次全体会议文件汇编［M］. 北京：人民出版社，2019：31.

④ 钟登华 . 加快推进高等教育治理体系和治理能力现代化建设［N］. 学习时报，2019-11-29（6）.

行为的自我指向性"。① 在构建和发挥学生"三自"作用的载体上，高校学生会、社团等学生自治组织承担着重要的角色。事实上，中央很早就已经意识到这个问题的重要性。2005 年 1 月，共青团中央、教育部在《关于加强和改进大学生社团工作的意见》中提出"加强和改进大学生社团工作的总体要求"，强调学生社团作为学生"自我管理、自我服务的载体"，"要以推动大学生全面发展为目标"，"充分发挥学生自我教育、自我管理、自我服务的积极性"。② 从教育学的角度而言，'三自'原则符合教学双向主体互动的教育规律，符合认知教育到养成教育的德育规律。但从具体实践效果来看，学生在校期间担任的不同兼职身份（如社团干部、学生干部等），学生对"三自"原则的认知和态度并不一样。如刘晓玲、喻良文等人在对广州中医药大学全校学生发放的 900 份调查问卷（其中有效问卷 810 份）中显示，在"自我服务"的认同度上，学生干部和非学生干部存在明显的差异，81.71% 的学生干部具有"很好或好"的自我服务意识，而非学生干部只有 52.76%③；又如陈璇、郑学娴在对韩山师范学院 28 个专业新生发放的 1090 份问卷（其中有效问卷 1049 份）统计表明，有 60%~80% 的新生是认同"三自"原则，不赞成或者持可有可无态度的只是少数，同时担任学生干部、参加过学生社团或参加过社会实践的人对"三自"原则的认同度比非学生干部、没有参加过学生社团和没有参加过社会实践的同学高。④ 显而易见，社团组织为提高学生的"三自"能力提供了一个非常好的实践平台。

　　总之，主体性原则是马克思主义哲学的基本原则，它从主体出发，在"为我关系"中去理解外部世界、人（主体）以及人与外部世界（主客体关系）的一种理论原则，是哲学在处理这些问题的一个"视角"或"参考系"。主体性原则为人才培养坚持"以人为本"提供了科学的哲学依据。在高校人才的培育

---

　　① 刘志国.大学生自我教育、自我管理、自我服务能力的培育［J］.黑龙江高教研究，2014，（4）：54.

　　② 共青团中央，教育部.关于加强和改进大学生社团工作的意见［Z/OL］.中国共青团网，（2005-01-13）［2023-07-14］.http：//www.gqt.org.cn/search/zuzhi/documents/2005/zqlf/tlf5.htm.

　　③ 刘晓玲，喻良文，赵立凝，等.高校学生"自我管理、自我教育、自我服务"现状的调查研究［J］.怀化学院学报，2006，（10）：179-180.

　　④ 陈璇，郑学娴.大学新生"自我教育、自我管理、自我服务"意识现状的调查研究［J］.湖北广播电视大学学报，2013，（11）：58.

中，教育工作者"教什么"、学生"学什么"固然重要，但更为重要的是"怎么教"和"怎么学"。因此，在高校育人过程中，必须切实发挥主体性原则的指导意义。

第二节 导向性原则

导向性原则是教育的灵魂，它指引着高校育人的发展方向。具体而言，高校育人的导向性原则就是要坚持正确的政治导向，坚持社会主义核心价值观的价值导向，坚持破解阻碍人才成长的问题导向和坚持全程育人的过程导向。

一、坚持政治导向

办好中国特色社会主义高校之路，是由我国独特的历史、文化和国情决定的。这也是高校育人首先要坚持的政治导向。具体而言，就是要坚持马克思主义的指导、中国共产党的领导，大力育人，为实现"两个一百年"奋斗目标和中国梦提供人才保障和智力支持。

（一）旗帜鲜明讲政治

旗帜鲜明讲政治是马克思主义政党的根本要求，也是育人的优良政治基因。旗帜鲜明讲政治是党的建设的根本与核心，党的政治建设是党的建设的中心环节。党的政治建设它集中表现在正确制定和贯彻党的纲领和路线上，它是一个历史阶段内一切工作的根本出发点、着眼点和依据。离开了党的政治建设，党的其他建设必然没有"灵魂"和"根基"，就"成了无用功"。高校育人工作，不仅是一个教育问题，更是一个涉及新时代党的文化教育纲领能否"落地生根""开花结果"的政治问题。换而言之，高校能否将青年学生培育成人才，将是检验高等教育"讲政治"的试金石。2019年1月，中共中央发布《关于加强党的政治建设的意见》，强调要大力培养造就具有坚定共产主义信仰和较高马克思主义理论素养的社会主义建设者和接班人。因此，高校育人工作首先就要坚持政治导向原则，毫不动摇地坚持党的全面领导，毫不动摇地坚持马克思主义意识形态的主导地位和毫不动摇地坚守人民对美好生活的向往的奋斗目标。

不可忽视的是，当前在培育人才"旗帜鲜明讲政治"的素养方面仍然面临着不小的挑战。这种挑战主要表现为：党仍然面临着"四大考验"（即长期执政考验、改革开放考验、市场经济考验、外部环境考验）和"四大危险"（即精神懈怠危险、能力不足危险、脱离群众危险、消极腐败危险），党内政治信念缺失、政治能力不足、政治生态破坏等现象依然存在，部分党员领导干部脱离群众，"四风"（即形式主义、官僚主义、享乐主义和奢靡之风）问题严重，甚至违法违纪攫取利益，无视政治纪律和政治规矩，形成了"政治腐败与经济腐败相互交织的利益集团"，一些党员干部和党组织"不讲政治的问题还比较突出"，有的甚至已经"偏离中国特色社会主义方向"。[①] 这些问题严重侵蚀着培育人才"讲政治"的现实基础，侵蚀着风清气正的教书育人环境。与此同时，当前高校在意识形态领域进行着具有许多新的历史特点的伟大斗争。在这些伟大斗争中，如果忽视了马克思主义所指引的方向，就难以抵御各种错误思潮，还很容易被一些天花乱坠、脱离实际甚至荒唐可笑、极其错误的东西所迷惑、所俘虏。在这些伟大斗争中，如若不能以马克思主义的武器予以正面回击，终将葬送中国特色社会主义大学来之不易的良好发展态势，终将使育人这一重大政治使命沦为泡影。

（二）立场坚定塑人才

政治立场与政治方向事关根本。高校培育人才的政治立场，就是坚持以人民为中心的人民性立场和坚持"以党的意志为意志"的党性立场；所要坚守的政治方向，就是共产主义远大理想和中国特色社会主义共同理想，就是党的基本理论、基本路线、基本方略。归根到底，高校育人所要坚守的政治立场与政治方向，就是马克思主义和中国共产党的领导。正如习近平总书记所指出的，马克思主义"是我国大学最鲜亮的底色"。[②] 在教书育人的全过程中，坚持正确的政治立场和政治方向是我们必须永远恪守的准则。一个立志全心全意为人民服务的人，把人民放在心中最高位置的人，努力提高人民群众获得感、幸福感和安全感的人，必是与党同心同德、坚决站稳党性立场和人民立场的人。这

①王舒婷.中共中央关于加强党的政治建设的意见［M］.北京：人民出版社，2019：2.
②习近平在北京大学考察时强调：抓住培养社会主义建设者和接班人根本任务 努力建设中国特色世界一流大学［N］.人民日报，2018-05-03（1）.

样的人，明白自己身上的责任、使命与担当，明白自己为谁而奋斗、努力和拼搏。这样的人，就是中国特色社会主义新时代需要的人才。

古今中外，关于教书育人的思想流派繁多，理论观点各异，但其核心都是按照自己的政治要求来培养人。具体而言，这种政治要求，就是要培养有利于促进本国社会发展、本国文化传承和国家制度存续、运行的人。鉴于我国独特的历史、文化和国情，我国的高等教育就是要培养为人民服务、为中国共产党治国理政服务等"四个服务"的人。在政治使命与担当的层面，上述"四个服务"的人其实质就是人才的不同角色阐述。教育引导青年大学生牢固树立"四个服务"意识，是高校立德树人的政治立场与政治方向。一旦"在培养人的问题上走偏了"，就会成为"一株歪脖子树，无论如何都长不成参天大树"。[①] 因此，在落实立德树人的根本任务时，我们必须坚定正确的政治立场，坚决破除用所谓的"知识标准""市场导向""国际接轨"取代应毫不动摇地坚持的"政治标准""政治导向"和"中国特色"。

用"知识标准"取代"政治标准"的典型表现就是，某些大学以培养所谓的"专才""通才"为名，披着培养"独立思考"与"批判精神"的虚伪外衣，淡化、弱化马克思主义的指导，歪曲和抹黑党委领导下的校长负责制（其实质是要歪曲和抹黑党对高校的领导），避谈青年学生为党、为人民和为社会主义奋斗的使命与担当。所谓用"市场导向"取代"政治导向"，其意指某些高校缺乏对青年学生的理想信念教育、家国情怀塑造和社会责任感的培养，用办企业的模式办教育，"老师"转变为"老板"，完全根据市场喜好设置专业及其培养方案；用"造富豪"的价值观"育人才"，造就精致的利己主义者。而用"国际接轨"取代"中国特色"的突出表现就是，忽视我国的历史与国情，以建设世界一流的大学为幌子，直接用西方的标准来考量我国大学发展，抛弃在高等教育和高校育人中的"中国经验"和"中国方案"。高校育人，就要教育引导学生正确认识中国特色和国际比较，深化学生对马克思主义立场、观点和方法的理解与感悟，使青年学生在政治立场、政治方向上同党中央保持高度一致，坚决防止和纠正各种"低级红""高级黑"现象。总之，高校须将正确的政治

---

① 人民日报评论员. 始终坚持社会主义办学方向——二论学习贯彻习近平总书记高校思想政治工作会议讲话 [N]. 人民日报，2016-12-10（1）.

立场和政治方向贯彻到谋划育人的重大战略实践中去，经常对标对表，及时校准偏差，廓清思想迷雾、澄清模糊认识、排除各种干扰，不断坚定人才的"四个自信"。

二、坚持价值导向

使全国各族人民同心同德，最重要的是要确立"价值观'最大公约数'"，[①] 社会主义核心价值观就是这个最大公约数。一个国家、一个民族如果没有共同的核心价值观，就会魂无定所、行无依归。作为培育和践行社会主义核心价值观的着眼点，高校应坚定地坚持社会主义核心价值观的价值导向。

（一）在培育和践行社会主义核心价值观中养成价值自觉

社会主义核心价值观是维系中华民族精神共识的纽带，是提升国家认同、民族认同的凝魂聚气、强基固本的基础工程。社会主义核心价值观建设，说到底是人的思想建设、灵魂建设，聚焦的是造就三观（即世界观、人生观和价值观）正确的人才。将社会主义核心价值观融入高等教育全过程，使之成为青年学生日用而不觉的行为准则，内化成为青年学生在价值判断、价值选择、价值整合过程的价值自觉，是培育和践行社会主义核心价值观的关键，也是高校育人的价值追求所在。价值追求的高级阶段就是价值自觉。价值自觉就是深刻理解价值本质上的价值追求，就是"全面、辩证、科学的价值追求"，[②] 具体而言，价值自觉就是人们在全面思考各种价值关系（如个人与社会、自我与他人、眼前与长远、局部与整体、经济发展与社会进步、自然保护与社会发展等）及其后果的基础上深思熟虑的追求。

从行为层面而言，价值自觉体现着价值主体克服了情感、爱好等非理性因素的支配与驱使，从科学的价值理性思维出发，对价值事实的本质、规律和后果有了较为正确的认识、较为全面的把握和较为客观的评判之后所作出的价值追求、价值选择和价值评价等价值行为。能否形成价值自觉是检验社会主义核心价值观教育成效的核心标准，价值自觉是社会主义核心价值观建设的关键。

---

① 中共中央文献研究室．十八大以来重要文献选编：中［M］．北京：中央文献出版社，2016：3.
② 王伦光．和谐社会的价值追求研究［M］．北京：人民出版社，2011：102.

社会主义核心价值观的培育与践行，是一个使社会成员对各种价值诉求进行价值整合从而形成价值认同的外化过程，也是一个使社会成员从价值认同到价值实践的内化过程。这两个过程都离不开价值自觉。而高校立德树人的根本任务、历史使命，也在于使社会主义核心价值观内化为青年学生的价值自觉，让青年学生真正懂得应该展现什么样的精神风貌、站稳什么样的政治立场、弘扬什么样的道德风尚、担当什么样的历史责任，从而为实现人的自由全面发展提供强大的精神动力和价值指引。

为此，我们应着重在落细、落小、落实上下功夫。社会主义核心价值观教育发生在每个人身上，涉及社会生活方方面面。所谓"落细"就是要落到细处，细致、细心和细巧地开展社会主义核心价值观教育，避免教育过程中的粗糙、粗暴和笨拙；所谓"落小"就是要落到小处，要以小见大，见微知著，从自己做起，从身边做起，"从做好小事、管好小节开始起步"，[①] 一点一滴积累，养小德最终成大德；而所谓"落实"就是要落到实处，要知行合一、言行一致，将价值观教育融入社会生活和学生在校日常生活，将"基本原理"转变为"生活道理"，避免陷入形式主义。其次，培育和践行社会主义核心价值观在本质上回答了三个重要问题，即建设什么样的国家、建设什么样的社会和培养什么样的人才问题。这三个问题的解决，需要紧紧围绕社会主要矛盾的变化而提出相应的方针、政策。

马克思曾指出，"人们为之奋斗的一切，都同他们的利益有关"。[②] 解决社会主要矛盾就是解决人们的利益关切。从把握社会主要矛盾的角度，尽最大可能满足青年学生对美好生活的需要，提升青年学生对社会主义核心价值观的情感认同和行为认同，聚焦青年学生生活世界的场域，并从话语表达方式上进行创新转换以更贴近青年学生的实际，是最终形成培育和践行社会主义核心价值观的生活情景和社会氛围的重要抓手。这个抓手，虽立足新时代社会主要矛盾的大背景，但其最终还须落在细处、落在小处、落在实处。唯有此，社会主义核心价值观的影响才会"像空气一样无所不在、无时不有"，[③] 才会形成见贤思

---

① 习近平.习近平谈治国理政：第一卷［M］.北京：外文出版社，2018：173.

② 马克思，恩格斯.马克思恩格斯全集（第一卷）［M］.北京：人民出版社，1995：187.

③ 习近平.习近平谈治国理政：第一卷［M］.北京：外文出版社，2018：165.

齐、择善而从的良好风气，从而为人才的培育提供厚重的"软环境"和厚实的"软文化"。

（二）在应对中国社会转型的挑战中形成正确的价值共鸣

培育和践行社会主义核心价值观，就要引导广大师生做社会主义核心价值观的坚定信仰者、积极传播者、模范践行者。而这就不得不正面应对中国社会转型给高校社会主义核心价值观教育带来的直接挑战。当前我国迎来了世界新一轮科技革命和产业变革同我国转变发展方式的历史性交汇期和实现"两个一百年"奋斗目标的历史交汇期，迎来了思想大活跃、观念大碰撞、文化大交融的新时代，我们面对的机遇千载难逢，但与此同时，我们面对的改革发展稳定任务之重前所未有、面对的矛盾风险挑战之多前所未有。伴随着当代中国社会的转型，我国社会经济形态与形式、社会生产与生活方式、文化与价值观念等都在发生着转变。一些西方国家打着"自由""人权"等其自我演绎的所谓的"普世价值"的旗号，在世界范围内推销和渗透，挥舞着价值观念的"大棒"，对那些不听命、不顺从他们的国家进行打击与打压。在国内外多种因素的影响下，一些人"没有国家观念、集体观念、家庭观念"，丧失了基本的价值观念，不讲对错，不问是非，不知美丑，不辨香臭，浑浑噩噩，穷奢极欲，总之就是"观念没有善恶，行为没有底线""什么缺德的勾当都敢做""什么违反党纪国法的事情都敢干"。①

在一定程度上，高校是中国社会转型的一个缩影。市场经济体制的深刻改革及其带来的社会结构的深刻变化、高等教育内涵式发展的改革等重大战略举措都从正反两面影响着高校师生的价值观念。首先，市场经济的发展一方面提升了高校师生的民主意识、法治精神等，但同时受市场经济体制不尽完善的负面影响，一些高校师生的"冷漠化""物欲化""西式化""庸俗化"的倾向明显。其次，因贫富差距的扩大、就业形势的市场化竞争升级等因素的影响，尤其是当前高等教育体制的深入改革，使高校进行着利益结构的重组与再分配，一些"弱势高校"和高校内部的"弱势群体"具有较为浓厚的消极负面情绪，这都使高校师生的价值取向和价值追求日益复杂多元。面对这些挑战，我们必须不

---

① 习近平 . 在文艺工作座谈会上的讲话［M］. 北京：人民出版社，2015：22.

失时机地"推进国家治理体系和治理能力现代化",在中国社会转型的时代背景中坚持社会主义核心价值观的正确导向,"努力抢占价值体系的制高点"。而其中,尤为重要的是要加强对青年学生的价值观教育,因为"青年的价值取向决定了未来社会的价值取向"。①

核心价值观体现着一个社会评判是非曲直的价值标准。各民族、各国家的核心价值观各有特点。但归根到底,每一个国家、民族的核心价值观必须同他们的"历史文化相契合",同他们需要解决的时代问题相适应。社会主义核心价值观就是中华优秀传统文化的继承与升华,体现着我们中国人独特的精神世界和日用而不觉的价值观念。对青年学生进行社会主义核心价值观教育,使青年学生扣好人生的"第一粒扣子",就必须正确认识到中国社会转型所包含的交往信息化、视野全球化、价值工具化与认识多元化等趋势,直面工具理性扩张与价值理性虚脱,夯实应对社会转型的集体意识和价值共鸣的根基。

具体而言,应着重注意正视以下几个问题:其一,在全球化浪潮中掌握民族化话语权,避免"欧美风""日韩流"等思潮消解"中国风"的引领力,坚定文化自信,不忘本来、吸收外来、面向未来,不断铸就中华文化的新辉煌,形成高度的中华文化的文化自觉;其二,在市场化浪潮中挺立社会主义先进文化,化解物化逻辑对人的抽象统治,防范沉迷"虚假需求"的"单面人"倾向,防范精致的利己主义者的生成与泛滥;其三,在信息化浪潮中增强网络安全防御能力和威慑能力,营造风清气正的"草野"即网络空间,"培育积极健康、向上向善的网络文化",防范信息不对称传播夹杂真相异化和虚假、诈骗、攻击、谩骂、恐怖、色情、暴力等负面网络话语的大行其道;其四,在多元化的浪潮中各守社会主义核心价值观主旋律,防范"哈姆雷特式"问题的消极共鸣和没有主旋律、正能量的"伪个性化"或狭隘的个性化,使"小我与大我""小节与大节"相互成全,避免主旋律缺位和主流价值空心。总之,无论是西方意识形态文化的渗透、多元文化的碰撞与摩擦,还是西方资本主义世界对我国政治、经济、军事等领域的冲突与冲锋,抑或是国内就业、教育、医疗、居住、养老等民生问题的短板,经济社会发展的不平衡不充分等等,都

---

① 习近平 . 习近平谈治国理政:第一卷［M］. 北京:外文出版社,2018:172.

是"必须着力加以解决"的现实而紧迫的问题。而对这些问题的解决,都离不开千千万万的青年学生的奋力拼搏,离不开社会主义核心价值观的价值导向作用,更离不开以践行社会主义核心价值观为价值自觉的人才的全程参与。

三、坚持问题导向

新形势下,落实"四个伟大"战略,推动构建人类命运共同体,都要树立强烈的问题意识,以重大问题为导向,抓住关键问题进一步研究思考。高校育人工作要以问题导向为逻辑起点,从而发现问题、分析问题并最终解决问题。

（一）问题是时代的"口号"和"声音"

马克思曾指出,"真正的批判要分析的不是答案,而是问题",因而要解决"一个时代所提出的问题","主要的困难"不是寻找答案,而是分析问题本身。问题就是"时代声音"、或是"时代的口号"。[①]中华人民共和国成立以来,中国共产党敢闯敢干、勇于自我革新,领导人民闯出了一条新路、好路,实现了从"赶上时代"到"引领时代"的伟大跨越;在人民对物质文化需求与和精神文化需求方面,以前我们要集中力量解决"有没有"的问题,现在则是要集中力量处理"好不好"的问题。当今世界面临百年未有的大变局,中国该如何走向未来?中国怎么办?这是历史之问、人民之问,也是时代之问!面对中国特色社会主义新时代开启的新的问题域,我们必须培养能够聆听时代声音、回答时代之问的人才。只有聆听时代的声音,回应时代的呼唤,才能真正把握住历史脉络、找到发展规律,实现立德树人的根本任务。概而言之,增强问题意识、呼应"时代口号"、把握"时代声音"是提升高校育人成效的重要突破口。

随着我国社会、经济等方面的不断发展与变革,高等教育及大学生思想政治教育所处的环境与形势亦发生着深刻的变化。加上育人本身就是一个思想政治教育领域乃至教育领域的前沿问题。因而高校育人在理论与实践层面都面临着许多新的考验、新的特征和新的挑战。前沿问题是当前"需要解决的正在或即将发生的、反映事物发展核心趋势的理论和实践问题"。[②]前沿问题的提出

---

① 马克思,恩格斯.马克思恩格斯全集(第四十卷)[M].北京:人民出版社,1982:289.

② 冯刚.探索思想政治教育发展的内生动力[M].北京:人民出版社,2017:237.

与时代特点紧密相关、与时代背景密切相连。对前沿问题的解决往往需要新的理论和新的方法。而对新理论的阐释、新方法的建构，首先就要牢固树立问题意识，遵循"发现问题→分析问题→解决问题"的实践思路。作为高校思想政治教育理论研究和实践探索中的前沿问题，高校育人问题与我国进入中国特色社会主义新时代的环境变化密切相关，具体表现在国内社会主要矛盾发生了根本性变化，社会中的利益主体更加多元、社会组织更加多样，人们的就业方式更加灵活、生活方式更加丰富、价值观念更加复杂，国际反华势力或敌对势力对我国高校师生意识形态渗透更深、干扰点更多、干扰面更广。高校育人也需要更加科学的理论和方式方法，具体体现在其必须遵循教书育人规律、遵循思想政治工作规律和遵循学生成长成才规律，从而解决大学生中存在的理想信念淡化、价值取向功利和伦理道德退化等焦点问题。

昨天的成功并不代表着今后能够永远成功。无论我们之前在"培养人"这一根本问题上取得了多么伟大的成功，我们都不能有一丝一毫的懈怠，育人可谓任重道远。时代向我们提出了如何育人这张"试卷"，我们必须在这张"试卷"上认真作答，作答的结果还要经受人民的"批阅"。这就是习近平总书记所指出的，"时代是出卷人，我们是答卷人，人民是阅卷人"。[①] 人才的培养事关"两个一百年"奋斗目标和中国梦的实现，事关新中国和中国共产党的前途命运。从这个层面上来说，高校人才的培育也是新时代人才培养的一次"赶考"，我们都希望考一个"好成绩"。对此，我们必须坚持问题导向，必须适应时代要求、把握时代脉搏，发现理论层面掣肘育人的新问题，聚焦实践层面制约人才成长的新问题，"从细处入手，向实处着力，一环紧着一环拧，一锤接着一锤敲"，进而"积小胜为大胜"，[②] 将人才的培育推上更高的台阶、更宽的领域，形成更加规范的培育体系。

（二）提高解决问题的本领

问题就是事物的矛盾，哪里有矛盾，哪里就有问题。矛盾的发展永无止境，因而问题的凸显亦是永无止境。从这一含义出发，"我们所处的世界就是

---

① 习近平在学习贯彻党的十九大精神研讨班上发表重要讲话强调：以时不我待只争朝夕的精神投入工作 开创新时代中国特色社会主义事业新局面［N］.人民日报,2018-01-06(1).
② 习近平 . 在党的群众路线教育实践活动总结大会上的讲话［M］.北京：人民出版社,2014：10.

一个问题世界"，工作"就是不停地解决问题，心中、眼里如果没有问题，也就意味着没有工作、没有成绩"。① 有问题不可怕，可怕的是不能正视它、不去解决它。回答时代之问、人民之问，育人需要增强问题意识、坚持问题导向。要做到如此，就是要善于把提高解决问题的本领作为打开工作局面的突破口，廓清困扰和束缚育人的思想迷雾，运用科学的方式集合众智，提出解决办法，使对策建议"对准焦距、找准穴位、抓住要害"，做到不"走神"、不"散光"。② 正如 1939 年 5 月毛泽东在延安在职干部教育动员大会上指出的，我们的不少干部"过去学的本领只有一点点，今天用一些，明天用一些，渐渐告罄了"，因而我们的干部队伍现在"有一种恐慌"，那就是"本领恐慌"，就"好像一个铺子，本来东西不多，一卖就完，空空如也，再开下去就不成了，再开就一定要进货"。"进货"就是"增加知识""学习本领"。③ 只有加强学习，才能使有关育人的决策体现时代性、把握规律性、富于创造性，"才能克服本领不足、本领恐慌、本领落后的问题"，"避免陷入少知而迷、不知而盲、无知而乱的困境"。④ 习近平总书记强调，科学理论是我们"解决问题的'金钥匙'"。⑤ 高校育人，离不开科学理论的指导。其中，首要的就是将马克思主义理论贯彻落实在育人的各环节，因为马克思主义是"我们做好一切工作的看家本领"。⑥ 因此，我们必须加强马克思主义理论的学习。学习马克思主义理论，核心在于掌握马克思主义的世界观和方法论。马克思主义的世界观为我们提供着解决问题的观点和立场，而马克思主义的方法论则是精准解决问题的具体手段。

当前思想政治教育的有效供给和大学生的实际需要之间存在着不平衡、不充分的矛盾。"不平衡"矛盾主要表现在："'给'与'要'的不平衡""'虚'

---

① 中共中央党校.以习近平同志为核心的党中央治国理政新理念新思想新战略［M］.北京：人民出版社，2017：226.
② 中共中央纪律检查委员会，中共中央文献研究室.习近平关于党风廉政建设和反腐败斗争论述摘编［M］.北京　中国方正出版社，2015：72.
③ 中共中央文献研究室.毛泽东文集：第二卷［M］.北京：人民出版社，1991：178.
④ 中共中央党史和文献研究院，中央"不忘初心、牢记使命"主题教育领导小组办公室.习近平关于"不忘初心、牢记使命"论述摘编［M］.北京：党建读物出版社，2019：208.
⑤ 习近平.在"不忘初心、牢记使命"主题教育总结大会上的讲话［N］.人民日报，2020-01-09（2）.
⑥ 习近平.在中央党校建校80周年庆祝大会暨2013年春季学期开学典礼上的讲话［M］.北京：人民出版社，2013：7.

与'实'的不平衡"" '情'与'理'的不平衡"。① "给"与"要"间的不平衡矛盾即思想政治教育主客体之间"输出"与"接受"的矛盾。两者之间的矛盾，通俗地说就是"给的不想要""要的给不了"。受社会时代环境的变迁、利益主体的多元化、信息网络的普及化等因素的影响，当代大学生思想活跃、思维跳跃，更善于利用新媒体等新兴媒介进行学习交流，更乐于聚焦社会和身边的"新奇"之人、之事、之物。相反，思想政治教育的主体有时反而未能及时获取网络热点、舆论焦点等信息，未能及时创新时代话语，因而陈旧古板的"老一套"并不能满足当代大学生的"新胃口"。"虚"与"实"的不平衡主要指的是"理论"与"实践"的疏离、"思想"与"生活"的脱离、"网络"与"现实"的分离。

理论与实践相统一是知行合一原则的内在要求，但一些思想政治教育工作者脱离实践的"务实"而单纯进行理论的"务虚"，导致一些大学生在理论上夸夸其谈，在实践上却无法做到"知行合一"。思想来源于生活而高于生活，思想政治教育既要讲清楚思想理论问题，又要答明白衣食住行育等生活需求问题。当前一些高校在这方面并未能较好地做到思想政治教育回归生活世界，实现"基本原理"与"生活道理"的有机统一。网络与现实的分离不仅指一些学生在"网络世界"和"现实世界"中的分裂异化（如一些现实生活中的"好学生"，在网络世界里却是一名"键盘侠"或"网络暴民"），还指一些思想政治教育工作者不懂或不善于开展网络思想政治教育，不能理解或明白学生"网络虚拟角色"和"现实生活角色"之间冲突的心理动因，从而无法解决大学生"网络之虚"与"现实之实"的不平衡矛盾。"情"与"理"的不平衡主要指，当前一些思想政治教育工作者在蕴理于情、寓情于理方面本领不强，未能起到"情理共鸣"的效果；或只管"以理服人"，不顾"以情动人"；或精于"情感"甚至对某些偏激、反动的思想予以情感认同，而罔顾思想政治教育的科学道理、价值真理。

在"不充分矛盾"层面，主要表现为思想政治教育理论课主渠道的时代话语供给不充分、日常思想政治教育主阵地的思想渗透不充分、网络思想政治教

---

① 蒲清平，何丽玲.新时代大学生思想政治教育内部矛盾的新变化与新应对［J］.思想教育研究，2018，（7）：114-115.

育主战场的文化场域建设不充分。主渠道的话语供给不充分主要指当前思想政治教育由"抽象术语"向"日常话语"的话语转换有待提升，尚简、崇微等富有时代气息的理论表达体系和理论解释体系有待丰富和完善；主阵地的思想渗透不充分主要指当前学生社团组织"机关化、行政化、贵族化、娱乐化"问题较为普遍，"第二课堂"的各类实践活动思想性匮乏、娱乐性过剩，甚至世界观、人生观、价值观不正的低俗恶搞。主战场的文化场域建设不充分主要指主流意识形态在作为"第五疆域"的网络空间中还存在监督不到位的情况，马克思主义思想在与历史虚无主义等各类复杂的思潮斗争中还存在批判不到位甚至"失声"的情况。习近平总书记曾指出，现在"很多网民称自己为'草根'，那网络就是现在的一个'苷野'"①。正所谓"知屋漏者在宇下，知政失者在草野"（王充《论衡》）。在网络信息化时代，思想政治教育的成效很大程度上就要看对网络这个"草野"的建设情况。我们必须用社会主义核心价值观的"正能量"营造一个有利于思想政治教育的风清气正的网络空间。鉴于上述的矛盾问题，我们必须坚持"坚持'摸着石头过河'和顶层设计相结合，坚持问题导向和目标导向相统一"，既要"鼓励大胆试、大胆闯"，又要"坚持实事求是、善作善成"，②确保人才的培养足音铿锵、行稳致远。

具体而言，首先我们应坚持矛盾的两点论与重点论的统一。正所谓"不谋全局者，不足谋一域"。③我们既要集中力量解决高校育人中的主要问题，又不能忽视其中的次要问题；既要看到高校人才成长中的主流趋势，也要看到影响人才成长的"细枝末节"；既要抓住主要问题的主要方面，也要统筹兼顾，"在具体工作中要学会'十指弹琴'"。④

其次，应坚持矛盾的普遍性和特殊性的统一。既要重视育人过程中的"共性"问题，也要注意不同时间、不同地区、不同高校以及大学生不同的年龄、性别、专业、性格、家庭背景等"个性"问题，做到具体问题具体分析。

①习近平.在网络安全和信息化工作座谈会上的讲话［M］.北京：人民出版社，2016：7.
②习近平.在庆祝改革开放40周年大会上的讲话［M］.北京：人民出版社，2018：36.
③中共中央文献研究室.习近平关于全面从严治党论述摘编［M］.北京：中央文献出版社，2016：88.
④习近平.之江新语［M］.杭州：浙江人民出版社，2007：62.

再次，要坚持感性认识与理性认识的统一。高校人才的培育是一个崭新的事业，在人才的培育过程中，我们会碰到不少老问题（包括历史遗留问题和呈现出新的表现形式的老问题），更会遇到许多新问题。对这些问题的分析与研判，不能仅仅看表象，更要挖掘其背后的内生原因，找出其中的本质规律。因而，无论是新问题还是老问题，都需要我们"从零乱的现象中发现事物内部存在的必然联系"（即透过现象看本质），都需要我们坚持以正确的方法论，"摸着石头过河"。"摸着石头过河就是摸规律"，它是"富有中国特色、符合中国国情的改革方法"，它"符合人们对客观规律的认识过程"。概而言之，我们应通过"采取试点探索、投石问路的方法"，[①]进而取得经验、形成共识，继而稳当地推开，将人才的培育引向系统性、协同性的发展方向。

总之，问题是创新的起点，也是创新的动力源。高校育人要取得真真切切的效果，就要敢于解剖问题、直面问题，抓住育人过程中的关键问题科学思考，抓住育人过程中的主要矛盾认真研究。要解决好高校育人过程中的各种新老问题，唯一的途径就是增强我们自己的本领。

四、坚持过程导向

高校育人是一个系统的、持续的过程，是教师教书育人和学生成长成才相结合的全过程。这个过程，也就是不断进行调查研究、解决实际问题的过程。毛泽东曾形象地指出，"调查就像'十月怀胎'，解决问题就像'一朝分娩'"。[②]因而，解决人才"一朝分娩"的问题，其前提还须解决人才"十月怀胎"的全程育人问题。

（一）坚持全程育人是习近平关于高校思想政治教育的重要观点

"全程育人"也称"全过程育人"，它指的是从"入学"到"毕业"实施连续性、一贯性、系统性的教育，它要求把对学生的思想政治教育贯穿于教育教学的各个环节，融入学校工作的各个方面。党的十八大以来，以习近平同志为核心的党中央高度重视全程育人的工作。2014年12月，中共中央办公厅、

①中共中央文献研究室.习近平关于协调推进"四个全面"战略布局论述摘编[M].北京:中央文献出版社，2015：54-55.
②毛泽东.毛泽东选集：第一卷［M］.北京：人民出版社，1991：110.

国务院办公厅印发《关于进一步加强和改进新形势下高校宣传思想工作的意见》，首次在两办文件中提出高校要构建"三全育人"格局。[①]2016 年 12 月，中共中央、国务院联合下发《关于加强和改进新形势下高校思想政治工作的意见》，首次将坚持"全员、全过程、全方位育人"确定为加强和改进高校思想政治工作的基本原则之一[②]；同年 12 月，习近平总书记在全国高校思政工作会议上进一步强调，思想政治教育要"贯穿教育教学全过程"，"实现全程育人"。[③]随着《关于加强和改进新形势下高校思想政治工作的意见》的印发，"全程育人"被确定为党和政府深化教育体制机制改革的重要指导方针。2017 年 5 月，中央全面深化改革委员会第三十五次会议审议通过《关于深化教育体制机制改革的意见》，将健全"全过程育人的体制机制"[④]纳入党中央全面深化改革的内容范畴。

近年来，全程育人机制体制真正迈向了质的提升和创新式纵深发展。因此，习近平总书记关于全程育人的思想观点将全程育人的战略地位落在了高处、具体举措落到了实处，从质的提升方面实现了对全程育人的坚持、传承和发展。

（二）坚持全程育人是由育人的长期性和连续性特点决定的

学生心智的成熟是一个分阶段的统一过程，因而从时间维度而言，育人是一项长期和连续的系统工程。与农业的春播秋收不同，也与工厂的具体的工艺过程不同，育人的工作不是一两年，甚至十年八年能完成的，它是一个长期的培育过程。在信息化社会，育人的长期性特点尤为突出，终身教育的理念日益深入人心。在连续性方面，前一阶段的育人成效是当前阶段育人的基础，而当前阶段的育人成效又是下一阶段育人的基础。因此，育人又是一个面向学生未来、面向学生一生的连续过程。高校育人也是一个长期性和连续性的育人过程，即全程育人的过程。在此，全程育人其主要含义有三：其一指的是要系统

---

① 中办国办印发《意见》：加强和改进新形势下高校宣传思想工作［N］.人民日报，2015-01-20（1）.
② 中共中央国务院印发《关于加强和改进新形势下高校思想政治工作的意见》［N］.人民日报，2017-02-28（1）.
③ 习近平.习近平谈治国理政：第二卷［M］.北京：外文出版社，2017：376.
④ 中办国办印发《关于深化教育体制机制改革的意见》［N］.人民日报，2017-09-25（1）.

规划，将人才的培育要求贯穿到新生入学到毕业生离校的全过程；其二指的是要将人才的培育往前对接到中小学基础教育，使之与高等教育育人的"无缝链接"；其三指的是要将人才的培育往后延伸到社会教育之中，使之与全社会培养德智体美劳全面发展的社会主义建设者和接班人浑然一体。

以大学四年制本科为例。中学与大学在育人方式以及校园育人环境上存在着诸多差异，且有的学生因为种种主客观原因与其理想的专业或理想的大学失之交臂，导致大一新生普遍存在着心理上的冲突和落差，因而大一要集中力量解决从中学到大学的适应转变问题，使学生形成良好的自我认识和提升对大学学习生活的向往与期待。在大二、大三阶段要集中力量解决"通识教育"与"专业教育"的融会贯通问题，使学生掌握扎实的专业技能和发展全面的综合素质。而大四则要集中力量解决从学生到"职员"的角色转变问题，培养学生树立正确的择业观、就业观，增强建设中国特色社会主义伟大事业的历史使命感和实现"两个一百年"奋斗目标的社会责任感。在不同的阶段，对大学生思想政治教育有不同的侧重点。但落实立德树人的根本任务，以社会主义核心价值观引领大学生学习生活全过程，以培养有理想、有本领、有担当的人才贯穿始终的要求是不变的。

不过需要注意的是，当前不少高校出于就业率、毕业率等数据考量，我国大学生"严进宽出"现象较为普遍。这种"严进宽出"的典型表现就是"水课"盛行、"金课"匮乏，对课程考试"60分万岁"的默认，对毕业论文"注水"或对课程考试划重点式的"开绿灯"，对学分不达标或课程考试不诚信学生的"放行"，导致混日子的学生也能毫无压力地顺利毕业。如此种种，不仅纵容了不良学风，也偏离了育人初衷。"严进宽出"的这种现象是与高校人才的培育要求相违背的。要克服这种现象，就必须建立和落实"严进严出"机制，坚持一竿到底不走样，应该坚决抛弃"小学辛苦、中学难熬、大学好混"的错误观念，划定学业管理的要求并坚决执行，多些过程导向，对学习态度不端正、学业荒废的学生，及时惩戒纠正，并充分调动学校、家庭、社会等各方的育人积极性，以帮助青年学生养成行为自律、学习自主、生活自理的好习惯，真正实现全程育人。

第三节　实践性原则

实践的观点是马克思主义哲学首要的、基本的观点，也是全部马克思主义理论的基础。思想政治教育既是一门理论学科（主要解决"是什么"和"为什么"等理论问题），也是一种社会实践活动（主要解决"做什么"和"怎么做"等实践问题）。学科意义上的思想政治教育，在根本上还是要服务于人的实践发展，其最终落脚点还是要回到实践层面上的"育人"。高校人才的培育是思想政治教育领域的系统性工程，其必须以马克思主义实践观为指导。

一、思政教育的实践属性

马克思主义认为"全部社会生活在本质上是实践的"，[①] 实践是一切思想观念产生的根源。作为有目的、有计划的思想政治教育，其实践对象是现实生活中的人。通过实践来塑造人，在实践中渗透一定社会、一定阶级所秉承的价值理念是思想政治教育的内在要求。在中国特色社会主义新时代，思想政治教育的实践性就是要在实现'两个一百年'的奋斗目标和实现伟大梦想中、在推动构建人类命运共同体中，解决时代问题，促进人的自由全面发展。

实践性、阶级性和教育性是思想政治教育的三大本质属性。不同的社会形态，有不同阶级内涵的思想政治教育实践。无论在何种社会形态下，思想政治教育体现统治阶级的意志、反映统治阶级的要求这一阶级内涵是不变的。正因如此，思想政治教育实践亦具有鲜明的阶级立场指向。换而言之，思想政治教育是一项阶级性显著的实践活动。统治阶级为了确保自己的思想占统治地位，除了控制物质生产和分配外，还要"调节着自己时代的思想的生产和分配"。这种"思想的生产和分配"服务于社会物质生产，渗透在哲学、法律、文化、艺术、道德、政治等社会意识形态的方方面面。而思想政治教育在"思想的生产和分配"中发挥着不可或缺的作用。在奴隶社会和封建社会的中国，无论是"天命观"还是"三纲五常'论，都是占统治地位的阶级用来"约束"人们的

---

① 恩格斯.路德维希·费尔巴哈和德国古典哲学的终结［M］.北京人民出版社，2018：62.

言行、"规范"人际关系的思想武器，都是奴役人们的"礼教"，通过政治教化和思想教化的作用，"天命观""三纲五常"论等思想论断成为当时人们的价值取向和行为取向。在西方前资本主义社会，统治阶级通过"宗教教育""道德教育""政治教育"和"公民教育"等具有西方特色的思想政治教育方法与模式，达到对人们的思想控制，为奴隶制辩护、为神权辩护、为封建制度辩护；在现代资本主义社会，资产阶级通过抽象的人性论、所谓的"普世价值"等更为隐蔽和欺骗的思想手段，为资本主义辩护。总之，作为一种与社会阶级的意识形态紧密相连的社会实践活动，思想政治教育的开展有利于充分保证一定阶级的领导权和话语权。

在社会主义中国，思想政治教育建立在公有制为主体的经济基础之上，在无产阶级领导和马克思主义指导之下，它有力地克服了封建主义、资本主义等以私有制经济为基础的社会形态下思想政治教育的阶级局限性，旨在消灭阶级和阶级差别，服务于最广大人民的根本利益，为中国社会的发展提供了强大的精神动力。新时代，思想政治教育的理论与实践紧密结合育人的根本任务，始终围绕着实现中华民族伟大复兴、国家治理体系和治理能力现代化，始终关注着人们对美好生活的向往，始终坚持以科学的理论武装人、以正确的舆论引导人、以高尚的精神塑造人、以优秀的作品鼓舞人，在交往实践中真正体现对人的价值关怀和"以人为本"的原则，促进人的自由全面发展。

思想政治教育是一种与一定社会和阶级的意识形态活动相联系的教育活动，其主要目的在于让一定的社会成员掌握和接受一定的思想观点，进而形成一定的世界观、人生观和价值观。在育人这个问题上，"一定的要求"和"一定的社会需要"就是实现"两个一百年"奋斗目标和伟大梦想的需要，就是推动构建人类命运共同体的需要，也是实现人的自由全面发展的需要。因此，从狭义的人才界定而言，人才的培养特指为实现中华民族伟大复兴塑造走在时代前列、引领时代潮流、担当时代使命的有志青年；从广义的人才界定而言，人才的培养是为实现共产主义远大理想培养一代代的德智体美劳全面发展的建设者和接班人。但这两种目标定位并不是截然对立的，而是有机统一的。不同的目标定位代表着不同意义上的实践对象。前文已经论述，此处所指的人才虽特指在中国特色社会主义新时代为实现中华民族伟大复兴而培养有理想、有本领、有担当的青年一代，且在实践意义上本文亦力图为培养一代代的社会主义建设者和接班人提供有益借鉴，故在育人的教育实践中必须充分考虑不同的实际情况和现实需要。马克思指出，人类的"第一个历史活动"就是"生产物质生活本身"即生产满足人的"吃喝住穿以及其他东西"的需要，同时在已经满足需要的基础上"又引起新的需要"。①如此，"需要的满足"和"满足的需要"不断呈循环式上升，从而促进社会生产力的发展和人的生活水平的提高及幸福感、获得感的提升。因此，人才的培养必须切实从实践的角度考虑人的现实需要，满足人的正常合理需求（包括衣食住行等物质需求和文化艺术等精神需求），反对片面空洞的说教；也必须充分考虑满足现实需要的条件与手段，结合中国国情、地区实情和高校实际，反对脱离实际的虚幻。这是历史唯物主义对我们提出的客观要求。

与此同时，作为一种特殊的教育活动，思想政治教育实践的对象并不是整齐划一的统一体。人才作为一个群体概念，其本身包含着众多个体的差异性。高校在育人的过程中，必须考虑不同的年龄层次、思想道德素质和知识文化水平。人才的主体是青年，但青年的年龄范围从 14~35 岁，不同的年龄层次，其心理素质必然不同；高校亦包括不同的地域、不同的类别与层次，大学生作为一个群体概念必然包括了不同思想道德素质和知识文化水平的人群。这些个体与个性差异，都是高校在育人的过程中必须予以明确的差异性定位，或者说必须在教育实践中对人才的培养进行对象性分层。此外，人才培养作为一个系统性工程，其必然存在着不同的层级目标（总目标和具体目标）的制定及其实现，下一级（低层次）目标是实现上一级（高层次）目标的手段。上述情况，都需要我们在教育实践中予以明确建构和统筹。

不过需要指出的是，差异性定位、对象性分层和目标结构分层都是围绕着实现人才生成这一总目标而进行的，其最终的目标定位是确定无疑的。只有如此，才能在人才的教育培养实践中，避免出现过于抽象化而没有体现具体内容、出现过于理想化而忽视个体需求、出现过于政治化而贬抑全面发展、出现过于强调细节而缺乏全局高度、出现过于墨守成规而落后于时代发展等问题。

---

① 马克思，恩格斯.德意志意识形态（节选本）［M］.北京：人民出版社，2018：23-24.

具体而言，人才的培养应在马克思主义实践观的指导下，在传统思政课堂的基础上大力创新课堂思政，科学制定人本化、生活化和网络化的思想政治教育实践目标与方向，以明确的目标定位，促进人才的生成与成长。

二、人才培养的实践育人

黑格尔曾指出，"单纯志向的桂冠就等于从不发芽的枯叶"。[①] 其意指崇高的理想、美好的愿望应付诸实践，在实践中达到目标。也正如马克思所指出的，"思想要得到实现，就要有使用实践力量的人"。[②] 实践是人存在的基本方式，人的正确思想只能从社会实践中来，"品格、意志的锻炼主要靠在艰苦的实践中去解决"。[③] 重视实践育人是中国共产党培养各类人才的优良传统和宝贵经验。在战火燎原的革命时代，通过政治斗争、军事斗争、文化斗争的洗礼，通过生产劳动的体认来塑造新民主主义革命的斗争者；中华人民共和国成立后，通过教育与生产劳动相结合来培养社会主义革命和建设事业的接班人；改革开放以来通过教育与社会实践相结合，促进人的自由全面发展。这都是实践育人的生动体现。事实上，通过实践的方式来达到育人的目标是古今中外各个国家育人的基本思路。在古代，明朝王阳明所提出的"知行合一"观代表着我国优秀传统文化对认识（即"知"）与实践（即"行"）有机统一的认知精髓。在王阳明提出"知行合一"观之前，诸如《礼记·中庸》所论述的"笃行之"、荀子所提出"知之不若行之"（《荀子·儒效》）、朱熹所提出"知行常相须"（《朱子语类·卷十四》）等观点都强调和肯定实践对于德性养成、学识丰富、成长成才的重要性。中华人民共和国成立后，在教育领域对实践（即"行"）的理解先后经历了两个相互衔接的阶段：一是强调生产劳动意义上的实践，即强调教育与生产劳动相结合；二是强调实践的社会实践意义，即强调教育与社会实践相结合。

（一）教育与生产劳动相结合

马克思在《资本论》中指出"生产劳动同智育和体育相结合……是造就全

---

① 黑格尔.法哲学原理［M］.范杨，张企台，译，北京：商务印书馆，1961：128.

② 马克思，恩格斯.马克思恩格斯文集（第一卷）［M］.北京：人民出版社，2009：320.

③ 中共中央文献研究室.毛泽东文集：第八卷［M］.北京：人民出版社，1999：321.

面发展的人的唯一方法"。① 列宁提出"无论是脱离生产劳动的教学和教育，或是没有同时进行教学和教育的生产劳动，都不能达到现代技术水平和科学知识现状所要求的高度"，"未来社会的理想"如果没有对"年轻一代的教育和生产劳动的结合"，那是"不能想象的"。②

（二）教育与社会实践相结合

1997 年 5 月，共青团中央、中共中央宣传部、国家教委、全国学联首次联合发出《关于开展中国大中学生志愿者暑期文化科技卫生"三下乡"活动的通知》，将大学生社会实践活动推上了一个新的历史阶段。在实行"三下乡"社会实践活动的当年，全国共有 40 多万名大学生和 100 多万名中专、中学生志愿者在祖国的大江南北、乡村田野和城镇社区，广泛开展政策宣讲、教育帮扶、医疗服务、科技支农、文艺演出、法律援助、环境保护等实践服务活动，捐建了 1000 个乡镇青年科技图书站，为百万农民进行健康检查，为中西部地区 1000 余家困难企业开展服务，1000 支扫盲服务队开展扫盲工作，300 多支大学生业余文艺演出队活跃在田间地头，1000 支科技志愿服务队带技术项目下乡。此后，大学生参与"三下乡"社会实践活动的人数与规模逐年扩大。如今，暑期"三下乡"社会实践活动已成为当代大学生展现青春与活力、展示责任与担当的重要平台和亮丽风景线。

2002 年 11 月，党的十六大正式提出教育"与生产劳动和社会实践相结合"③ 方针，从而将社会实践上升到了党的教育方针层面的战略地位。在 2004 年发布的《关于进一步加强和改进大学生思想政治教育的意见》中，中共中央和国务院要求高校教学大纲和教学规划必须纳入社会实践，强调社会实践对于促进大学生成长成才具有"不可替代的作用"。④ 此后，随着社会实践的广泛开展，对社会实践含义的理解亦逐步上升到实践育人层面。

改革开放前，教育与生产劳动相结合更多的是强调学生参加工业和农业生

---

① 马克思，恩格斯. 马克思恩格斯全集（第四十二卷）［M］. 北京：人民出版社，2016：501.
② 列宁. 列宁全集：第二卷［M］. 北京：人民出版社，2013：463–464.
③ 中国共产党第十六次全国代表大会文件汇编［M］. 北京：人民出版社，2002：39.
④ 中共中央文献研究室. 十六大以来重要文献选编：中［M］. 北京：中央文献出版社，2006：183.

产，而改革开放后所强调的社会实践不仅包括参加第一、第二和第三产业的生产劳动，还包括教育方面的实践性教学、社会层面的体验性活动等诸多方面。因而，我们当前所强调的加强对大学生的社会实践教育，包括强化教学规划中的教学实践和强化社会调查、公益劳动、军事训练、志愿服务、科技发明和勤工俭学等实践活动。因此，教育部和中央其他有关部门都从"第一课堂"教学和"第二课堂"实践两个方面对坚持教育与社会实践相结合作出了有关部署。如在"第一课堂"教学方面，2001年8月、2005年1月和2007年2月，教育部分别发布《关于加强高校本科教学工作提高教学质量的若干意见》《关于进一步加强高校本科教学工作的若干意见》和《关于进一步深化本科教学改革全面提高教学质量的若干意见》，提出要"进一步加强实践教学"，注重"实践能力的培养"，[①] 切实加强和保障"实验、实习、社会实践、毕业设计（论文）等实践教学环节"[②] 和"专业实习和毕业实习等重要环节"[③] 的效果和质量；2018年6月，教育部召开新时代全国高校本科教育工作会议，会上150所高校联合发出一流本科宣言（"成都宣言"），强调要让大学生深入实践，提升大学生的科研实践能力，将大学生培养成具有实践能力的高级专门人才；2019年8月，中央印发《关于深化新时代学校思想政治理论课改革创新的若干意见》，强调思政课改革要坚持"同生产劳动和社会实践相结合"的原则。

虽然党中央和国务院在不同时期对实践育人的理解与要求并不完全相同，但是重视教育与生产劳动和社会实践相结合的方针是一致的，为社会主义事业培养了一大批德才兼备、全面发展的高级建设人才。在育人的过程中，我们同样应该坚持和继承这一优良传统，切实构建和创新高校育人的"实践养成"机制。从质的规定性看，高校实践育人包括三个层面的含义：其一，知行合一，做到理论与实践相结合；其二，学习为主，做到体力劳动与脑力劳动相结合；其三，深入社会，做到与劳动群众相结合。作为新时代大学生，必须善于运用

---

① 教育部关于加强高等学校本科教学工作提高教学质量的若干意见 [J].中国大学教学，2001，（6）：5.
② 教育部关于进一步加强高等学校本科教学工作的若干意见 [J].中国大学教学，2005，（2）：5.
③ 教育部关于进一步深化本科教学改革全面提高教学质量的若干意见 [J].中国大学教学，2007，（2）：10.

所学知识解决生产劳动中出现各种技术问题和实际操作问题；必须善于把理论知识变为物质成果，用脑力思维参与体力劳动实践；必须走进工农群众，将对劳动人民的感情转化为全心全意为人民服务的动力。

如果说书本上的理论知识是大学生成才的"有字之书"，那密切联系实际读"天下国家万事万物"这本"无字之书"就是大学生的另一套必读"书目"。从根本任务来看，高校实践育人围绕着立德树人进行。在社会实践中培养大学生树立为民之德、勤劳之德，在社会实践中锻造大学生的优秀品质，增长才干、强化担当意识等等都是高校教育教学与社会发展紧密结合的客观要求。它不仅是个人的可持续发展的前途问题，更是中国特色社会主义事业的可持续发展问题。因此，要改变和克服阻碍社会发展、阻碍个人前进的因素，最根本的是要通过实践的力量，在实践中发现问题、解决问题。也正如习近平总书记所提出的，"道不可坐论，德不能空谈"，必须"于实处用力，从知行合一上下功夫"。① 只有这样，才能真正坚持做到学以致用、知行合一，使高校人才培养实现理论与实践的双轮驱动。这是提高人才培养质量的关键，也是让人才培养由知识本位回归到实践本位的有效途径。作为青年学生，应不驰于空想、不骛于虚声，应埋头苦干、求实创新，将个人成长的需求与社会发展的需要结合起来，在实践中贡献自己的智慧与力量。

---

① 习近平.青年要自觉践行社会主义核心价值观——在北京大学师生座谈会上的讲话［M］.北京：人民出版社，2014：11.

第三章

高校育人的核心内容

为实现中国梦而奋斗"是中国青年运动的时代主题"。[①] 践行这一时代主题，需要能够担当民族复兴大任的人才。因此，高校育人工作应着重培育其过硬的政治能力、高尚的道德品质、卓越的"学创"本领、无畏的担当精神、健康的身心素质和开阔的国际视野。

第一节 培育学生过硬的政治能力

政治能力是人才的"第一能力"，也是衡量其能否承担民族复兴大任的"第一素质"。注重政治能力的培养是中国共产党育人的优秀传统。新时代对政治能力内涵的阐述，首见于 2017 年 10 月习近平总书记在党的十九届一中全会上的讲话。所谓政治能力，就是在战略规划上"把握方向、把握大势、把握全局的能力"和在具体工作中"辨别政治是非、保持政治定力、驾驭政治局面、防范政治风险的能力"。[②] 高校育人工作应着重培养其坚定理想信念、保持政治定力和坚守人民立场。[③]

---

① 中共中央文献研究室 . 十八大以来重要文献选编：上 ［M］. 北京：中央文献出版社，2014：281.
② 中共中央关于加强党的政治建设的意见 ［N］. 人民日报，2019-02-28（3）.
③ 中共中央党史和文献研究院，中央"不忘初心、牢记使命"主题教育领导小组办公室 . 习近平关于"不忘初心、牢记使命"论述摘编 ［M］. 北京：中央文献出版社，2019：85.

一、坚定理想信念

锻造过硬的政治能力，首先就要坚定理想信念。理想信念是青年学生思想和行动的"总开关"，是青年学生"事业和人生的灯塔"，决定着青年学生的"方向和立场""言论和行动"。

（一）补精神之"钙"

习近平总书记指出，"人民有信仰，民族有希望，国家有力量"。[①]青年学生所持有的理想和信仰在很大程度上塑造了未来社会的政治方向。因此，培养当代大学生的理想信念至关重要。坚定的信仰和理想不仅构成了共产党人的政治核心，同时也是决定人才是否能够承受各种挑战的精神支撑。中国共产党始终高度重视用马克思主义来武装人民。武装人民思想的这一过程，实质上是进行思想和理论教育的活动。只有坚持用正确理论指导革命和建设实践，才能实现党对人民群众的根本领导。开展思想理论教育被视为党"进行伟大政治斗争的核心环节"，没有这一核心环节，就无法完成"党的所有政治任务"。[②]因此，必须坚持把培养人作为根本任务、把提高党员素质和执政能力作为根本目标。从党的教育方针来看，培养人才是当前党在教育领域的重要政治职责。从新时期党所处地位、肩负的历史使命看，育人也是当前党的建设面临的重要课题和紧迫任务。为了成功地完成这一政治使命，对青年学生进行理想信念的教育是不可或缺的。理想信念作为一个人精神世界中最基本也最重要的部分，它决定着人们行为的价值取向和目标追求。什么构成了我们的理想？何谓信仰？什么是坚定的信仰？什么才是我们所追求的崇高理想与坚定信仰？理想信念是一个人对美好未来的坚定信念与向往，是一种崇高的精神追求与价值取向，它体现着一个人在社会生活中的地位与作用，关系到个人的前途命运。中国特色社会主义和共产主义是我们共同追求的共同理想和远大理想，同时也是我们坚定不移的追求和坚定的信仰。致力于培育"四有新人"，并特别强调拥有理想的重要性。在教育人才的过程中，我们需要在坚守自己的理想和信仰上付出更多努力，这样才能增强年轻学生的"四个自信"，并鼓励他们承担起民族复兴

---

① 习近平.习近平谈治国理政：第二卷［M］.北京：外文出版社，2017：323.
② 毛泽东.毛泽东选集：第三卷［M］.北京：人民出版社，1991：1094.

的重大使命。历史之路，犹如壮观的长江之河，时而穿越辽阔的平原，流淌万里，时而穿越连绵起伏的山脉，蜿蜒曲折。它往往以磅礴气势和宏伟壮丽的景观出现在我们面前。中华民族走向伟大复兴的道路也是这样，它不是一个直线或圆弧的运动过程，而是曲折前进的曲线发展历程。走在这条道路上，你会遇到令人震撼的风景，给人带来一种壮观的感觉。但这种感觉是只有拥有雄壮精神的人才能体验到的，也可能是经历了无数的困难和挑战，这样的境界完全依赖于坚定的意志和力量。

理想信仰是共产党人最根本的精神支柱，是共产党员永葆先进性的强大动力，更是青年学生成长成才的重要支撑。为了让青年大学生坚守他们的理想和信仰，我们必须持续不断地用马克思主义在中国的最新理论成果来武装他们的思想，并不断增强他们对中国特色社会主义和共产主义的政治认同感。只有这样，才可以使党的事业后继有人，国家富强稳定，人民幸福安康。习近平新时代中国特色社会主义思想，作为马克思主义在中国的最新体现，揭示了现代中国共产党成员的信仰、政治态度、价值观和精神风貌。在当前全面深化改革的新形势下，我国社会主要矛盾已经转化为人民日益增长的美好生活需要和不平衡不充分发展之间的矛盾。因此，用习近平新时代中国特色社会主义思想来武装青年学生的思想，教育他们以党的旗帜为旗帜，以党的方向为方向，以党的意志为意志，树立永远跟党走的理想信念，避免因精神"缺钙"而导致精神上的"软骨病"，是培养人才坚强政治能力的首要任务。

（二）强化学习宣传

列宁曾指出，如果用一句话来表达"全体青年的任务"，那"就是要学习"。学习什么？不仅要学习科学文化知识，且"首先的和理所当然的"是"学习共产主义"。[①] 新时代，青年大学生首先要学习的就是马克思主义中国化的最新理论成果——习近平新时代中国特色社会主义思想。习近平新时代中国特色社会主义思想全面系统地回答了新时代中国特色社会主义的总目标、总任务、总体布局等理论层面"是什么"的基本问题和从政治、经济、法治等实践层面回答了"怎么办"的基本问题。推动习近平新时代中国特色社会主义思想

---

① 列宁. 列宁全集：第三十九卷 [M]. 北京：人民出版社，2017：328-329.

"进教材、进课堂、进头脑"，以其真理性"说服"和"掌握"青年学生，是当前高校必须常抓、长抓的政治任务。所谓"说服"青年学生，就是要使青年学生看清楚世界和中国发展大势、看明白中国特色和国际比较，就是要使青年学生正确认识时代责任和历史使命、正确认识远大抱负和脚踏实地，就是要使青年学生深刻理解清楚为什么历史和人民选择了马克思主义和社会主义道路，为什么选择了中国共产党。'掌握'青年学生，就是要解决青年学生的思想困惑，使习近平新时代中国特色社会主义思想成为青年学生"批判的武器"，并转化为指导青年学生实践的"物质力量"。与此同时，增强思想武装的理论认同，离不开宣传思想工作的大力开展。宣传思想工作承担着"举旗帜、聚民心、育新人、兴文化、展形象的使命任务"。对人的宣传思想工作就像播种耕耘，在人的心灵土地中"播种一种观念，就会收获一种行为；播种一种行为，就会收获一种习惯；播种一种习惯，就会收获一种性格；播种一种性格，就会收获一种命运；播种一种命运，就会收获一种历史"。在青年大学生中提升对习近平新时代中国特色社会主义思想的宣传教育水平，首先，应做到因材施教，对不同专业、年级和不同个性特点、理论追求的青年学生，采取不同的宣传策略。正如列宁所指出的，"对马车夫讲话""对水手讲话"和"对排字工人讲话"应该有不同的策略，总之宣传"鼓动应该因人而异"。[①] 其次，应努力回应青年学生关切，将"基本原理"和"生活道理"相统一，在落细、落小、落实上下功夫，将宣传教育融入青年学生的日常学习生活。最后，还应善于运用新媒体新技术和现代传播规律，以适应大学生的网络角色，把宣传思想工作"同信息技术高度融合，增强时代感和吸引力"。[②]

（三）投身实践活动

俄国著名思想家列夫·托尔斯泰曾言，"没有理想"这个"指路明灯"，"就没有坚定的方向"，"没有方向，就没有生活"。[③] 苏联教育家苏霍姆林斯基也曾言，"如果一个人的头上缺少一颗指路明星——理想，那他的生活将会是醉

---

① 列宁.列宁全集：第四卷［M］.北京：人民出版社，2013：236.
② 习近平.习近平谈治国理政：第二卷［M］.北京：外文出版社，2017：378.
③ 丁一，等.常用引言词典［M］.上海：上海辞书出版社，2008：21.

生梦死的"。① 由此可见，理想信念指引人的生活，指引人的实践方向。这里所指的"生活"是广义的生活概念，它不仅包括日常生活起居，还包括学习生活、政治生活和社会实践等为人的生存发展而进行的各种活动。如前文所述，以习近平新时代中国特色社会主义思想"掌握"青年学生，就要将理论转化为指导青年学生实践的物质力量。之所以如此，那是因为"思想本身根本不能实现什么东西"，只有"使用实践力量的人"才能使思想"得到实现"。因此，坚定青年学生的理想信念，拧紧青年学生人生的"总开关"，首先就要做习近平新时代中国特色社会主义思想的坚定信仰者、积极传播者、忠实践行者。党的十八大以来，以习近平同志为核心的党中央在时代和实践发展变化中，以崭新的思想内容丰富和发展了马克思主义，形成了系统科学的习近平新时代中国特色社会主义思想。作为青年学生，必须具备强烈的历史使命感和高度的政治责任感，对这一科学理论体系真学、真懂、真信、真用，提升对这一科学理论的价值认同，从而将之转化为投身社会实践的"指路明灯"和"指路明星"，转化为改造自身、改造自然和改造社会的强大物质力量。

具体而言，在社会实践中增强青年学生对习近平新时代中国特色社会主义思想的价值认同，就是要"用科学的理论武装青年，用历史的眼光启发青年，用伟大的目标感召青年，用光明的未来激励青年"，使青年学生主动投身新时代中国特色社会主义现代化强国建设，使青年学生"实现中华民族伟大复兴中国梦的历史使命内化为担当的自觉，外化为实际的行动"。② 因此，除了前述强化学习宣传的"教"与"授"外，还应注重在实践中发挥"知"与"行"的转化，注重以"理论学习"为基础的校内实践、以"知行合一"为原则的社会实践、以"情系民生"为理念的公益实践、以"创新体验"为导向的国际实践等丰富多彩、形式多样的实践活动来增强青年学生对思想武装的价值认同。之所以如此，这是由验证人的思维真理性的特性决定的。马克思指出，"人的思维是否具有客观的真理性"，这是"一个实践的问题"，人是在"实践中证明自

---

① 瓦·亚·苏霍姆林斯基.给儿子的信［M］.张田衡，等，译.北京：教育科学出版社，1981：18.
② 薛光远.培养担当民族复兴大任的时代新人［N］.湖南日报，2019-02-16（7）.

己思维的真理性"的。[①] 因此，只有在实践中真正展示"自己思维的现实性和力量"，才能真正验证自己思维的真理性。

青年学生对习近平新时代中国特色社会主义思想的政治认同、理论认同、价值认同都是如此，只有在实践中验证了其真理性，才能形成情感认同，自觉成为习近平新时代中国特色社会主义思想的信仰者、传播者、践行者；才能在行为上养成行为认同，为服务国家和人民更好地贡献自己的力量。

二、保持政治定力

"定力"一词源自佛教语，指去除烦恼妄想的禅定之力，《无量寿经·卷下》亦有"定力、慧力、多闻之力"之说。从佛家经典中引申而出，日常生活所指的定力"是能把持自我、规范自己行为的一种意志力量"，它"是一种宠辱不惊的从容与镇静，一种精神和信念，一种操守和修养"。一个人是否具有定力，不仅意指其心理素质是否过硬，也反映出一个人的政治素养、价值取向、精神品质。而所谓政治定力，它是指"在思想上政治上排除各种干扰、消除各种困惑，坚持正确立场、保持正确方向的能力"。[②] 坚定的政治定力才是人生"最大的'不动产'"，[③] 必须坚决守住。假若丧失政治定力而导致"政治上变质"，那其必将步入经济上贪婪、道德上堕落、生活上腐化的深渊。因此，保持政治定力是过硬政治能力的体现。这种体现，就是在复杂的斗争形势中"泰山崩于前而色不变，麋鹿兴于左而目不瞬"(苏洵《心术》)，"卒然临之而不惊，无故加之而不怒"(苏轼《留侯论》)；就是在千变万化的外部环境中"富贵不能淫，贫贱不能移，威武不能屈"(《孟子·滕文公下》)；就是要在各种风险与挑战中"千磨万击还坚劲，任尔东西南北风"(郑板桥《竹石》)；就是在各种诱惑和利益围猎中"心不动于微利之诱，目不眩于五色之惑"(念常《佛祖历代通载·卷第二十二》)。要保持人才的政治定力，前提是要坚定正确的政治方向、关键是要坚定其理想信念、重点是要提升其政治鉴别力。

---

① 恩格斯.路德维希·费尔巴哈和德国古典哲学的终结［M］.北京：人民出版社，2018：60.
② 欧阳辉.炼就过硬的政治定力［N］.人民日报，2016-11-10（7）.
③ 徐彦辉.组工干部要敢于给自己立规矩［J］.领导科学，2017，（36）：46.

（一）前提是坚定正确的政治方向

我国著名作家柳青在其长篇小说《创业史》中有一句名言，"人生的道路虽然漫长，但紧要处常常只有几步，特别是当人年轻的时候"。[①] 这里说的是人在年轻的时候选择的重要性。选择正确的政治方向是保持政治定力的前提，否则只会在错误的道路中越走越远。但选择了正确的政治方向，重要的是还要坚持正确的政治方向。高校培育的人才是青年学生中的榜样，是具有坚定政治方向的"有道有德"模范。使青年学生选择正确的政治方向，坚定正确的政治方向，关键就是要在学校教育中永远把坚定正确的政治方向放在第一位。社会主义大学要培养的是中国特色社会主义事业的建设者和接班人，而不是培养"旁观者和反对派"。如果青年学生选择了错误的政治方向，那就会成为中华民族伟大复兴的"旁观者"，就会沦为中国特色社会主义伟大事业的"反对派"。需要指出是，把坚定正确的政治方向放在第一位并不是要排斥或放弃科学文化知识的学习。政治与业务是统一的，"不问政治的倾向"我们要反对，但是"专搞政治，不懂技术，不懂业务，也不行"，我们的培养人的目标是"又红又专"。[②]

主义就是旗帜，旗帜就是方向。换而言之，方向问题就是举什么旗的问题，就是信仰什么主义的问题。习近平总书记指出，政治方向"事关党的前途命运和事业兴衰成败"，是"党生存发展第一位的问题"。[③] 要保持政治定力，就需要掌握好政治方向之舵。掌握好政治方向之舵，才能"临大事而不乱"（苏轼《策略四》）、"临厉害之际不失故常"（苏轼《陈侗知陕州制》），才能以坚定的政治定力，"任凭风浪起，稳坐钓鱼船"；也只有掌好政治方向之舵，"团结一致向前看"才能看得更远，"撸起袖子加油划"也才能划得更远。而掌好政治方向之舵需要有看齐的标杆，指引青年学生在政治上同向同行。朝着这个指引方向的标杆往前看、向前划，就是"向党的理论和路线方针政策看齐，向党中央决策部署看齐"，这也是培养青年学生"看齐意识"实践要求。具体而

---

① 王庆生 . 中国当代文学史 ［M］. 北京：高等教育出版社，2003：55.

② 中央档案馆，中共中央文献研究室 . 中共中央文件选集（1949 年 10 月 –1966 年 5 月）：第 26 册［M］. 北京：人民出版社，2013：250.

③ 习近平在中共中央政治局第六次集体学习时强调：把党的政治建设作为党的根本性建设 为党不断从胜利走向胜利提供重要保证［N］. 人民日报，2018–07–01（1）.

言，青年学生应坚决响应党中央的倡议、坚决执行党中央的决定、坚决不违反党中央的禁令，坚定地抵制一切削弱、歪曲、否定党的全面领导和社会主义制度的历史虚无主义言行，自觉地反对一切损害高校师生利益、人民群众利益的违背群众路线的言行，反对西方各种敌对势力意识形态渗透的自觉性、反对破坏国家主权和社会安全稳定行为的自觉性，使青年学生坚定"四个自信"，朝着实现中华民族伟大复兴扬帆远航。

（二）关键是坚定理想信念

在革命战争年代，检验一个人是否具备坚定的理想信念，其方式"很直接"，那就是"能不能冲锋号一响立即冲上去"，"能不能为党和人民事业舍生忘死"。在和平建设时期，检验一个人的理想信念是否坚定的方式"确实比较难"，因为"生死考验有，但毕竟不多"，"X光、CT、核磁共振成像也没有办法"。那和平建设时期如何检验人的理想信念呢？那就主要看能否在重大政治考验面前有政治定力。习近平总书记上任伊始就向全党提出了如何增强全体党员和党员干部政治定力的问题。在党的十八届一中全会上，习近平总书记提出，"要按照马克思主义政治家的标准严格要求"，"始终保持对马克思主义的坚定信仰、对共产主义和中国特色社会主义的坚定信念"，以此来"增强政治定力和政治敏锐性"。与此同时，"共产主义决不是'土豆烧牛肉'那么简单，不可能唾手可得、一蹴而就"，[1]因而增强人的政治定力也"不是一下子、经历一两件事、听几句口号就能解决的"，它需要一个长期的过程。将学生培养成青年马克思主义者是高校人才培育的内在要求，因而增强青年学生的政治定力，关键也要持之以恒地坚定青年学生的理想信念。

在坚定青年学生理想信念上，尤其要善于发挥红色文化的育人作用。红色文化包括红色遗址等物质文化、红船精神等精神文化和以党的方针政策等制度形式呈现的制度文化。将红色文化融入青年学生的理想信念教育，要坚持思政课程教学与课程思政教育的统一，坚持校园文化建设与创新网络平台的统一，坚持学生社团建设与社会实践活动的统一。其中以先进人物的事例教育青年学生是一个较好的努力方向。在百余年的奋斗历程中，一代代中国共产党人凭借

---

① 习近平.做焦裕禄式的县委书记［M］.北京：中央文献出版社，2015：5.

着坚定的理想信念前仆后继、前赴后继，取得了革命、建设和改革的一个又一个胜利。在故去的革命先辈和英雄模范中，除了毛泽东、刘少奇、周恩来、朱德、邓小平、陈云等老一辈革命家的精神风范历历在目，在我们身边的时代楷模中，中国共产党人亦是不忘初心、奋斗不息。以最贴近生活的先进事例为例。为解决国人的"吃饭问题"，我们有"让全国人民不饿肚子"的中国工程院院士袁隆平、"让大家都有一碗饭吃"的中国科学院院士谢华安和"奋斗到最后一息"的中国工程院院士朱英国；在抗击非典和新冠等突发疫情方面，我们有中国工程院院士钟南山、李兰娟……这些优秀的共产党员都是为理想而奋斗终身的，他们以"主义不能丢"信念不能变"的政治定力跨过了"险关隘口"的阻挡、抗住了"香风毒雾"的侵蚀、克服了"酒绿灯红"的影响、抵制了"糖衣炮弹"的袭击，从而成就了人生的辉煌篇章。

（三）重点是提升政治鉴别力

做好政治鉴别，区分好是非曲直，才能更好地保持政治定力。政治鉴别力是一个人综合运用其既有的政治思想理论对社会事件、社会现象及社会关系等进行政治分析、政治判断的能力，它是透过现象看本质的一种能力。从高校的角度而言，提升青年学生的政治鉴别力，首先就要牢牢把握意识形态工作领导权，使高校成为坚持党的领导的坚强阵地。在牢牢掌握高校意识形态工作领导权的基础上，尤其要注意在新媒体时代背景下，通过"网络走群众路线"，经常在网上"潜潜水、聊聊天、发发声"和"解疑释惑"，充分正视新媒体时代提高青年学生政治鉴别力所面临的机遇与挑战。

毫无疑问，新媒体是一把"双刃剑"。新时代青年学生大都是"手机党""低头族"，充分利用"互联网＋思想政治教育"的运作方式，充分利用微信、微博等自媒体平台开展思想政治教育，有利于正观点、正能量"跑进"学生的移动终端，"跑进"学生的大脑，从而提升思想政治教育的实效性。但网络信息传播碎片化、片面化、娱乐化、无序化的特点，被各种敌对势力或反动群体利用后，也容易破坏"网上网下同心圆"的教育要求，也容易使"民间发布"与"官方发布"相脱节甚至相冲突。在虚拟的网络世界中，充满着各种"键盘侠""大 V""网红""意见领袖"。他们有的人是"西方资本主义意识形态的吹鼓手"，"奉西方理论、西方话语为金科玉律"；有的人打着"历史考证""反思历史"的幌子，罔顾历史事实，进行所谓的"揭秘""解密"和"还原真相"；有的人故意哗众取宠，标新立异地虚构一些将"战争游戏化、我军偶像化、友军懦夫化、日伪白痴化"的"抗日神剧"等影视作品；有的人丧失立场的"调侃崇高、扭曲经典、丑化人民群众和英雄人物"；也有的人为展现自己的"水平"与"能耐"，在微博、朋友圈、抖音等自媒体平台公开发布否定或歪曲党的大政方针的言论；还有的人利用新媒体的各种媒介传播虚假、诈骗、攻击、谩骂、恐怖、色情、暴力等各种非法或不良信息……如此种种，如果不能以强大的政治鉴别力进行甄别，那势必让各种非法或不良信息"抢占"青年学生的思想头脑，最终将让我们丢掉对马克思主义的信仰，丢掉对社会主义、共产主义的信念。对此，我们必须以坚强的斗争精神，敢于亮剑、敢于斗争，做到眼睛亮、见事早、行动快，坚决消灭嗅不出敌情、分不清是非、辨不明方向的政治麻痹症，让青年学生形成敏锐的政治敏锐性和强大的政治鉴别力，从而为奋斗的青年装上政治的"导航"。

三、坚守人民立场

从育人的角度来说，人民立场的"价值养成是引领青年学生人生航向的'定盘星'"。[①] 定盘星指秤杆上的第一颗星，相当于秤杆的零刻度。在中国传统文化中，杆秤有"公平公正的象征，天地良心的标尺"的文化意义，因而定盘星常用来喻指事物的准绳和处理问题的准则，也喻指起决定和稳定作用的人或事。

（一）坚守人民立场就要解决"为什么人"的根本问题

培育人才过硬的政治能力，其中关键一环就是要锻造他们坚定的人民立场。人民立场是全心全意为人民服务立场的鲜明体现。在教育实践中，青年学生的成长成才必须对"为什么人的问题"作出价值回答，"为什么人的问题"即为什么人服务、为什么人拼搏的问题、为什么人"代言"的问题。这是一个"根本的问题，原则的问题"，如果这个问题不能很好地解决，"其他许多问题也就不易解决"。在这一问题上，1911 年年仅 13 岁的周恩来在奉天省官立东

---

① 中共教育部党组．深入学习贯彻习近平总书记关于青年学生成长成才重要思想 大力培养中国特色社会主义建设者和接班人［N］.光明日报，2017-09-08（2）.

关模范两等小学校上学时立下的"为中华之崛起而读书"的豪迈志向，可谓对"为什么人"问题回答的优秀代表。"为中华之崛起而读书"这既是可以理解为基于人民立场对自己发出的人生呐喊，也可以理解为基于人民立场对广大青年学生发出的未来期待。总而言之，它不仅仅指代一种爱国的精神，更是人才应坚守的价值立场。

正所谓"志不立，天下无可成之事"（王阳明《教条示龙场诸生》）。有什么样的志向，就会成就什么样的事业，就会成就什么样的人生。立什么志，在价值指向上就是坚守什么立场。这世上从来就不存在脱离阶级阶层利益基础的"真空观点"或"普遍真理"，也从来就不存在完全价值中立的目标志向。习近平总书记在全国高校思想政治教育工作会议提出的"四个服务"方针旗帜鲜明地回答了青年学生应该"为什么人"学习、工作和服务的问题。青年学生要堪当大任，就要"学以成人"，成为"从其大体"（注重心志品德培养）的"大人"，而非"从其小体"（追求口腹之欲）的"小人"。①高校人才的培育，就要在贯彻落实"四个服务"方针的基础上，使青年学生成为坚守人民立场的"大人"，担当满足人民美好生活向往和推进人类命运共同体构建的"大任"。

（二）坚守人民立场就要淬炼真挚的人民情感

中华人民共和国成立标志着我国"进入了人民的时代"，在人民的时代，科学家要"成为真正的人民科学家"，知识分子要成为"站在人民立场上的人"……过去犯过错误的人和组织，也要给予改过自新的机会，使其"站到人民立场上为人民服务"。经过长期努力，我国进入了中国特色社会主义新时代。新时代同样是人民的时代，人民立场依然是"中国共产党的根本政治立场"。人民拥护不拥护、赞成不赞成依然是我们"制定各项方针政策的出发点和落脚点"，依然是我们"作出决断的出发点和归宿"，依然是衡量我们一切工作得失的"最终标准"和"根本标准"。任何一个时代的人都内含着属于他那个时代的精神。然而无论时代如何变迁，保持对人民的真挚情感永远是时代先进分子所秉承的价值共性，保持人民立场永远是时代先进分子所彰显的时代精神。

---

① 平飞. 马克思主义中国化与儒家文化［M］. 北京：人民出版社，2012：175.

古往今来，仁人志士、文人墨客都喜欢用诗词歌赋来表达其真挚的人民情感。这样的事例不胜枚举。如"朱门酒肉臭，路有冻死骨"（杜甫《自京赴奉先县咏怀五百字》）体现了唐代大文豪杜甫对人民疾苦的悲痛之心；"为什么我的眼里常含泪水，因为我对这土地爱得深沉……"（艾青《我爱这土地》）体现了当代著名诗人艾青对祖国大地和中国人民的深沉而忧郁的爱；"人民群众是历史的创造者""历史活动是群众的活动"①体现了马克思及马克思主义经典作家坚持人民性的鲜明品格。在中华的广袤土地上，在中华文明的厚重沃土中，在马克思主义思想瑰宝中，我们有"无比深厚的历史底蕴""无比广阔的舞台"和"无比强大的前进定力"来淬炼对人民的情感。青年学生不仅要在中华优秀传统文化的诗词歌赋中感悟先辈们对百姓、对人民的真情实意，更要在"学习和实践马克思主义关于坚守人民理想的思想"中倾听人民呼声、汲取人民智慧。因为对人民真挚的情感只有在实践中萌生、增进、升华和彰显才能愈加真诚而醇厚。

第二节　培育学生高尚的道德品质

古人云："自天子以至于庶人，壹是皆以修身为本。"（《礼记·大学》）道德品质是做人的根本，做人做事第一位的是崇德修身。培养德才兼备之英才既是贯彻落实"德育为先"的育人方针和"立德树人"根本任务的内在要求，也是高校人才培育的实践指南。培育人才高尚的道德品质既要立意高远从大局出发，又要立足平时从细处着手，做到明大德、守公德、严私德。

一、实现明大德守公德严私德

育德既是青年学生进入大学的第一课，也是青年学生大学毕业前的最后一课，更是青年学生大学毕业后的"永恒之课"。正所谓"才者，德之资也；德者，才之帅也"，"德胜才谓之'君子'，才胜德谓之'小人'，才德兼亡谓之'愚人'，才德全尽谓之'圣人'"（司马光《资治通鉴·周纪一》）。"若无德，

① 列宁.列宁全集：第五十五卷［M］.北京：人民出版社，2017：15.

则虽体魄智力发达，适足助其为恶，无益也"。一个人只有明大德、守公德、严私德，成为有"德"之人，其才方能用得其所，其人也才能成为一个高尚的人、纯粹的人和有益于人民的人。

（一）涵养深沉的家国情怀

小成靠智，大成在德。"要想大成功，必要大德性"。"大德"指的是国家之德、人民之德。明大德，就要涵养深沉的家国情怀，就要立志"报效祖国、服务人民"。《周易·系辞》有云："天地之大德曰生。"就自然界而言，"生"即创生万物；从人类社会出发，"生"就是人的生存与延续，因而民生就是"生"的首要问题。为了"生"这个大德，必须有忠诚于国家之心、服务于人民之心的人。这既是儒家评判君子的一个基本标准，也是人才高尚道德品质的神圣内核。报效祖国，服务人民，就要如恽代英等革命先烈一般，在国家危难面前勇于挺身而出，抛头颅、洒热血，不惧"为祖国牺牲生命"，因为"此等之牺牲为足以成大德"；就要如雷锋等英雄模范一般，坚持以"为人民服务为核心"的"大德"观，在国家建设的热潮中抛弃"吃好、穿好、玩好"的"幸福观"，踏踏实实为公、勤勤恳恳为民，因为只有为"共产主义贡献自己的一切"，"这才是幸福"。[①] 在中国特色社会主义新时代，青年学生要明大德，就是要把"爱国，忠于祖国，忠于人民"作为自己人生的"最大事情"，就是要把"实现中华民族伟大复兴中国梦"这一"当代中国爱国主义的鲜明主题"作为明大德的集中体现，不断提升自己的政治能力和知识水平、不断锻炼自己的身体素质和心理素质，不负民族重托、人民期待和党的期望，脚踏实地、永不停歇地把报效祖国、服务人民这一"大德"真正锻造成为内化于心、外化于行的思想动力，并在未来的工作岗位中持之以恒地办好顺民意、解民忧、惠民生的实事和大事。如何明"报效祖国、服务人民"之大德？习近平总书记提出"养大德者方可成大业"，明大德要"从做好小事，管好小节开始起步"，"时时处处见贤思齐"，"老老实实向人民群众学习"，"以严格标准加强自律、接受他律"。[②] 我们可以将明大德的举措分别概括为"积微成著法""文化感召法""群

---

① 《雷锋》杂志．见证人讲述：雷锋日记［M］．北京：人民出版社，2018：146．
② 习近平在河南考察时强调：深化改革发挥优势创新思路统筹兼顾 确保经济持续健康发展社会和谐稳定［N］．人民日报，2014-05-11（1）．

众路线法""典型示范法"和"内外规导法"。"积微成著法"就是要日积跬步，从小事小节积累；"文化感召法"就是要以中华优秀传统文化中道德资源滋润人；"群众路线法"就是要以相信群众、依靠群众、为了群众的群众观实现"礼失而求诸野"（班固《汉书·艺文志》）；"典型示范法"就是要以身边的榜样教育人、鼓舞人和引导人；"内外规导法"就是要以"软规则"的自律和"硬标准"他律约束人。

（二）遵循新时代公序良俗

梁启超在《少年中国说》中提出，"人群之所以群，国家之所以国"乃赖公德而"以成立"，"公德者何？"曰"人人相善其群者谓之公德"。"公德"首先指的就是社会公德，即"全体公民在社会交往和公共生活中应该遵循的行为准则"，它"涵盖了人与人、人与社会、人与自然之间的关系"。此外，从性质上看，作为"所有从业人员在职业活动中应该遵循的行为准则"的职业道德也属于"公德"范畴，因为职业道德"涵盖了从业人员与服务对象、职业与职工、职业与职业之间的关系"，这是一种"人人都是服务对象，人人又都为他人服务"的公共关系。守公德，就要遵循新时代公序良俗，做到心底无私天地宽，成为一个社会上的"好公民"和工作中的"好建设者"。

使社会形成良好的道德风尚，要靠教育，也要靠法制。正所谓，法律是成文的道德，道德是内心的法律。发挥法制对公德的保障和促进作用，更有利于维护道德、凝聚人心和坚守道德底线。素以重视礼仪和遵守规则著称的日本，在以法制这个"硬手段"促进公德建设上，有一部自1948年5月实施至今的《轻犯罪法》。这部法律相当于我国的治安处罚条例，是一个治安管理行政法规，它涵盖了公民权利、公共安全、公共秩序、公共生活、公共利益等各方面的轻罪类型。诸如属于道德层面的问题，也在处罚之列。比如购买车票、船票时插队或者登入火车、汽车、船舶时插队，在公共场合对其他人使用粗野的语言，不扶助老幼残疾或伤病者，阻拦他人的去路或围绕其身边不肯离去等。新时代，人民的公共交往日益频繁、公共生活空间不断扩大，守公德愈加成为社会文明程度和公民道德修养的重要表现，社会公德在"维护公众利益、公共秩序，保持社会稳定方面的作用"也愈加突出。

此外，要使人才形成守公德的高尚道德素质，要依托家庭、学校和社会的合力，而学校的教育培养是其中的关键环节。因此，在培育人才守公德的过程中，要突出加强师德师风建设。师德师风体现着教师的职业观念、职业作风和职业纪律。对教师师德师风的要求，不是私德层面的要求，而是公德层面的规范。加强教师的师德师风建设，不仅要增强教师在教育动机上的"善性和责任感"，而且要在对教育结果的风险评估上增强教师的"敏感性和德育机智"，从而为实现"整体的立德树人确立原则和示范"。正如前文所述，坚持习近平总书记所提出的"教育者先受教育"的理念，才能让教师更好担当起育人的责任。因此，高校必须严格按照教育部《新时代高校教师职业行为十项准则》和教育部、中共中央组织部、中共中央宣传部等七部门颁发的《关于加强和改进新时代师德师风建设的意见》，将"师德师风建设要求贯穿教师管理全过程"，使高校教师成为育人的"四有"好老师，成为人才在未来的岗位中的"人生示范"。

（三）保持修身律己的操守

"私德"指的是家庭之德、个人之德。"人人独善其身者谓之私德"。严私德就要践行家庭美德和优秀的个人品德，成为一个家庭里的好成员和养成日常生活中的好品行。家庭是社会的基本细胞。在每一个家庭中，都涉及夫妻爱情、长幼亲情、邻里友情三层基本关系。因而家庭美德以"尊老爱幼、男女平等、夫妻和睦、勤俭持家、邻里互助"为主要内容。习近平总书记指出，家庭是人生的"第一个课堂"和"第一所学校"，家长是孩子的"第一任老师"。父母及其他家庭成员对孩子的言传身教，孩子对父母等家庭成员道德品行的耳濡目染，直接决定着孩子道德养成的起点。家是最小国，国是千万家。家庭美德铸就良好的家风，带动良好党风政风。家风败坏难出孝子，家风败坏助长社会歪风邪气。古人云："爱子，教之以义方，弗纳于邪。"（《左传·隐公三年》）人才未来也会组建属于其自己的家庭，用爱国爱家、爱亲爱邻、向上向善的良好家教家风涵育孩子的道德品行，是造就一代又一代德智体美劳全面发展的社会主义建设者和接班人的重要方式。从这个角度来说，这也是人才的社会历史责任。而人才走上领导岗位后，如果不能形成好的家风，那时家很有可能就成了权钱交易、权色交易的"名利场"，最终不仅使自己身败名裂，而且祸国殃民。

要养成家庭美德，形成良好的家风，就要从家庭每个成员做起，从锻造优秀的个人品德做起，保持修身律己的操守，防止被不良嗜好之人拉下水。什么样的个人品德可以称之为优秀？这是一个见仁见智的问题。概而言之，优秀的个人品德以"爱国奉献、明礼遵规、勤劳善良、宽厚正直、自强自律"为主要内容。高校人才培育，尤其要注意大学生自强、自律之品德的培养。正所谓"天行健，君子以自强不息"(《周易·象传》)；"不自强而功成者，天下未之有也"(刘安《淮南子·修务训》)。完成民族复兴的大任，前途充满着困难与挑战，唯有自强才能成就使命与担当。马克思曾指出，"不可收买是最高的政治美德"。要做到不可收买，那就要自律。自律就是要以坚强的政治定力、纪律定力、道德定力和抵腐定力，管好自己的生活圈、交往圈、娱乐圈，净化自己的朋友圈、工作圈，既不能成为饕餮"巨虎"，也不能成为逐臭"苍蝇"。自律，最关键的还是要在私底下、无人时、细微处慎独慎微。正所谓，"莫见乎隐，莫显乎微，故君子慎其独也"《礼记·中庸》；"不矜细行，终累大德；为山九仞，功亏一篑"《尚书·旅獒》；"不虑于微，始贻于大；不防于小，终亏大德"(王夫之《读通鉴论》)。作为青年学生，必须铭记"小事小节中有政治、有方向、有形象、有人格的道理"，从小事小节上入手，常怀律己之心、常守底线之维。唯此，方能明礼遵规、爱国奉献，清清白白做人、干干净净做事，人尽其才、人尽其责。

二、推进新时代公民道德建设

"促进人的全面发展，培养和造就担当民族复兴大任的时代新人"，[1] 是中央在《新时代公民道德建设实施纲要》中提出的推进新时代公民道德建设的最终落脚点。要使人才具有高尚的道德品质，最关键的是要培养其道德信念。

道德信念是道德行为发生的根本动力，人们日常生活中的失德行为，基本与其道德信念缺位或道德信念偏差有关。因此，通过新时代公民道德建设工程，育人的道德信念，进而养成行为规范和形成"日用而不知"(《周易·系辞》)的行为习惯，就是人才涵养高尚道德品质的根本途径。在这个长期、艰巨、复

---

[1] 中共中央国务院印发新时代公民道德建设实施纲要[N].人民日报，2019-10-28(1).

杂的公民道德建设工程中，家庭、学校、政府、社会都有责任。

（一）新时代公民道德建设是私德、公德和大德的有机融合

从严私德、守公德、明大德的内容要求来看，三者在培养内容上具有互通共融性。"爱国奉献"既是严私德的重要内容，也是守公德"奉献社会"的内在要求，也是明大德"报效祖国、服务人民"的应有之义；"明礼遵规""尊老爱幼""男女平等"既是严私德的重要组成部分，也是守公德"文明礼貌""遵纪守法"的内在要求。同时，严私德中"邻里互助"与守公德中"乐于助人"，严私德中"宽厚正直"与守公德中"办事公道"，两者在核心要义上都具有广泛的共性。而严私德中的"自强自律"尤其是其中的"自律"可以说是守公德（包括社会公德和职业道德）全部要求的共同基础，即遵守社会公德需要一颗自律之心，恪守职业道德也需要一颗自律之心。此外，严个人品德和家庭美德，守社会公德和职业道德，其最终指向都是为了明国家和人民之大德，因为"为人民服务"是公民道德建设的核心。

正是因为严私德、守公德、明大德在内容上的互通共融，因而三者在锻造方式上具有共通共享性。前文提到，"明大德"有"积微成著法""文化感召法""群众路线法""典型示范法"和"内外规导法"。事实上，这些方法同样适用于守公德和严私德的道德品质塑造。如中华优秀传统文化中遵守社会公德、恪守职业道德和"仁者爱人"（《孟子·离娄下》）之个人品德的贤达或事迹比比皆是，人民群众中各行各业的典型模范、英雄人物不胜枚举……这些都是严私德、守公德、明大德的育人素材；又如重注从小事小节开始，自律修身，加强私德、公德和大德层面的法律法规建设都是严私德、守公德、明大德的重要方式。总体而言，无论是修私德、修公德，还是修大德，都需要家庭、学校、政府和社会共同推动。

也正是因为严私德、守公德、明大德三者之间的互通共融，党的十九大提出了推进"社会公德、职业道德、家庭美德、个人品德建设"有机融合的新时代公民道德建设。作为一名社会主义国家的公民，遵守公民道德是遵守社会主义道德规范的要求，也是践行马克思主义道德观的体现。在不同的历史时期，公民道德建设的要求在具体内涵上有不同的变化。中华人民共和国成立之初，

《共同纲领》就提出了"爱祖国、爱人民、爱劳动、爱科学、爱护公共财物"[①]的公民道德建设要求；1982年12月修订通过的《中华人民共和国宪法》将"爱护公共财物"改为"爱社会主义"，此后历次宪法修正案都延续了"爱祖国、爱人民、爱劳动、爱科学、爱社会主义"（以下简称"五爱"）的表述；[②]1996年10月，中共中央延承《关于社会主义精神文明建设指导方针的决议》（1986年9月党的十二届六中全会通过）中"五爱"、移风易俗等要求，通过了《关于加强社会主义精神文明建设若干重要问题的决议》，并首次大力倡导"尊老爱幼、男女平等、夫妻和睦、勤俭持家、邻里团结的家庭美德"。[③]至此，公民道德建设不再仅仅是"社会公德、职业道德"的公德领域，还涉及了"家庭美德"这一私德范畴。

2001年9月，中共中央颁布《公民道德建设实施纲要》，在继续重申"五爱"和移风易俗的同时，还明确提出推进公民道德建设要以"社会公德、职业道德、家庭美德为着力点"，鼓励人们在社会上、工作中、家庭里分别做一个"好公民""好建设者""好成员"，[④]从而正式确立了公民道德建设包括社会公德、职业道德和家庭美德三大板块的内容。进入新时代，随着我国社会主要矛盾的改变以及党的战略任务的变化，2019年10月，中共中央、国务院颁发了《新时代公民道德建设实施纲要》（以下简称《新实施纲要》）。《新实施纲要》除了对"五爱"和树立社会主义新风尚等内容的继承外，还将"以爱国奉献、明礼遵规、勤劳善良、宽厚正直、自强自律为主要内容的个人品德"确定为公民道德建设的四大板块之一，鼓励在日常生活中养成践行个人品德的"好品行"。[⑤]与此同时，《新实施纲要》还特别强调将社会主义核心价值观中国家、社会、个人层面的价值要求贯穿到公民道德建设的各方面，引导人们明大德、守公德、严私德。至此，公民道德建设正式成为涵盖私德、公德和大德三者有

---

① 中共中央文献研究室.建国以来重要文献选编：第一册［M］.北京：中央文献出版社，1992：11.

② 中华人民共和国宪法［M］.北京：人民出版社，1982：15.

③ 中共中央关于加强社会主义精神文明建设若干重要问题的决议［M］.北京：人民出版社，1996：14.

④ 中共中央文献研究室.十五大以来重要文献选编：下［M］.北京：人民出版社，2003：1982，1984，1985.

⑤ 中共中央国务院印发新时代公民道德建设实施纲要［N］.人民日报，2019-10-28（6）.

机融合的整体。

（二）以社会主义核心价值观引领新时代公民道德建设

习近平总书记指出，社会主义核心价值观"其实就是一种德"，它既是"一种大德"即"国家的德、社会的德"，也是一种"个人的德"。①因而社会主义核心价值观是人们明德修身、立德树人的根本遵循。新时代高等教育的"树人"，就是要"树"严私德、守公德、明大德之人，就是要"树"践行社会主义核心价值观的"有灵魂之人"。在育人这一问题上，社会主义核心价值观与新时代公民道德建设有着共同的育人目标。围绕着共同的育人目标，《新实施纲要》提出要以社会主义核心价值观这一主流价值"建构道德规范、强化道德认同、指引道德实践"，引导人们树立"讲道德、尊道德、守道德"的道德信念，从而激发人们的道德自觉。②所谓道德自觉即"德"的主动内化，指人们在"与自身密切相关的道德关系和活动中有效发挥自身的能动性和主体性"③的自觉意识。青少年是形成道德信念、激发道德自觉的关键时期。在这个关键时期，要使"德"的主动内化，关键就要把社会主义核心价值观与青少年自身的道德养成规律结合起来，分别从个人、社会和国家实现严私德、守公德和明大德的循环演进逻辑路径。

古人云："不积小流，无以成江海。"（《荀子·劝学》）道德养成规律就是"从严私德做起，延伸到守公德，再提升到明大德"。这与中华优秀传统文化中"身修而后家齐，家齐而后国治，国治而后天下平"（《礼记·大学》）以及"内圣外王"（《庄子·天下》）之道一脉相通。也正如习近平总书记所指出的，"每个人的生活"由"一件件小事组成"，因而"养小德才能成大德"。社会主义核心价值观作为一种"德"，其培育路径也就是从个人、社会和国家三个层面整体推进。特别要说明的是，社会主义核心价值观是把涉及个人、社会和国家的"价值要求融为一体"的价值体系。个人、社会和国家三个层面的价值追求和价值愿景虽不同，但它并不是逻辑上的递进关系，而是内容上的并列关系。因

---

① 习近平.青年要自觉践行社会主义核心价值观——在北京大学师生座谈会上的讲话［M］.北京：人民出版社，2014：4.
② 中共中央国务院印发新时代公民道德建设实施纲要［N］.人民日报，2019-10-28（6）.
③ 李力，金昕.新时代高校立德树人的内涵、难点及实现路径［J］.东北师大学报（哲学社会科学版），2019，（2）：152.

而其并不存在一个先培育个人层面、再培育社会层面、最后培育国家层面的核心价值观问题。然而，在社会主义核心价值观中，最深层、最根本、最永恒的是爱国主义。因此，根据"以为人民服务为核心，以集体主义为原则、以'五爱'为基本要求"的公民道德建设的指导方针，只有在实现国家、社会的价值追求和价值愿景过程中，个人价值才能更好地绽放光彩，只有在推进伟大事业、实现伟大梦想中奉献自己的青春与热血，才是真正明国家之大德、守社会之公德。古人所说的"小德川流，大德敦化"（《礼记·中庸》），"小德役大德"（《孟子·离娄上》）就是这个道理。

此外，党的十九大强调，坚持社会主义核心价值体系是新时代"发展中国特色社会主义的基本方略"[①]之一。而社会主义核心价值观作为社会主义核心价值体系的"内核"，反映了后者的"丰富内涵和实践要求"，体现了后者的"根本性质和基本特征"。因此，培育和践行社会主义核心价值观，离不开社会主义核心价值体系这个基础和载体。在社会主义核心价值体中：社会主义荣辱观解决的是人们日常行为中的价值准则和行为规范问题，是个人层面"爱国、敬业、诚信、友善"的具体规范，是严私德的基本要求；以爱国主义为核心的民族精神和改革创新为核心的时代精神，解决的是民族和社会的精神品格、精神风貌问题，是社会层面"自由、平等、公正、法治"的历史渊源和道德基石，是守公德的基本要求；中国特色社会主义共同理想，解决的国家的奋斗目标问题即实现"两个一百年"奋斗目标和实现中华民族伟大复兴，是国家层面"富强、民主、文明、和谐"的具体体现，是明大德的基本要求。总之，在社会主义核心价值观的培育和践行中，社会主义荣辱观是底线，民族精神和时代精神是中介，中国特色社会主义共同理想是灵魂，三者与严私德、守公德、明大德相对应，是一个循序渐进、不可分割的有机整体。

第三节　培育学生卓越的"学创"本领

"学创"本领即学习和创新本领，是"有本领"的核心内涵之一。"学习本

[①] 中国共产党第十九次全国代表大会文件汇编［M］.北京：人民出版社，2017：61.

领"是青年学生"必须具备的第一位本领"。① 正所谓"人不学，不知道"（《礼记·学记》）。也正如习近平总书记所言，"梦想从学习开始"。② 提升学习本领，不仅指的是要夯实专业知识体系、提高人文艺术修养，更指要提升学习能力，在信息爆炸的时代和不断发展变化的世界中提升创新本领。面对变化，"要么创新，要么死亡"。③ 高校人才的培育，就要在青年学生求真学问、练真本领的过程中，把学习能力习得和创新能力养成摆在关键位置、提上关键议程。

一、习得学习能力

美国著名行为主义心理学家 B.F. 斯金纳，对于什么是教育提出了自己的观点，即"忘掉所学的东西，之后剩下的就是教育"。④ 科学巨匠爱因斯坦也曾引用斯金纳的这句话，来表达自己对教育的看法，其提出"当一个人把他在学校学到的所有的知识全部忘掉，剩下的就是教育"。⑤ "忘掉的"是所学的具体知识点，"剩下的"是习得的学习能力。因而教育就是要培养学生的学习能力，即运用科学的方法获取和加工信息，进而分析和解决问题的一种综合素质。

（一）夯实专业知识体系是学习能力习得的关键环节

北宋著名文学家欧阳修有一句名言："立身以立学为先，立学以读书为本"。读书就是要"既读有字之书，也读无字之书"。对于青年大学生而言，读"有字之书"，首先就是要学习本专业的知识。学习能力包括原发层次（指学习的兴趣、动机、意志等）、内化层次（指对所学习知识的记忆、理解、评价等）和外化层次（指对所学知识的释放、应用和创新等）三层结构，它们共同构成学习能力习得的三个不可分割的循环过程。从学习能力结构上来看，夯实专业知识体系属于学习能力的内化层次，这是学习能力习得的关键环节。高校各个专业的青年学生都是人才培育的对象。毋庸置疑，不同的学历层次、不同的专

---

① 习近平.在纪念刘少奇同志诞辰 120 周年座谈会上的讲话［M］.北京：人民出版社，2018：14.
② 习近平.习近平谈治国理政：第二卷［M］.北京：外文出版社，2017：378.
③ 柴染.在规则与自由之间创新［M］.北京：北京工业大学出版社，2015：2.
④ 加雷思·索斯维尔.人是一棵思考的苇草［M］.许常红，译.北京：新华出版社，2017：221.
⑤ 唐锐光.讲台上的沉思者［M］.广州：广东教育出版社，2017：247.

业类别，有不同的专业知识要求。这就是专业之所以为"专"的内涵意义。黑格尔曾指出，"世界上有趣味的东西异常之多"，如果一个人对很多东西都有兴趣，"我们决不能说他不对"；但"在特定的环境内"，一个人"如欲有所成就，他必须专注于一事"，"那些什么事都想做的人，其实什么事都不能做，而终归于失败"。① 因此，无论是什么专业的学生，在大学这个特定的环境内，如果想在未来的事业中有一番成就，就必须专注于掌握自己所学专业的知识体系。这既是取得大学毕业证（学位证）的基本要求，也是习得学习能力的前提基础。

学生要夯实所学专业的知识体系，需要学生和教育工作者共同努力。从学生的角度而言，夯实专业知识体系就需要珍惜韶华、刻苦学习。对学习的兴趣、毅力和意志是学习能力的原发层次，它支撑着学习能力的内化，因而其是学习能力习得的前提基础。正所谓"干一行、爱一行"。学生的"职业"就是学习，对学习的热爱就是一种"敬业精神"。古人所说的"三更灯火五更鸡，正是男儿读书时"（颜真卿《劝学诗》）、"志士惜年，贤人惜日，圣人惜时"（魏源《默觚·学篇三》）就是这个道理。在刻苦学习方面，我国古代无数志士贤达为我们树立了典型榜样。如孔子研究《易经》翻断编连竹简的皮线多次（史称"韦编三绝"），战国苏秦读书困倦时"锥刺股"和汉朝孙敬为防止读书时打瞌睡而"头悬梁"（合称"悬梁刺股"），汉朝匡衡因家贫"凿壁借光"读书，晋朝车胤借放入白袋中的萤火虫所发之光夜读和南朝孙康借夜间白雪反射之光读书（合称"囊萤映雪"）……这是多么励志和感人的事迹！青年学生"正处于学习的黄金时期"，学习既是青年学生的"一种责任""一种生活方式"和"一种精神追求"，也是青年学生的"首要任务"。要较好地完成这个"首要任务"，就要爱读书，对专业知识求知若渴；就要读好书，品读专业经典和研读专业前沿；就要善读书，做到循序渐进、持之以恒和学思融合、知行结合。总而言之，"好学才能上进"，无论时代怎么变革，学习是不变的。中华民族靠学习走到今天，也靠学习走向未来。青年学生要夯实专业知识体系也必须"坚持学习、学习、再学习"。

---

① 黑格尔.小逻辑［M］.贺麟，译.北京：商务印书馆，2017：174.

从教育工作者的角度而言，要夯实青年学生的专业知识体系，就必须着重深化教学改革，提高课堂教学质量。以本科教学为例。总体而言，深化教学改革，提高课堂教学质量，就要严格依照《中国教育现代化2035》的有关要求，落实加强课程教材体系建设，充分利用现代信息技术，推行走班制、选课制等教学组织模式以及启发式、探究式、参与式、合作式等教学方式，淘汰"水课"、打造"金课"、取消"清考"；① 就要坚持"质量为王""开放共享"的原则，严格落实《普通高校本科专业类教学质量国家标准》及有关行业标准的要求，抓住教学标准这个"底线"，抓住提高质量这个"纲"，努力建设具有中国特色、世界水平的一流学科、一流专业；就要按照面向所有高校、所有专业的"六卓越一拔尖计划2.0"的总体部署，全面推进新工科、新医科、新农科、新文科建设，做好属于各高校自己的教育改革"2.0版"规划，最终达到让老师"教好"、学生"学好"、学校"管好"和"让教学活起来、让学生忙起来、让管理严起来"的教育教学效果。

（二）提高人文艺术素养是学习能力习得的重要内容

"专才教育"和"通才教育"是高等教育历史上两种具有代表性的典型模式。前者以苏联为代表，后者以英美国家为代表。中华人民共和国成立后不久，我们"以苏为师"，效仿苏联式高校设置模式，对全国院系进行了大规模的调整，使工科、农林、医药、师范等专门院校比例大幅度提高，培养了一大批经济社会建设急需的专门人才。改革开放后，我们借鉴英美国家通才教育模式的长处，对片面强调专才教育的苏联模式进行了反思，重新调整了我国院系和学科设置，强调"专业教育"与"通识教育"的有机结合。经过40多年的改革实践，高等教育要培养"又博又专、愈博愈专"的高素质人才，已经成为我国教育界的主流。毫无疑问，坚持专业教育和通识教育的有机结合也是高校人才培育的教育模式。专业教育课程重在夯实学生的专业知识体系，而通识教育课程则重在提升学生的人文艺术素养。

在中华传统文化语境中，"人文"与"天文"相对应，语出《周易·贲卦》："刚柔交错，天文也。文明以止，人文也。观乎天文，以察时变。观乎人文，

---

① 中共中央国务院印发《中国教育现代化2035》［N］.人民日报，2019-02-24（3）.

以化成天下。"其意思是，天文是阴阳并陈迭运、刚柔交错，通过感受阴阳刚柔的变化，可以看到四季的时序变化；人文是文明以止，通过诗书礼乐等社会制度、文化教育，可以教化天下之人使天下昌明。故"人文"旧指"诗书礼乐"等以"文"来"止"、以"文"来"化"的"文明文化"，而现今的"人文"泛指的"人类社会的各种文化现象"，包括文学、历史学、哲学、美学、宗教学、伦理学、语言学、心理学等诸多学科所研究范畴的知识及其蕴含的精神。总而言之，人文是一个内涵非常广的范畴。从人文的内涵来看，艺术素养其实是包括在人文素养之内的。正如我国高等教育领域的著名学者杨德广所指出的，人文素养包括"语言文字、文学艺术、伦理道德、文明礼仪、历史和哲学"等诸多层面的素养。本文将艺术素养与人文素养并列合称为"人文艺术素养"，其意在突出强调人文素养中的艺术素养成分。这也是贯彻落实教育部《关于加强新时代高校美育工作的意见》，培养德智体美劳全面发展的人才的内在要求。当然，"人文艺术素养"一词并非笔者首创，其在人文科学领域尤其是在教育学领域运用广泛。高校开展人文艺术教育就是要提升青年学生的人文艺术素养，并促使青年学生将人文艺术素养内化为优雅的品质、典雅的气质和温雅的性情。一个具有较高人文艺术素养的人是一个有品位的人、是一个"脱离了低级趣味的人"，是一个懂得尊重人、爱护人和关心人的人。这也就是孔子所说的"文质彬彬，然后君子"（《论语·雍也》）。

在学习能力的内化层次中，对所学知识的理解与思考、观察与分析、综合与评价，都不离开人文艺术素养的价值指引和行为范导，离不开人文艺术素养的思想性支撑和情感性依托。列宁曾指出，没有"人的情感"，"就从来没有，也不可能有人对于真理的追求"。[①]人是在一定的情感、意志、欲望和需要的影响下从事认识活动和实践活动的。在这里，列宁强调的是陶冶情操的重要性，强调的是人的真善美等情感因素对追求真理的重大影响。与此同时，青年学生对人文艺术的学习本身，也是学习能力习得的重要内容。因而，人文艺术素养的提高与学习能力的习得密不可分。提升青年学生人文艺术素养的一个重要抓手就是美育。法国著名文学家福楼拜曾说，艺术与科学"两者在山麓分

---

① 列宁.列宁全集：第二十五卷［M］.北京：人民出版社，2017：117.

手"，但最终"将在山顶重逢"。① 言外之意，即艺术与科学的起点相同，虽途径各异，但终点相通。因此，坚持德育、智育、体育、美育和劳动教育"五育并举"，通过美育来提升青年学生的审美素养、温润青年学生的心灵，潜移默化地影响青年学生的情感、趣味、胸襟和气质，激发青年学的想象力和创新意识，培养青年学生深厚的民族情感和高尚的道德情操，进而促进青年学生的自由全面发展。

然而，从总体上看，美育是当前"整个教育事业中的薄弱环节"，其突出表现在美育课"应付、挤占、停上"的现象仍然存在，美育"师资队伍仍然缺额较大"，美育"协同推进机制"仍然缺乏。② 为此，2015 年 9 月，国务院办公厅下发《关于全面加强和改进学校美育工作的意见》，提出要科学构建"大中小幼美育相互衔接""普及教育与专业教育相互促进""课堂教学和课外活动相互结合""学校美育和社会家庭美育相互联系"的现代化美育体系，并从构建美育课程体系，改进美育教育教学，统筹学校与社会美育资源，建立健全美育质量评价、监测和督导制度等方面提出了具体的应对举措。但从实践效果来看，高校的美育仍然具有较大的改进空间。其表现为：高校美育工作与"当前教育改革发展的要求"之间，高校美育工作与"构建德智体美劳全面培养的育人体系"之间，高校美育工作与"满足广大青年学生对优质丰富美育资源的期盼"之间，还存在"不相适应"。对此，2019 年 3 月，教育部发布《关于切实加强新时代高校美育工作的意见》，提出要从建强美育教师队伍为切入口，以强化普及艺术教育、提升专业艺术教育和改进艺术师范教育为重点，以推动中华优秀传统文化传承基地建设等品牌项目为抓手，以美育志愿服务和社会实践活动为依托，以明确高校美育工作的主体责任为保障，"彻底改变高校美育的薄弱现状"，形成"充满活力、多方协作、开放高效的高校美育新格局"，真正做到"以美育人、以美化人、以美培元"。③

事实上，自中国共产党成立以来，做好美育工作就一直是党治国理政的

---

① 朱东亮．文化产业漫谈［M］．北京：人民出版社，2014：124.
② 国务院办公厅印发《意见》：全面加强和改进学校美育工作［N］．人民日报，2015-09-29（12）．
③ 教育部关于切实加强新时代高等学校美育工作的意见［Z］．中华人民共和国教育部公报．2019，（5）：19.

一项重要任务。从 1942 年 5 月毛泽东在延安文艺座谈会上的讲话，到 2014 年 10 月习近平总书记在文艺工作座谈会上的讲话，从"五讲四美三热爱"实践活动，到社会主义核心价值观教育，无不体现着党中央和党的最高领导人在革命、建设和改革工作中对美育的高度重视。但必须承认，文件层面的指示要求和领导人的高度重视并不能完全保证实践层面的贯彻落实效果。要做好高校美育工作，关键还是要抓落实。说一千道一万，不如"撸起袖子加油干"。青年学生"加油干"就是要"加油学"，努力学好人文艺术。古人云"玉不琢，不成器"（《礼记·学记》），要成为一件品质优良的"玉器"，就要反复雕琢。正如习近平总书记所指出的，广大青年人人都是一块玉，要时常用真善美来雕琢自己，不断培养高洁的操行和纯朴的情感，努力使自己成为高尚的人。

除了青年学生要"加油干"，高校也要"加油干"，努力搞好美育工作。2020 年 10 月，中共中央办公厅、国务院办公厅印发《关于全面加强和改进新时代学校美育工作的意见》，进一步提出要在加快艺术学科创新发展、完善课程设置、加强教材体系建设、深化教学改革、丰富艺术实践活动等方面着手，营造全社会共同促进学校美育发展的良好社会氛围。具体而言，高校应从以下四个方面努力推进对青年大学的美育工作：第一，应进一步做好专业艺术教育和公共艺术教育。在专业艺术教育上，要进一步优化具有中国风格的艺术学科专业体系，在国家"双万计划"的背景下，打造一批一流的艺术专业学科和一流的艺术专业课程；同时在国家推进"卓越教师培养计划 2.0"的背景下，大力造就善于教学、善于创新的音乐、舞蹈、戏剧、戏曲、影视等相关专业的艺术师范生。在公共艺术教育上，要把艺术课程与艺术实践纳入高校人才培养方案，定学分、定学时、提质量，将修满公共艺术课程学分作为学生毕业的硬指标。第二，应配齐、配好高校美育教师队伍，严格落实教育部关于公共艺术课程专兼职教师师生比的规定（即教师总数应占在校学生总数的 0.15%~0.2%，其中专职教师不少于 50%），扭转大部分高校未能达标的困境，解决制约公共艺术教育课程发展的"瓶颈"；应建立符合美育教师实际的职称评审制度和考核评价机制，为高校美育教师的职业发展、职称晋升等方面提供有力支撑。第三，应提高和加强教育主管部门和地方政府在资金的投入，并建立多元筹资机制，落实高校美育工作的经费需求；完善高校美育工作的检测和督导机制，并将之作为适用于对高校办学情况的评价；同时还要加强地方和高校的统筹协调，推动美育资源的共建共享。第四，应推进高校美育教学方式的改革与创新，探索构建智能化、数字化、网络化、"线上＋线下"的课程教学模式，建设一批高质量美育慕课并扩大其覆盖面，探索建设一批"高校＋高校"协同、"高校＋企业"协同、"高校＋地方政府"协同、"高校＋文化宣传部门"协同、"高校＋人文艺术研究所"协同、"高校＋文艺团体"协同、"高校＋中小学"协同创新的育人机制。第五，应在传统文化艺术的提炼、转化、融合上下功夫，进一步推进高雅艺术、戏曲进校园，进一步实现对中华优秀传统文化的传承创新。

二、养成创新能力

正如前文所述，创新能力属于学习能力的外化层次，即对所学知识的释放、应用和创新。学习能力的外化进一步激发学习能力的原发，从而使学习能力习得形成从"原发→内化→外化→原发→……"的循环。正如苏联教育家苏霍姆林斯基所说，"兴趣的源泉还在于把知识加以运用，使学生体验到一种理智高于事实和现象的'权力感'"，因为"在人的心灵深处"都"希望感到自己是一个发现者、研究者、探索者"。[①] 对于一个民族而言，同样如此。创新是民族进步之魂，一个民族要屹立于世界民族之林，就一刻也不能没有理论思维。这种理论思维不仅是指获取既有的理论知识，更指创新的理论思维。"不创新，就灭亡"[②] 的论断，这不是危言耸听。近代中国由盛到衰、沦为半殖民地半封建社会，受尽西方列强的凌辱，其中一个很重要的原因就是封建统治者因循守旧、畏惧变革、抱残守缺，没有跟上日新月异的世界发展潮流。回顾过去，展望未来，党的十九大提出要把"改革创新本领"作为我们党和国家必须着力强化的"八大本领"之一，这既是对历史的反思，也是对人才培养提出的核心要求。

---

① 瓦·阿·苏霍姆林斯基.给教师的建议（修订本全一册）[M].杜殿坤，译.北京：教育科学出版社，1984：59.
② 穆臣刚.哈佛人生规划课[M].北京：中国法制出版社，2014：58.

（一）激发创新思维是创新能力养成的"总钥匙"

创新是指"利用现有的知识和物质"，进行更新（"以新代旧"）、改变（"固而思变"）和创造（"从无到有"），"并能获得一定有益效果的行为"。[①] 作为人类社会活动的一个永恒主题，创新涉及的领域相当之广，贯穿于人们发现问题、解决问题的全过程。换而言之，在人类社会的发展中，创新无处不在、无时不有。但总的来说，创新包括理论创新、技术创新和制度创新三大领域。对于个人而言，是否具备创新能力"是一流人才和三流人才的分水岭"；对于社会而言，创新能力是"是引领发展的第一动力"，而"发展是解决一切问题的总钥匙"，即解决社会问题的"总方法""总途径"。从性质上来看，创新是一种精神、一种追求，也是一种能力。创新能力"是一种提出或产出具有新颖性（即独创性和新异性等）和适切性（即有用的、适合特定需要的）工作成果的能力"，它是一种包括学习能力、分析能力、想象能力、批判能力、组织协调能力、实践能力等各种能力的综合能力。在创新能力的养成过程中，最关键的是要激发创新思维。创新思维是创新能力养成的源泉和前提，是开启创新能力养成之路的"总钥匙"。

意大利著名诗人但丁在其《神曲》中曾祈求上帝赐予人类大脑一颗圣灵的火星，以便人类把幻想变成最优秀的成果。如果真的存在但丁所祈求的"圣灵的火星"，那用现代的话语来说，它就是"一种创造的灵感"，"一种追求有所发现、有所创造的创新意识"。[②]"创造的灵感""创造的创新意识"都是创新思维的范畴。创新思维是在客观需求的推动下，以既有的知识和信息为基础，突破常规思维的局限，从而提出新颖独创的方法来解决问题的思维过程。创新思维是以"有违常规"或以"非正常逻辑"的方式产生的顿悟或启迪，因而其在诞生之初就常常被冠以异想天开，甚至是大逆不道。正如习近平总书记所指出的，"科学发现是有规律的"，我们"要容忍在科学问题上的'异端邪说'"，要"尊重科学研究灵感瞬间性、方式随意性、路径不确定性的特点"，允许科学家们"自由畅想、大胆假设、认真求证"；创新也是有其特点和规律的，我们要鼓励在创新道路上的"奇思妙想、'无中生有'"，敢于"走前人没有走过

[①] 李雪梅：创新·创客与人才培养 [M].西安：西安电子科技大学出版社，2017：16.
[②] 陈敬全，孙柳燕.创新意识 [M].上海：上海科学技术出版社，2010：1.

的路"和敢于"抢占国内国际创新制高点"。①如果在求真学问、练真本领的道路上,我们将"大胆的假设"和"自由的畅想"等创新思维的萌芽予以毫不犹豫、毫不留情地打击、毁灭,其结果就是人将成为失去反思性、批判性、否定性和超越性的单向度的人,民族将丧失进步的灵魂,国家将丧失兴旺发达的不竭动力。因此,培养创新能力就应首先从激发人的创新思维开始。

古人云:"盖有非常之功,必待非常之人。"(班固《汉书·武帝纪第六》)要实现中华民族伟大复兴中国梦,就要有"非常之人"——勇于担当历史使命的人。人才之"新",其内涵之一就在于其有创新思维,进而能养成创新能力。那么,如何激发青年学生的创新思维呢?首先,应培养青年学生对书本的怀疑精神。"疑者,觉悟之际也""小疑则小进,大疑则大进"(明,陈献章《白沙子·与张廷实》)。正如法国著名生物化学家贝尔纳所说:"人们学习的最大障碍,并不是未知的东西,而是已知的东西。"②对书本的怀疑精神体现了其对所学知识的好奇心,体现了其对所学知识的永不停滞的创新欲望,体现了其对所学知识的求异观念,体现了其对所学知识权威的挑战与冒险精神。青年学生正处于训练思维能力的关键时期,培养其"尽信书不如无书"(《孟子·尽心下》)和敢于否定的怀疑精神,是训练其学会思考、学会分析、学会批判的创新思维的基础。

其实,绝大部分青年学生都是能认识到创新思维的重要性的,部分青年也是有创新欲望的。但在现实生活中,青年学生在认识层面追求创新的意识,往往和实践层面投身创新实践之间存在较大的反差,即认识上都承认创新的重要性,但实践中真正践行者却是少数。归根到底,还是创新的思维不够坚定,缺乏打破砂锅问到底的劲头。析其原因,主要是有以下几个方面:其一,虽然中华优秀传统文化中富有创新文化,但受诸如"木秀于林,风必摧之","堆于出岸,流必湍之","行高于人,众必非之"(三国·魏李康《运命论》),"枪打出头鸟"等所谓"中庸"思想的影响,很多人内心都沉淀着不敢求异、不敢冒险、不敢怀疑的心理,从而缺少了一种创新的冲动;其二,应试教育的缺陷,

---

① 习近平.在知识分子、劳动模范、青年代表座谈会上的讲话[M].北京:人民出版社,2016:5.
② 卡耐基.卡耐基写给年轻人[M].张卉妍,译.南昌:江西美术出版社,2017:137.

家长重在"棍棒呵斥"让学生成为"听话的乖孩子",教师重在知识灌输让学生成为"听话的乖学生"，使学生识记有余而启发不足、创新不足；其三，当前我国公共文化设施仍需进一步改善，对创新的支持政策力度仍需进一步增强，对创新的精神鼓励和物质支持仍需进一步加大等，这些因素都在不同程度上影响着创新思维的激发。这也正如马克思所说，"人们为之奋斗的一切，都同他们的利益有关"。① 因此，政府和社会应进一步建立健全鼓励创新的机制体制，满足人们创新的各项需求，这是激发青年学生创新思维的社会环境支撑。

其次，还应激发教师的创新思维。俗话说，有什么样的老师就会教出什么样的学生。激发青年学生的创新思维离不开教师在教学和管理过程中直接和间接的影响。其一，教师应大胆鼓励学生怀疑，敢于挑战学术权威，允许学生在探索的道路上的犯错，倡导勤于思考、善于思考的良好学风班风，营造开放、民主、和谐的校园氛围和班级氛围。其二，要改变教学观念，要突出以思维训练为核心的教学理念，通过启发式、讨论式等教学方式，引导学生跳出学"死知识"的圈子，迈向学"活思路"的境界。学生创新思维的激发并不是一蹴而就的，它需要家庭、学校、社会和政府长期的协同努力。习近平总书记指出，生活"从不等待坐享其成者"，"从不眷顾因循守旧者"，生活将更多的机会"留给善于和勇于创新的人们"，作为"社会上最富活力、最具创造性的群体"，青年学生"理应走在创新创造前列"。② 广大青年也只有在夯实专业知识体系、提升人文艺术修养的基础上，通过激发创新思维埋下创新的种子，才能将创新的火花燃烧成燎原的熊熊烈火，成为开拓进取、敢为人先的人才，而不沦为实现伟大复兴的"过客、看客"。

（二）深化产教融合是创新能力养成的"新引擎"

培养学生的创新能力不仅要看学生"愿不愿""能不能"，还要看外部环境"允不允许"。"愿不愿"是动机，有没有创新的动机；"能不能"是能力，有没有创新的思维；"允不允许"是环境支撑，有没有创新的条件、氛围。当然，"愿

---

① 马克思，恩格斯.马克思恩格斯全集（第一卷）［M］.北京：人民出版社，1995：187.

② 习近平.习近平谈治国理政：第一卷［M］.北京：外文出版社，2018：51.

不愿""能不能""允不允许"三者是相互影响、相互促进的。培养学生创新能力的方法有很多，解决和克服上述影响创新思维的各种问题和困难，都是其中的方式方法。在新时代，培养学生创新能力还有一个非常重要的"新引擎"，那就是深化产教融合。2013 年 11 月，中共中央发布《关于全面深化改革若干重大问题的决定》，提出要深化"产教融合、校企合作"，培养"技能型人才和高素质劳动者"。[①] 产教融合的提出，主要是为了进一步推进现代职业教育发展，这也是产教融合方针提出的初衷。但现代职业教育体系是一个大职业教育体系，其目标是"产教深度融合"，"中职高职衔接、职业教育与普通教育相通"，因而构建现代职业教育体系不仅要巩固和提高中等职业教育，还要创新发展专科高等职业教育，"引导普通本科高校向应用技术类型高校转型"，并积极发展体现终身教育理念的多种形式的职业继续教育。

2020 年 10 月，党的十九届五中全会通过《中共中央关于制定国民经济和社会发展第十四个五年规划和二〇三五年远景目标的建议》，提出要"建设高质量教育体系"，深化"产教融合、校企合作"，"大力培养技术技能人才"。[②] 2021 年 3 月，我国出台《中华人民共和国国民经济和社会发展第十四个五年规划和 2035 年远景目标纲要》，强调应从完善顶层设计、提升教学质量、创新办学模式等方面进行全面部署，着重增强职业教育适应性。作为职业教育的重要组成部分，高等职业教育在"十四五"时期亦需优化升级。2021 年 10 月，中共中央办公厅、国务院办公厅印发《关于推动现代职业教育高质量发展的意见》（以下简称《意见》），指出"十四五"时期将着重推动高等职业教育提质培优，有效落实"双高计划"，建设优质高等职业院校，助推职业教育现代化发展。2022 年，中共中央办公厅、国务院办公厅印发《关于深化现代职业教育体系建设改革的意见》，提出要深化职业教育供给侧结构性改革，坚持以人为本、能力为重、质量为要、守正创新，建立健全多形式衔接、多通道成长、可持续发展的梯度职业教育和培训体系，推动职普协调发展、相互融通，让不同禀赋和需要的学生能够多次选择、多样化成才。2023 年，

---

① 人民出版社. 中共中央关于全面深化改革若干重大问题的决定［M］. 北京：人民出版社，2013：43.
② 中共中央关于制定国民经济和社会发展第十四个五年规划和二〇三五年远景目标的建议［N］. 人民日报，2020-11-04（3）.

教育部办公厅发布《关于加快推进现代职业教育体系建设改革重点任务的通知》，进一步提出要联合行业组织、学校、科研机构、上下游企业等共同参与，组建一批产教深度融合、服务高效对接、支撑行业发展的跨区域行业产教融合共同体。不过从总体情况来看，当前大部分高校"产教融合的协同培养机制尚未形成"，大部分高校对学生创新创业能力的培养有待加强。因而，深化产教融合，就要大力促进"教育链、人才链与产业链、创新链有机衔接"。

"功以才成，业由才广。"（东晋习凿齿《襄阳记》）实现中华民族伟大复兴需要广纳天下良才，更为重要的是要培养自己的人才。激烈的国际竞争，是综合国力的比拼，但归根到底还是人才的竞争；无论是社会信息化带来的信息流、技术流，还是经济全球化带来的商品流、文化流，归根到底还要靠人才流。习近平总书记指出，实现科教兴国战略、人才强国战略、创新驱动发展战略有效联动，坚持教育发展、科技创新、人才培养一体推进，形成良性循环；坚持原始创新、集成创新、开放创新一体设计，实现有效贯通；坚持创新链、产业链、人才链一体部署，推动深度融合。[①] 因而，如果没有产教融合，教育链、人才链与产业链、创新链相脱节，实现高素质劳动者和高技术技能人才的培养目标也就无从说起。

深化产教融合，促进"教育链、人才链"与"产业链、创新链"的有机统一，是一个复杂的长期工程。它需要根据国家区域发展战略和产业布局，并综合考虑区域发展水平。从高校的角度来说，要深化产教融合，促进教育链、人才链与产业链、创新链有机统一，首先就要解决教育评价"五唯"的顽瘴痼疾。所谓"五唯"就是"唯分数、唯升学、唯文凭、唯论文、唯帽子"。"五唯"顽疾的存在其实是教育评价导向不科学的问题，对"五唯"问题的解决就是要"从根本上解决教育评价指挥棒问题"。如果在教育链上，对学生的评价就在于其考试考了多少分、升学进了什么样的学校、取得了什么层次的文凭、发表了什么级别的文章、获得了什么样的"官帽"或"荣誉称号"，那这种不科学的导向必然会影响人才链，导致人才培养质量堪忧；也必然会影响创新链，导致创新发展缓慢或徘徊不前；这也最终影响产业链，使"中国创造""中国质量"

---

① 中共中央文献研究室 习近平关于科技创新论述摘编［M］.北京：中央文献出版社，2016：39.

和"中国品牌"的形成与转变"难产"甚至"夭折"。

其次，要强化市场对人才供给的有效调节，提高应用型人才培养比重，解决人才供给与产业需求之间的重大结构性矛盾。应大力推动高校学科专业建设与经济社会产业转型升级相适应，促进学科专业交叉融合，加快推进人工智能、大数据、新材料、新能源、发动机、高端芯片等新工科建设，加快推进生物医药、智能医学、转化医学、健康防治等新医科建设，大力推进面向新农业、面向新农村、面向新农民和面向新生态的新农科建设，大力扭转"重理工、轻人文"的观念，推进哲学、文学、历史、经管、艺术、教育等人文学科与新一轮产业革命和科技革命交叉融合，培养具有"中国气派"和"中国风格"的人文社会科学家。

再次，要深化"引企入教"改革。应拓宽企业深度参与学校专业发展规划、人才培养方案制订、教学课程设计、专业教材开发和学生实习实训，要深化"引企驻校"，大力引导企业在符合教育政策的前提下在高校设立工作室、实验室；要"引校进企"，利用好深化产教融合的各种政策，积极在企业设立创新基地或实践基地，还可鼓励高校与企业共建共享生产性实训基地。总而言之，要健全高校与行业骨干企业、中小微创业型企业紧密协同的创新生态系统，构建梯次有序、功能互补、资源共享、合作紧密的产教融合网络。

从次，应加强产教融合师资队伍建设。建设高素质"双师型"教师队伍是深化产教融合的关键力量。当前，同时具备理论教学和实践教学能力的双师型教师和教学团队短缺，已成为制约产教融合和制约职业教育改革发展的瓶颈。培养高素质"双师型"教师队伍，高校应以建设"国家工匠之师"为引领的高层次人才队伍为目标，健全"双师型"教师的考核评价、"1+X证书制度"的培养及在岗继续教育培训、分层分类的职称评聘和薪酬分配，以及建立诸如"教师企业实践流动站""技能大师工作室"等校企协同的双向交流协作共同体等体制机制。

最后，高校应对标新一轮科技革命和产业革命的发展趋势，深化创新创业教育改革，依托各级各类创新创业基地，大力开展创新创业实践，在实践育人中使青年学生知行结合、学以致用，激发创新思维、萌发创业"火星"，在"大众创业、万众创新"的时代潮流中下好先手棋、走好创新路，将青年学生培养成为知识型、技能型、创新型的高素质和高技能的人才。

第四节 培育学生无畏的担当精神

长江后浪推前浪，一代更比一代强。新时代青年必将是大有可为、大有作为的一代。实现中华民族伟大复兴的每一项战略任务，都不是轻轻松松就能实现的，它都需要青年脚踏实地、志存高远，勇于肩负起时代重任。担当民族复兴大任，是新时代赋予青年学生的时代责任和历史使命。只有拥有无谓的担当精神，青年学生才能更好地在为实现中国梦的努力奋斗中，在推动构建人类命运共同体的历史征程中，在个人事业的拼搏中，成就灿烂华章，作出无愧于时代、无愧于人民、无愧于历史的业绩。

一、对民族命运的担当

习近平总书记指出，"每一代青年都有自己的际遇和机缘"，都要"在自己所处的时代条件下谋划人生、创造历史"。[①] 勇于担当是中国青年运动历史中沉淀下来的宝贵品质。在新时代，实现中华民族伟大复兴，就是青年学生最大的"际遇和机缘"，就是人民期盼、时代所托的"大事业"。完成这个"大事业"，是青年学生所肩负的"大责任"和"大担当"。

（一）勇于担当是青年学生砥砺家国情怀的重要体现

"有多大担当，才能干多大事业。"[②] 勇于担当不是一个空洞的口号，它有着明确的内涵。青年学生虽然暂时没有参加工作，没有具体工作岗位，但是作为现实的人，勇于担当就是要在校园学习、生活和校园工作中坚持原则、守住底线，敢于在危机面前挺身而出、敢于在错误面前承担责任、敢于在困难面前迎难而上、敢于在大是大非面前亮剑发声、敢于在歪风邪气面前坚决斗争；就是要在校园学习、生活和工作中砥砺家国情怀，提升学习和创新本领，争取早日成长为可堪大任的优秀人才，并在将来的工作岗位上把学到的本领奉献给祖

---

① 习近平. 青年要自觉践行社会主义核心价值观——在北京大学师生座谈会上的讲话 ［M］. 北京：人民出版社，2014：3.

② 中共中央文献研究室 十八大以来重要文献选编：中 ［M］. 北京：中央文献出版社，2016：324.

国和人民。

中华民族的先进分子历来崇尚"为天地立心，为生民立命，为往圣继绝学，为万世开太平"（北宋张载《横渠语录》），"先大家后小家、为大家舍小家"和为人民敢于牺牲一切的家国情怀。古有文臣"安得广厦千万间，大庇天下寒士俱欢颜"（唐杜甫《茅屋为秋风所破歌》），"位卑未敢忘忧国"（南宋陆游《病起书怀》），"一寸丹心图报国，两行清泪为思亲"（明于谦《立春日感怀》），"苟利国家生死以，岂因祸福避趋之"（清林则徐《赴戍登程口占示家人二首》）等忧国忧民的呐喊；又有武将"狼烟急，虏骑猖，人臣安可坐消亡？……天欲倾，国有殇，断头相见又何妨？"（唐李嗣业《无题诗》），"待从头，收拾旧山河，朝天阙"（南宋岳飞《满江红·怒发冲冠》），"繁霜尽是心头血，洒向千峰秋叶丹"（明戚继光《望阙台》）等誓死报国为民的绝唱。近代以来，我们有无数革命先烈为民族的独立和人民的解放抛头颅、洒热血，献出了自己宝贵的生命，也有无数普通百姓默默地用实际行动表达着爱国和为民的浓厚情感。"母亲叫儿打东洋，妻子送郎上战场"，"最后的一碗米用来做军粮，最后的一尺布用来做军装，最后的老棉被盖在担架上，最后的亲骨肉送去上战场"……这是何等深沉、悲壮的家国情怀！对此，我们应永远不能淡忘，并应在中国特色社会主义新时代传承弘扬！事实上，我们也没有淡忘。

在中国特色社会主义新时代，诸如罗阳、兰辉、张广秀、邹碧华、李保国、廖俊波、黄大年、南仁东、钟扬、王继才、黄文秀等一大批在生命最后一刻仍坚守岗位职责的杰出代表，为我们青年学生作出了砥砺家国情怀的典范。在这些人当中，有很大一部分人正值青壮年，但他们为了实现富强民主文明和谐美丽的现代化社会主义强国的目标，为了实现中华民族伟大复兴，奉献了自己毕生的热血与青春。2019 年 9 月，中共中央、国务院授予屠呦呦、黄旭华、张富清等 8 人"共和国勋章"，同时还分别授予了南仁东等 28 人"人民科学家""人民艺术家""人民英雄""人民楷模""民族团结杰出贡献者"'一国两制'杰出贡献者""文物保护杰出贡献者"国家荣誉称号；2020 年 9 月，中共中央、国务院授予钟南山"共和国勋章"，授予张伯礼、张定宇、陈薇"人民英雄"国家荣誉称号。这些受表彰的人中，有的已经离我们远去，有的仍然奋斗在自己平凡而又伟大的岗位上，以"我愿永远做一个螺丝钉"的精神，为中华民族伟大复兴添砖加瓦。这些楷模，都是在我们身边的鲜活事例。他们以实干兴邦的态度，用实际行动提交了一份无愧于人民的答卷。

青年学生也是"答卷人"，这份"问卷"由时代"出卷"、由人民"阅卷"，其主题就是实现中华民族伟大复兴。要答好这份"问卷"，就要有正确的国家观、民族观和家庭观，就要始终坚持"国家至上、民族至上、人民至上"的观念，在任何时候、任何情况下都不能做有损国家声誉、有损民族尊严和有损正义良知的事情。当然，这份"问卷"并不是那么容易作答，因为每一次"落笔"都意味着一份沉甸甸的责任，要答好这份"问卷"，需要青年学生在未来的人生道路中以"我将无我，不负人民"的状态，为祖国和人民的事业奉献自己。实现中华民族伟大复兴，这既是青年学生"最大的人生际遇"，也是青年学生"最大的人生考验"。有的人时不我待、奋发有为，也有的人虚度光阴，自甘落后。正如马克思所指出的"历史承认那些为共同目标劳动"的人，"经常赞美那些为大多数人带来幸福"的人，这些人是"伟大人物"是"最幸福的人"。① 不过，历史证明，中国绝大部分的青年学生都是有远大理想抱负、有深厚家国情怀、有伟大创造力的。100 年前，一代青年学生担当民族独立解放的使命职责，"扶大厦于将倾，挽狂澜于既倒"；70 年前，一代青年学生掀起建设新中国的高潮，成为"中流击水，浪遏飞舟"的时代"新名片"；40 年前，一代青年学生沐浴改革开放的春风，成为创造中国奇迹的时代"弄潮儿"。中国青年学生也必将成为实现"伟大梦想"的先锋力量！

（二）课堂教学是培育青年学生勇于担当的基本载体

青年学生有担当，我们就有源源不断地实现"两个一百年"奋斗目标和中国梦的强大力量。怎么样培养青年学生的"有担当"？课堂教学是其中最基本的载体。"教"的形式可以丰富多样化，"学"的内容可以丰富多彩，但只有"教人求真""学做真人"才是"教学"的本质内涵。"求真"意指追求真理，"做真人"即成为求真务实之人。借用道家"真人，不逆寡，不雄成，不谟士"，"其状义而不朋，若不足而不承"（《庄子·大宗师》）之意，"做真人"也可以理解为成为大彻大悟之人。因而，青年学生也要在实现中华民族伟大复兴的浪

---

① 马克思，恩格斯. 马克思恩格斯全集（第四十卷）［M］.北京：人民出版社，1982：7.

潮中有所觉悟，明白自己应该肩负的时代责任和历史使命。

前文已述，青年学生不仅要在个人事业的拼搏中成就灿烂华章，也要在实现"伟大梦想"和推动构建人类命运共同体中作出无愧于时代、人民和历史的业绩。很显然，"有担当"不仅指的是成就个人事业的"个人担当"，更指的是实现"两个一百年"奋斗目标的"公民担当"和实现中华民族伟大复兴中国梦的"民族担当"，还指为推动构建人类命运共同体的"人类担当"。以下着重从"公民担当"和"民族担当"的层面来回答为什么要担当和怎么样担当的问题。

首先，为什么要有担当，为什么要担当中华民族伟大复兴的时代责任？这是在课堂教学中尤其是在思政课教学中必须解决的首要问题。这个问题其实质是要回答人的需要、人的发展与社会发展之间的关系，是要回答个人价值和社会价值之间的关系。马克思指出，人是"一切社会关系的总和"，人的需要和"全部的欲望"能否得到满足，取决于"我们的生活条件"是否允许我们"全面的活动"，从而"使我们一切天赋得到充分的发挥"。① 从这个层面来说，人的生存和发展都离不开社会，离不开社会提供的种种条件。当然，社会的发展也离不开每一个人的发展，人的发展和社会的发展是辩证统一的。与此同时，"我们并不总是能够"自由选择"我们自认为适合的职业"，因为"我们在社会上的关系"其实在"我们有能力对它们起确定性影响"之前，就事实上"已经在某种程度上确立了"。这也就是恩格斯指出的：人的全面发展的一个重要体现就是要能够"适应于不断变动的劳动需求"。因此，人作为社会的一份子，人的需要的满足和人的发展都离不开社会的发展。没有中华民族伟大复兴，人民对美好生活的向往何以实现？没有和谐稳定、繁荣昌盛的祖国，成就个人事业的辉煌又从何谈起？个人也只有在把毕生的精力投身于中华民族"伟大梦想"的追求之中，才能升华小我、成就大我，实现个人价值与社会价值的有机统一。所以，青年学生必须唾弃"躲进小楼成一统，管他冬夏与春秋"（鲁迅《自嘲》）这种逃避时代责任的行径，要以"初生牛犊不怕虎"的无畏精神，勇立时代潮头，争做时代先锋，成为中华民族伟大复兴的全程参与者、尽心奉献者。

---

① 马克思，恩格斯．马克思恩格斯全集（第三卷）［M］．北京：人民出版社，1960：286.

怎样做到"有担当"的问题，就是在解决了对时代责任的认知、认同问题后的实践问题，即如何"转化为实际行为的问题"。课堂教学要教育引导青年学生如何"有担当"地去"做"，关键是要提高青年学生的学习和创新本领，从而拥有"有担当"的资本。如何提高青年学生的学习和创新本领前节已经论述。但从课堂教学的角度而言，教育引导青年学生践行"担当"，可以从发挥教师的身先示范作用开始，"三尺讲台存日月，一支粉笔写春秋"，教师兢兢业业地上好每一堂课，做好每一个教学环节设计，就是教师担当教书育人的时代责任的生动体现，这都会对青年学生产生潜移默化的影响；可以从讲授勇于担当时代责任的案例入手，前文所述的"人民科学家""人民艺术家""人民英雄""人民楷模"等国家荣誉称号的获得者们，他们每一个人背后都有着丰富的经历，都有着可歌可泣的感人故事，这些都是教育引导青年学生勇于担当的生动素材。还可以以丰富课堂互动活动为切入点，围绕着勇于担当时代责任的主题，开展诸如演讲、辩论、小组研讨、角色扮演等互动活动。这些互动活动，也许并不是最新颖、最有趣的，但是作为课堂教学的"常规动作"，在对进一步增强青年学生"有担当"的责任意识起着以小见大、以少带多的辐射和扩散作用。

二、对美好世界的担当

担当起该担当的责任，是当代中国共产党人的精神风范和崇高境界。维护世界和平稳定，为人类发展不断作出新的和更大的贡献，是中国共产党和中国人民早就作出的庄严承诺。青年学生作为中国特色社会主义事业的建设者和接班人，促进世界和平稳定发展是其应尽的责任担当。

（一）推动人类的发展需要个人的担当

实现人的自由全面发展是人发展的终极目标。但正如马克思、恩格斯所指出的，人们每次都是"在现有的生产力所决定和所容许的范围之内取得自由的"。在生产力未得到普遍充分发展之前，"一些人（少数）得到了发展的垄断权"，而"另一些人（多数）"则"暂时被排斥在一切发展之外"直到"新的革命的生产力产生"。换而言之，在有限的生产力条件下，"社会一直是在对立中发展的"，一些人（少数）是靠另一些人（多数）"来满足自己的需要"的。[①]
毫无疑问，这种少数人得到发展的垄断权，而多数人却不得不"为满足最必不
可少的需要而不断拼搏"的对立发展是畸形、片面的，少数人所谓的"发展的
垄断权"也是狭隘的发展。因而只有在"交往和生产力已经发展到这样普遍的
程度"即足以消灭私有制和旧式分工的程度，才可能实现社会每一个人的自由
全面发展。当"现代生产力和世界交往"发展到上述程度时，共产主义革命必
然会发生，这也是个人自由全面发展的共同条件。显然，当前全世界范围内爆
发共产主义革命的客观条件并不成熟，因为现代生产力和世界交往并还没有发
展到那样普遍的程度。但对于实现人的自由全面发展的目标，我们并没有放弃
追逐。需要指出的是，我们所指的个人，不是脱离社会关系的纯粹的个人，而
是处于既有的历史条件和关系范围之内的个人。因而，只有在"真正的共同
体"中，而不是在"一个阶级反对另一个阶级的联合"的"完全虚幻的共同
体"中，个人才能在"自己的联合中并通过这种联合"获得自由全面发展。是
故，建立在社会全体成员共同利益基础上的个人间普遍联系，是实现人的自由
全面发展的条件和动力。这种普遍联系表现在经济前提中，表现在"一切人自
由发展的必要的团结一致中"，表现在以既有的"生产力为基础的个人多种多
样的活动方式中"。实现这种普遍联系也就是促进人类的发展。为了实现这种
普遍联系，每一个人都应该，也可以贡献出自己的一份力量，因为人不仅是
"全部人类历史的第一个前提"，也是社会历史活动主体。

马克思主义认为，"人类的发展"和"个人的发展"是既有区别又有联系
的辩证统一。"类"指的是性质、特征相同或相似的事物。与"人类"相对应
的是"物类"，"个人"是"人"这个"类"的"类分子"或曰"单个成员"。
因此，顾名思义，"个人的发展"就是指在特定时期、特定环境、特定群体中
作为"人"这个"类"的"单个成员"的发展。而"人类的发展"与"物类
的演变"相对应，它指的是"人"作为"类"在整个社会历史活动中的发展，
它包括但又不能仅仅归结为"不同历史时期的人群共同体、阶级、阶层或社会
集团中的个人的发展"，因为"人类的发展"实质上包含"人"的"个体""群

[①] 马克思，恩格斯.德意志意识形态（节选本）[M].北京：人民出版社，2018：
95，121.

体"（或"集体"）和"类"的发展三层含义。① 从发展的内涵上来看，个人的发展一方面指的是个体的社会化，即人从自然人转化为社会人的过程，也正是通过这个过程使人具有人类的特性，成为适应社会环境和社会文化的一名社会成员；另一方面，"个人的发展"还指的是个体的个性化，即使人形成个性化的性格和行为特征，形成个性化的能力素质和兴趣爱好等个性化的人格。人的个性化发展是个人发展的最终归宿，这就是马克思所说的实现人的自由个性。而"人类的发展"不是许多个"个人的发展"的简单数字叠加，在内涵上它更多指的是"人"作为"类"如何发展其"类特性"以较于"物类"的不同，更多指的是人类如何在孕育天地万物的自然生态系统中自由而全面的发展各种能力。故，对"人类的发展"的考察要放入整个自然与社会和谐共生的生态系统，放入"人类只有一个地球，各国共处一个世界"的视域中去。在我们只有一个地球、共处一个世界的大生态系统中，每一个人都是这个大生态链中的一环，每一个人为世界和平稳定和发展的努力，都将在这个大生态链中发挥着传导作用。习近平总书记指出，"全球青年有理想、有担当，人类就有希望"。②这里所指的"全球青年"当然就包括广大中国青年。将广大中国青年尤其是青年大学生培育成人才，势必为人类和平与发展的崇高事业注入强大的力量。因此，青年学生应当在促进"人类的发展"中有所担当，在未来选择自己的职业时，也应该遵循为"人类的幸福和我们自身的完美"的指针，努力为"同时代人的完美、为他们的幸福而工作"。只有这样，自己也才能达到完美，这是人类本来的天性，因为人天生是社会动物，是只有在社会中才能独立的动物。青年学生也只有为实现人民对美好生活的向往敢想敢做，为实现中国梦奋斗目标敢干敢拼，为推动构建人类命运共同体不断不懈努力，才能真正绽放青春的力量，真正实现个人价值与社会价值的统一。

（二）构建人类命运共同体是促世界发展的历史必然

习近平总书记指出，"当今世界充满不确定性"，因而人们"对未来既寄予

---

① 陈志尚. 人学新论：马克思主义人学基本理论和重大现实问题研究［M］. 北京：人民出版社，2015：145.

② 习近平主席在联合国教科文组织第九届青年论坛开幕式上的贺词［N］. 人民日报，2015-10-27（1）.

期待又感到困惑"。① 期待的是，在和平与发展已成为世界主流的背景下，各国人民都可以赶上时代潮流，不断实现人民对美好生活的向往。困惑的是，一些国家和地区的局部战争、分裂动乱和全球范围内的恐怖主义仍然泛滥不断，这些国家和地区的人民仍然处于水深火热之中。我们不禁要问：世界怎么了？我们怎么办？回答这个问题，首先就要弄清楚我们"从哪里来、现在在哪里、将到哪里去"，因为"任何一个国家的今天都来自昨天"，只有搞清楚"从哪里来"，才能弄懂"今天怎么会是这样而不是那样"，也才能搞清楚"未来会往哪里去和不会往哪里去"。对于这个问题想明白了、想对了，就要坚定不移地朝着目标前进。基于中华传统文化中天下大同的价值追求，马克思恩格斯"自由人联合体"的美好理想和中国共产党"维护世界和平与促进共同发展"的历史任务，习近平总书记以崇高的个人品格和大国的责任担当，对"将到哪里去"问题给出了中国的方案——推动构建人类命运共同体。

马克思、恩格斯提出的"自由人联合体"是共产主义社会的美好终极追求，而"人类命运共同体"作为习近平新时代中国特色社会主义思想的重要组成部分，它是社会发展趋向的时代展望，是人类面对现实的共同愿景。两者虽有区别，但在本质上都是为人类走向美好的未来服务。从内涵上来说，推动构建人类命运共同体，就是要共同创建和平、安宁、繁荣、开放、美丽的世界。具体而言，就是要倡导相互尊重，创建持久和平的政治新格局；倡导对话协商，创建普遍安宁的安全新格局；倡导同舟共济，创建共同繁荣的经济新格局；倡导交流互鉴，创建开放包容的文化新格局；倡导绿色低碳，创建清洁美丽的生态格局。推动构建人类命运共同体，并不是主张你死我活的斗争，也不是主张"遵循统一的价值标准"和谋求"建设统一的行为体"，而是主张各国应尊重在社会制度、意识形态、历史文明和发展水平间的差异，以寻求在国际活动中的"利益共生、权利共享、责任共担"，从而达到"促进人类社会整体发展"的共同目的。当今世界，共同发展、共同繁荣已成为各国人民普遍认可的时代潮流，过去长期盛行的"丛林法则"和"零和博弈"使世界的体系和秩序弊端丛生，"可以预料，不论在世界的东方还是西方、南方还是北方，也不论是在

---

① 习近平.习近平谈治国理政：第二卷［M］.北京：人民出版社，2017：537.

各方政要、学者还是其他的人们中"，期待新型的国际政治经济文化等方面的新秩序已经成为世界人民的共同意志和呼声。而人类命运共同体因为其共生、共享、共担的精神特质，为世界人民共同意志和呼声的实现提供了理想路径。

青年学生终将接过促进世界和平稳定发展的历史接力棒，其责任重于泰山。对此，青年学生应在对外交往和国际事务上高举"利益共生、权利共享、责任共担"的旗帜，既立足中国看世界，在"一带一路"倡议等对外开放战略中维护国家利益，在国际交往和交流中充当中华文明的使者，彰显和平与发展的理念，塑造中国公民的良好形象；又立足世界看中国，在激烈的国际竞争中文明参与、恪守规则，有所为有所不为，以厚重的大国公民胸襟，塑造中国人民的良好形象。总而言之，青年学生应勇于担当，用实实在在的行动，促进各国人民之间的双赢、多赢和共赢，为推动构建人类命运共同体这一人类社会前所未有的宏图大业注入强劲动力。

三、对个人幸福的担当

"草木蔓发，春山可望"（王维《山中与裴秀才迪书》）。沐浴新时代的春风，神州大地生机勃勃，亿万人民意气风发。新时代是奋斗者的时代，也是筑梦者、圆梦者的时代，这个"新时代属于每一个人"，人人都是实现中国梦的见证者，人人也都可以成为实现中国梦的开创者、建设者。青年学生在"以青春之我、奋斗之我"为"伟大梦想"铺路架桥、添砖加瓦的同时，也在创造和实现自己美好人生、事业华章的个人梦想。

（一）将个人梦融入为中国梦的奋斗之中

中华民族伟大复兴中国梦既是民族的梦、国家的梦，也是每个中国人的梦。因而，习近平总书记多次强调要把自己的梦想、人生理想融入为中国梦的奋斗中，强调要把个人梦与中国梦紧密联系在一起，把自己的名字写在实现中华民族伟大复兴的光辉史册之上。古人云，"得其大者可以兼其小"（欧阳修《易或问》），其意指只要领悟了《易经》中的大道理，由此也就可以明白《易经》中卦的小道理。对于青年学生而言，"得其大"就是要明白中国梦的实现事关最广大人民根本利益，事关中国特色社会主义前途命运，事关党和国家事业继往开来，因而必须为之持续奋斗，只争朝夕地跑好实现民族复兴的接力棒；"兼其小"就是要明白在实现中国梦的奋斗过程中，个人梦才有可能，也一定能由愿景变成现实。如果把"得其大"比作"大家庭都得幸福"，那"兼其小"便是"每个家庭成员可享幸福"。我们现在比历史上任何时期都更接近"伟大梦想"的目标。作为青年学生，应该倍加珍惜先辈们"一棒接一棒"的努力成果，在日常的学习生活中做好大学生活计划、做好职业生涯发展规划、做好终身学习计划，并在未来的工作中坚守岗位职业，争做各行各业的先锋模范，在自己的"这一棒"中跑出好成绩，并为跑好"下一棒"奠定坚实的基础。

从马克思主义人学的角度来说，实现中华民族伟大复兴中国梦，属于"人"这个"群体"（或称"集体"）即中华民族的共同理想，而个人梦则属于"人"这个"个体"的个人理想。因而将个人梦融入中国梦之中，实现"个人担当"和"国家担当""民族担当"的有机统一，在本质上就是统一于实现人的自由全面发展之中。前文已述，马克思主义所指的人是现实的人，是"人"的"个体""群体"（"集体"）和"类"的有机统一。也就是说，个人梦不仅不与中国梦相冲突，相反，两者共同作用于实现人的自由全面发展的目的。因此，紧密地把个人梦与中国梦的实践联系在一起，自觉地把人生理想、家庭幸福融入国家富强、民族复兴的伟业之中，无愧今天的使命担当，不负明天的伟大梦想，不仅是为"伟大梦想"的实现作出贡献，也是以国家主人翁姿态为夺取"伟大事业"的新胜利做出贡献，也是为个人最终成就事业华章寻找正确的前途道路。

（二）成就个人梦需要牢固树立劳动"四最"观念

晚清名臣曾国藩曾言："天下古今之庸人，皆以一惰字致败。"[①] 青年学生要想不沦为庸人，其必然要克服一个"惰"字。正所谓"一勤天下无难事"（清钱德苍《解人颐·勤懒歌》），"一懒世间万事休"。毫无疑问，任何个人梦想的实现都离不开勤劳奋斗。青年学生要实现个人梦，用毛泽东的话来说，就是要发扬中国青年运动的革命传统——永久奋斗。对于这个好传统，我们"一点都不能丢"，"奋斗的精神一点都不能少"，因为奋斗是青春最亮丽的底色。在实现个人梦想的旅途中，没有一马平川的大道，大部分时候都只有"不畏劳

---

① 曾国藩.曾文正公家书全集［M］.天津：天津人民出版社，2014：211.

苦沿着陡峭山路攀登"，只有许多的艰难险阻等着我们去跨越、去征服。在新时代，青年学生要铭记"永久奋斗"，就要特别注意树立劳动"最光荣、最崇高、最伟大、最美丽"的"四最"观念。

劳动"四最"观念是习近平总书记在胡锦涛所提出的"劳动最光荣、劳动者最伟大"[①]的观点发展扩充而来。2013年4月习近平总书记在和全国劳动模范代表座谈时首次正式提出劳动"四最"观念。此后，习近平总书记曾在面向工农商学兵等社会各界人士的诸多场合都强调要牢固树立和弘扬"四最"观念。劳动"四最"观念是习近平总书记劳动价值观的最凝练表达。与对劳动"四最"观念的强调相对应，在教育内容上党中央坚持德智体美劳"五育并举"，并突出强调劳动教育的重要性，强调要教育引导学生端正正确的劳动观念、树立牢固的劳动意识、提升专业的劳动技能、涵养厚重的劳动情怀。在新时代，党中央之所以强调通过树立和发扬劳动"四最"观念来保持青年学生"永久奋斗"的积极姿态，主要有以下三个方面的考量。

其一，不劳而获者是危害社会的寄生虫。在阶级社会，不劳而获是一种剥削。与不劳而获者和不劳而获阶级进行斗争是党在民主革命时期的重要任务之一。党的早期领导人陈独秀就曾撰文指出，"凡是自己不劳动"，"靠田租、房租、股票生活的一班人"，都是"利息制度"下的"寄生废物"。[②]所谓"利息制度"实质就是一种剥削制度。恽代英也曾撰文批判"地皮商、股票商、银行家、工厂主、房主、田主等"国内"不劳而获的阶级"的剥削行径，提出对于这些"田主，房主，地皮商，股票商"等"不劳而获者"，必须在国民革命中予以坚决的打击。总而言之，地主、资本家等都是生长在"不劳而获的幸运中"，过着不劳而获的寄生生活。他们的这种"幸运生活"是对广大劳动者的残酷剥削与压迫。

中华人民共和国成立后，通过不断提高这些"不劳而获的剥削者"的劳动技能，使之"诚实地劳动"，并将之"改造成为一个自食其力的劳动者"，也成

① 胡锦涛. 在 2010 年全国劳动模范和先进工作者表彰大会上的讲话［M］. 北京：人民出版社，2010：12.
② 陈独秀. 陈独秀文集：第二卷［M］. 北京：人民出版社，2013：17.

了恢复国家经济、维护社会稳定的重要工作。① 经过改造，"不劳而获的阶级"已经被消灭，但是对"不劳而获者"的批判仍在继续。不过这时所指的"不劳而获"在内涵意义上发生了一些变化：由原来所指的政治经济层面"剥削"转变为投机取巧、坑蒙拐骗式的"侵占"，如利用职权贪污受贿或多吃多占、骗取他人经济利益、窃取他人技术成果等。在对"不劳而获者"斗争方式上，也由原来的阶级斗争转变为党纪国法的惩戒。改革开放后，党中央一如既往地对这些"不劳而获者"进行打击。如1982年7月，彭真在全国政法工作会议上指出，"走私贩私、贪污受贿、投机诈骗、盗窃和盗卖公共财物"等"坑国家、肥个人或者肥小团体"的经济犯罪，属于典型的"不劳而获"，它"实质上是变相的剥削"；对此，我们"一天也不能容忍，必须严厉打击"；1983年12月，彭真在新宪法颁布一周年向新华社记者发表的谈话中提出，我们"允许一部分人先富起来"，讲的是"依靠劳动致富，不是剥削致富"；"贪污盗窃、行贿受贿、投机诈骗"等犯罪行为，是"个人的幸福建立在别人受剥削、受痛苦的基础上"的"不劳而获"，这与我们的社会主义制度"是不相容的"；对此，我们要"依照宪法和法律"进行坚决斗争。由此可以看出，虽然诸如"剥削"等措辞仍然是"革命斗争式"的表述，但对"不劳而获者"的打击已经逐步转移到法律法规的轨道。

随着改革开放的深入推进，我们对不劳而获者的打击力度愈益增强，然而正如陈独秀曾指出的那样，"总想'不劳而获'，是中国人最大的毛病"。② 总有那么一小撮人，妄想着不劳而获，但也正是这一小撮人，严重影响着社会风气，败坏着党和政府的形象。我们要想"获"，就必须"劳"。不劳而获者获得的是他人的劳动成果，对于他人来说，他本人就成了劳而不获者，这是对他人劳动创造的掠夺与不公。作为青年学生，我们要恪守"以辛勤劳动为荣，以好逸恶劳为耻"等为内容的社会主义荣辱观，践行以"公正""敬业""诚信"等为要义的社会主义核心价值观，对不劳而获这种可耻的行为在内心深处予以强烈的鄙视和唾弃，并在学习工作和生活中予以坚决地抵制。当然，还有一种不

---

① 廖承志文集传记编辑办公室. 廖承志文集：上卷［M］. 北京：人民出版社，1990：272.

② 陈独秀. 陈独秀文集：第二卷［M］. 北京：人民出版社，2013：41.

劳而获即来自父母亲朋劳动成果的"馈赠"（比如金钱房产等财物赠送、技术专利的自愿转赠等），其虽不违反法律、不违背道德，但这种不劳而获会使人懒惰，长此以往终将使人沦为庸人。正如毛泽东所言，"谷物之有价值，以其力耕而得之，若不劳而获，则价值尽失"，"人之能力，亦犹是也"。[①] 因此，新时代、新风尚，我们应大力弘扬劳动"四最"观念，坚持通过劳动、通过诚实劳动来"破解发展中的难题""改变自己的命运""实现人生的梦想"，"反对一切不劳而获、投机取巧、贪图享乐的思想"，促进全社会"尊重劳动、尊重知识、尊重人才、尊重创造"的氛围蔚然成风，从而真正造福劳动者和保护劳动者。

其二，"四体不勤，五谷不分"的成年"巨婴"，似乎有盛行之势。"四体不勤，五谷不分"语出《论语·微子》，意指四肢不劳动，无法辨别稻（水稻）、黍（黄米）、稷（高粱）、麦（小麦）、菽（豆类），引申为脱离劳动实践，缺乏生产知识。这句古语，与当代大学生联系起来，相信很多人都会觉得描述得非常贴切。受制于"五谷"种植的地域限制，区分"五谷"确实属于一个"难题"，或许我们不应该予以苛求，对于葱、蒜傻傻分不清，或许也不影响正常生活。但是这种"分不清"的背后确实折射出不少大学生劳动能力缺乏、自主生活能力下降。近年来"大学生让家长定期到校洗衣服、请家政公司来宿舍搞卫生"现象的频发，就是其中鲜活的事例。如位于福建省厦门市孔雀河家政公司每到开学季都会接到很多来自厦门市各大高校学生请保洁阿姨去"扫床铺、拖地板、擦窗户"等宿舍清洁的订单，请家政工公司清洁的原因是不愿或不会搞卫生，寻求"直接入住"，相比较而言，"大三、大四学生请保洁的更多"。又如2018年中山大学南校区新生报到，一位上海的妈妈花500元请两名家政保洁员给她孩子的宿舍打扫卫生，原因主要不是因为宿舍"脏"，而是觉得让她孩子打扫卫生于心不忍。此事一出，迅速成为网络热点，引起了《中国教育报》等各类报刊和新华网、人民网、光明网等网络媒体对"请人打扫宿舍"的多元思考。其中有少数观点认为："花自己的钱，做自己的事，合理合法，没有什么不可以！"但绝大部分观点都认为雇人打扫宿舍不可取，甚

---

① 中共中央文献研究室、中共湖南省委《毛泽东早期文稿》编辑组. 毛泽东早期文稿
（1912.6-1920.11）［M］. 长沙：湖南出版社，1990：181-182.

至有人提出"打扫宿舍卫生应成为新生入学'第一课'"。①这是一个多么值得反思的现象！

请人打扫宿舍卫生，固然不违法也不违反道德，但用我们辛勤的双手，做好自己本应该做好的劳动，就真的有这么难吗？这其实真不难，难的是要在思想中树立崇尚劳动的观念。一般而言，大学生都已18岁左右，在法律意义上是一个具备完全刑事责任能力和民事行为能力的成年人。但是随着人们生活水平的提高，娇生惯养的现象日益普遍，大学生从事劳动尤其是体力劳动的锻炼越来越少，因而其抗压能力、奋斗精神等心理人格发展也不健全，究其原因，就是："强控制型父母＋没限度的娇养＝一个无法断奶的巨婴"。这种"巨婴"，是爸妈眼中的"宝男"或"宝女"，这种"凡事不经自己思考纯听爸爸妈妈的话"、凡事不经自己奋斗等待爸爸妈妈安排的"巨婴"，在困难和坎坷面前除了哭闹、喊叫、打滚，又还有什么招数？古人云："一室之不治，何以天下家国为？"（清刘蓉《习惯说》）。青年学生只有像习近平总书记所说的"能够辛勤劳动、诚实劳动、创造性劳动"，才能更好地增强筑梦的本领和圆梦的能力。

其三，体力劳动被"污名化"现象，仍处于"余毒未清"状态。封建社会在我国早已成为历史，但"劳心者治人，劳力者治于人"（《孟子·滕文公章句上》）等思想仍然广泛地影响着国民的头脑。社会存在"劳心者"（脑力劳动者）和"劳力者"（体力劳动者）的分工和对立，"是人类社会发展一定阶段上的必然结果"，而且在"一定条件下的确是'合规律的，并且是具有进步意义'的事实"。在以生产资料私有制为基础的阶级社会，阶级对立严重，统治阶级为维护其根本利益，从而将"劳心者"统治"劳力者"这种"事实"进行夸大、歪曲，并将之视为"绝对不变的东西"。但他们忘记了，"劳力者"治于"劳心者"的情况仅仅只是在"一定条件下"才能存在，在"另外的条件下"就必然要走向消亡。这个"另外的条件下"就是随着生产力的发展和生产关系的改变，"智力同体力劳动相分离，智力转化为资本支配劳动的权力"的现象将在共产主义社会彻底消失。需要指出的是，在生产力高度发展的共产主义社会，脑力劳动和体力劳动本质差别的消失，指的是在生产力高度发达的前提下，人

---

① 汪昌莲.打扫宿舍应成新生入学"第一课"［N］.长沙晚报，2018-8-31（6）.

有充分的自由时间来发展自己全面的能力，束缚人自由选择工种或职业的旧式分工彻底不复存在。但脑力劳动和体力劳动本质差别的消失，并不意味着没有生产分工和职业分工。

中华人民共和国成立后，经过"三大改造"，我国在生产资料公有制基础上确立了社会主义基本制度，步入了破除"劳心者"与"劳力者"对立的"另外的条件下"阶段。不可否认，当前"劳心与劳力的分裂现象仍然存在"，而且在相当长的社会主义初级阶段还将继续存在。但在社会主义社会，"劳心者"没有高人一等，"劳力者"也并不是低人一头。脑力劳动者和体力劳动者只是劳动分工的不同，两者并不是对立的状态。还记得"宁愿一身脏，换来万户净"的淘粪工人时传祥吗？刘少奇曾对时传祥深情地说，"你淘大粪是人民勤务员，我当国家主席也是人民勤务员"，"这只是革命分工不同，都是革命事业中不可缺少的一部分"。[①] 然而，今天不少大学生存在这样一种观点：他们认为从事体力劳动就是没本事，给体力劳动者贴上了一个"没混好"的污名。有的大学生甚至以自己的父母是农民、普通工人或农民工为耻，觉得不是公务员、商业精英的亲朋也让他们没有面子而不愿往来；也有的大学生瞧不起校园的保安、宿管和清洁阿姨、饭堂服务员，对他们出言不逊甚至辱骂、殴打；也有的讥讽、嘲笑因家庭经济困难而兼职送外卖、送快递或参加勤工俭学打扫教室或校园卫生的同学……诸如此种的现象，与社会上歧视、侮辱、侵犯环卫工人、建筑工人、卖菜农民等普通劳动者现象一样，都是损害劳动者尊严的劣行。我们做不到给快递小哥、环卫工人、出租车司机以及千千万万的劳动者每个人一个荣誉称号，但是我们要感谢这些美好生活的创造者、守护者，给他们一个微笑，向他们道一声谢谢，向他们说一声辛苦。正如习近平总书记所谆谆教诲的那样，我们"不能贪图不劳而获的生活"，但更"不能看不起普通劳动者"，"任何时候任何人都不能"！因为人人平等，没有贵贱；劳动也没有贵贱之分，只有分工不同，任何靠自己的双手诚实劳动的劳动者，都值得我们尊重！

总之，劳动的日子最幸福，奋斗的人生最美丽！劳动"四最"的观念只有在劳动中才能形成，个人梦想归根到底也只有在劳动中才能实现。能不能培养

---

① 申志诚. 刘少奇大辞典［M］. 北京：中央文献出版社，2009：189.

好青年学生的劳动意识、劳动技能，这是关乎民族未来的大事。当前，研究劳动的各个学科分散在不同学科门类下，学生也是伴随着互联网成长的一代，高等教育"'劳'这一块是绝对的短板"，甚至有的老师都不了解生活，学生又如何了解国情。面向大学生的劳动教育不仅要教育学生"体劳动之行"，更要教育学生"明劳动之理"。要实现这一点，需要对高等教育培养体系进行整体的劳动指向的改革，要将劳动教育进课堂、进教材，融入各专业教育和实习实训，融入高校立德树人的方方面面。诚然，不少高校都有开设公益劳动等类似课程，但是实践效果却往往沦为了微信朋友圈的摆拍。也许有的人会说，随着人工智能的迅速发展，一些体力劳动的岗位已经被机器所替代，且这种替代的趋势日益明显，在这种条件下，还需要牢固树立劳动"四最"观念吗？答案是肯定的。人工智能的兴起只不过是改变了劳动的方式、劳动的形式和劳动的岗位，它取代不了人的劳动，尤其是人的创造性劳动。相反，人的创造性劳动应该在教育中进一步鼓励和弘扬。因此，只有大力弘扬真抓实干、埋头苦干的良好风尚，牢固树立劳动"四最"观念，个人才能在拼搏中成就事业华章，干出无愧于时代的业绩来回馈祖国母亲。

第五节　培育学生健康的身心素质

青年人"朝气蓬勃，正在兴旺时期"，就像"早上八九点钟的太阳"，寄托着希望。具备健康的身心素质是青年学生应该具备的且与新时代社会发展相适应的复杂素质结构体系的内在要求。根据世界卫生组织（WHO）的定义，健康不仅仅指的是没有生理疾病，更指的是"躯体的、精神的和社会适应诸方面的完好状态"。[1] 因而，健康不仅包括健康的身体，也包括健康的心理，其中身体健康是心理健康的基础。青年学生务必坚持身体锻炼和心理锻炼"两手抓，两手都要硬"，努力成为身心健康、体魄强健、意志坚强的一代新人。

---

[1] 王彦峰.中国健康城市建设研究［M］.北京人民出版社，2012：17.

一、保持身体健康

"身体是革命的本钱",这是一句家喻户晓的箴言。马克思也曾指出,"身体垮了,心智也狂野了"。[①] 健康的身体,既是实现人民对美好生活向往的内在要求,也是青年学生担当民族复兴大任,成就个人梦想的本钱。而事实上,与中小学生相比,当代大学整体体质下滑的趋势仍在继续,体育锻炼甚至成为大学生的负担,革命的本钱正在日益亏损。

(一)"健全的精神,宿于健全的身体"

"发展健全的身体"是人的自由全面发展的重要内容。对此,著名教育家蔡元培也有一句名言,即"健全的精神,宿于健全的身体"。[②] 之所以如此,用毛泽东1917年4月所著的《体育之研究》的话来说,乃是因为"夫认识之事","有须于体者焉";"体者,为知识之载而为道德之寓者也","身体健全""身体平均发达"则"感情斯正"。那么,何谓"体"?用毛泽东的话来说,"直观"有赖于"耳目","思索"有颁于"脑筋",因而"耳目脑筋之谓体","体全而知识之事以全"。[③] 事实上,重视体育锻炼,重视体育教育,提升国民身体素质,一直都是毛泽东等中央领导人对教育事业和全民健康事业的关注重点,且也是大力推动和身体力行。如1966年7月已经70多岁高龄的毛泽东畅游长江,引发了全国各地学习游泳的空前热潮;而习近平总书记不仅喜欢爬山,还喜欢足球、篮球、武术等运动,还喜欢看冰球、速滑、雪地技巧等冰雪项目,并以身体力行的行动,努力做一名全民健身的倡导者、践行者。习近平总书记提出,"发展体育运动,增强人民体质",是"我国体育工作的根本方针和任务",人民身体健康也"是全面建成小康社会的重要内涵"。[④] 实现人民身体健康的美好向往,离不开全民健身运动的开展。"全民健身运动的普及"也是"一个国家现代化程度的重要标志",它与我们"实现'两个一百年'奋斗目标也

---

① 马克思,恩格斯.马克思恩格斯全集(第二十一卷)[M].北京:人民出版社,2003:204.

② 沈善洪.蔡元培选集 上册[M].杭州:浙江教育出版社,1993:555.

③ 中共中央文献研究室,中共湖南省委《毛泽东早期文稿》编辑组.毛泽东早期文稿(1912.6-1920.11)[M].长沙:湖南出版社,1990:66,67,71.

④ 习近平会见全国体育先进单位和先进个人代表等时强调:发展体育运动增强人民体质 促进群众体育和竞技体育全面发展[N].人民日报,2013-09-01(1).

是契合的"。

自中华人民共和国成立以来，中国人民的身体素质在不断提高，党领导人民洗刷了"东亚病夫"的耻辱，成为体育大国，而现在我们正在为实现体育强国的目标而不懈奋斗。在提升大学生身体素质方面，党中央与时俱进地提出了促进大学生体育锻炼的系列举措和标准。1954 年 2 月，政务院第 205 次政务会议批准了"准备劳动与卫国"体育制度的暂行条例、暂行项目标准，并在"全国中等以上学校有准备、有计划地推行"；[①] 在试点推行的基础上，1958 年 10 月，国务院第 81 次全体会议批准了《劳动卫国体育制度条例》，并颁布了相应的项目标准。1964 年，《劳动卫国体育制度条例》改称《青少年体育锻炼标准》（在覆盖人群上以儿童、青少年为主）；1975 年，中央对其进行修改后颁发《国家体育锻炼标准》（覆盖人群为 9 岁以上的学生和成年人，此后这一标准又经过 1982 年和 1989 年两次修改）。为进一步分类引导全民健身发展，2002 年 6 月，教育部和国家体育总局联合颁布《学生体质健康标准（试行方案）》及其实施办法（适用大中小学生）；2003 年 10 月，国家体育总局、全国总工会、共青团中央、全国妇联等八部门又联合颁布《普通人群体育锻炼标准施行办法（试行）》（覆盖人群为 20 岁至 59 岁），两者互为补充，构成了新版的"国家体育锻炼标准"。但也正是因为这"两套标准"未能有机统一，对于 20 岁及以上的青年学生来说，就存在标准混淆的问题。

为解决标准混淆的问题，以及进一步提高青年学生的身体素质，2013 年 12 月，国家体育总局、教育部和全国总工会联合颁发了修订后的《国家体育锻炼标准》及其实施办法（覆盖年龄为 6 岁至 69 岁）；与此同时，2014 年 4 月，教育部根据新修订的《国家体育锻炼标准》，颁布了《国家学生体质健康标准（2014 年修订）》，2022 年又出台了新版《国家学生体质标准（2022 年修订）》。习近平总书记曾以极具亲和力的口吻告诫"年轻人不要老熬夜"。[②] 但当前有一个不得不直面的困境：许多大学生"一边是对健康无比的渴望，一边是迈不开的双腿""一边是勤勤恳恳地护肤，一边是孜孜不倦地熬夜"。要改变这种矛

---

① 中央人民政府体育运动委员会关于公布"准备劳动与卫国"体育制度暂行条例、暂行项目标准、预备级暂行条例的通告［Z］.山西政报，1954（9）：45.

② 在新时代党的阳光照耀下前进：习近平总书记关心关怀青年和青年工作纪实［N］.人民日报，2018-6-26（3）.

盾现状，除了要加强思想教育外，还要将大学生体质测试成绩适用真正严格起来，从而产生体育锻炼的外部动力，进而倒逼大学生强化体育运动，保持身体健康。

（二）严格运用大学生体质测试成绩

根据教育部《国家学生体质健康标准（2022 年修订）》（以下简称《标准》）规定，除残疾学生外，所有大学生每学年都要进行一次体质测试，体质测试结果存入学生档案，并作为评奖评优和毕业资格的标准。《标准》规定，当年度学生体质测试成绩评定达到良好及以上等次者，才能获得当年度评奖评优资格，高校学生在毕业时体质测试总成绩少于 50 分者"按结业或肆业处理"（免予执行《标准》的残疾学生除外）。这条规定，与 2014 年 6 月教育部颁布的《高等学校体育工作基本标准》中，毕业时"学生测试成绩达不到 50 分者按结业处理"的规定是相一致的。然而从现实情况来看，《标准》中有关体质测试成绩适用评奖评优和毕业资格的规定，在绝大部分高校中并没有得到严格的执行。之所以如此，主要是教育部门、高校、家长和学生本人对大学生体质测试成绩适用的认识有待深化，"重文化分数、轻体育成绩"的思维观念还并没有从根本上改变。当然，基本上每一所高校都规定体育课成绩要达标，否则不能顺利毕业，这一点在实践中也是落实得相对比较彻底。但是对《标准》中体质测试成绩的适用现状，则难如人意。如果对体质测试成绩适用评奖评优，尤其是适用于毕业资格审核的话，将导致一批学生无法参与评奖评优、不能取得毕业证，届时学校将面对一个如何向上级教育部门、向学生家长和社会公众交代的难题，毫无疑问，这也将大大影响学校的招生、毕业率、就业率和声誉。

那么大学生的体质测试成绩如何核算？当代大学生的体质到底如何，如果严格执行，真的会导致一批学生无法毕业吗？对于第一个问题，笔者认为有必要对高校师生进行大学生体质测试认知上的普及。我们以四年制本科为例来进行分析。根据《标准》规定：学生大学四年体质测试总成绩由两部分成绩组成（每部分占 50% 的权重）：一是毕业当年体质测试的成绩；二是大一至大三学年，每学年成绩之和的平均分。总分在 59.9 分及以下为不及格等次，60—79.9 分为及格等次，80—89.9 分为良好等次，90 分及以上为优秀等次。而学生每学年体质测试成绩则是标准分成绩和附加分成绩之和，具体与具体分数之间的换算，参见《国家学生体质健康标准（2022年修订）》的评分表。从上述文字上看，学生体质成绩核算好像很复杂，但其检测的项目都是反映学生体质健康的基本项目，操作起来并不难。

必须承认的是，当前我国的经济社会在健康养老、体育健身等方面有效供给严重不足，高校体育事业也还存在很大的发展空间。在提升大学生体质健康方面，包括辅导员在内的全体教育工作者都应有所作为。学校领导应真正重视起来，学生处、团委、教务处、体育部、医务室等各职能部门应真正联动起来，教务处要在毕业审核上"卡"起来，学生处要在评奖评优上严起来，体育部要在确保体育课开齐开足的基础上将体育教学的"金课"打造起来，辅导员等学生政工干部要在体育活动品牌打造上活起来，医务室要在健康生活观念宣传上动起来……最终就是要让大学生的体质好起来！习近平总书记指出，"少年强、青年强则中国强"，"少年强、青年强"的"强"是"多方面的"，其中一个重要的方面就是"身体健康、体魄强壮、体育精神"。总而言之，青年学生只有拥有"健康强固之体魄"，才能拥有"坚忍不屈之精神"，进而不断积蓄担当民族复兴大任的身体本钱。

二、增进心理健康

身体健康和心理健康两者相互影响、相互促进。积极参加体育锻炼是提升身体素质的方式，也是提升心理素质的重要途径。身体出现问题经常也会引发心理上的问题，如情绪低落或情绪暴躁。而严重的身体问题如久治不愈的身体健康问题，往往会使人产生"疑病症"，或使人产生绝望和轻生的心境。与此同时，心理问题也往往会伴有躯体化症状。面对新时代长征路上的重重困难，唯有健康的心理素质者才能跨越和征服。

（一）正确认识大学生心理健康的内涵

什么样的心理状态才叫心理健康？对于这一问题，至今尚未有统一的定论。根据世界卫生组织（WHO）的定义，心理健康包括主观的幸福感、感觉到个人的效能、自主性、和其他人的互动、可以实现个人在智能及情感上的潜力等。"在身体、智能以及情感上，在与他人的心理健康不相矛盾的范围内，将个人心境发展成最佳状态"，这种"最佳状态"主要体现在以下四个方面：

一是"身体、智力、情绪十分协调";二是"适应环境,在人际关系中能彼此谦让";三是"有幸福感";四是"在工作生活中能发挥自己的能力,过有效率的生活"。[①]2016年12月国家卫生健康委员会、教育部等22个部门联合印发《关于加强心理健康服务工作的指导意见》,将心理健康定义为:"人在成长和发展过程中,认知合理、情绪稳定、行为适当、人际和谐、适应变化的一种完好状态。"[②]事实上,心理健康可以从广义和狭义两个层面去理解。狭义的心理健康指没有诸如抑郁症、焦虑症、情感性障碍等心理疾病或心理问题;而广义的心理健康则还包括从积极心理学的角度对人的适应能力提升、健全人格培养等心理健康方面的维护与增进。也正是在广义上,心理健康与每一个人都紧密相关。与身体健康不仅强调没有身体疾病,且还强调健康的生活一样,心理健康亦不仅强调没有心理疾病,还强调心理的积极适应和积极发展,以不断接近理想的心理状态。健康的心理是人学习生活和工作的基础,也是成就个人梦想和实现人的价值的助推器。

对于心理健康的标准,国内外许多专家学者都提出了自己的见解。总体来说,可以从以下两个层面来界定:其一是关注心理正常状态与心理异常状态的区分。如我国著名心理学家郭念锋提出的"病与非病三原则":第一,主观世界与客观世界统一性原则,即正常的心理活动和行为与客观环境是要相一致的,如果脱离了客观现实世界,如幻听、幻想、幻视等都是非正常的心理状态;第二,精神活动内在一致性原则,即人的知情意等精神活动要相统一,如遇到幸福的事情就应该有快乐的反应,遇到悲痛的事情就应该有苦痛的反应,反之则属于心理异常状态;第三,个性的相对稳定性原则,即人的个性形成之后便具有相对稳定性,在没有明显重大因素的影响下,人的个性一般不会轻易发生改变。如果一个人的突然出现与其个性特性不一致的行为表现,且又找不到引发他发生改变的原因,那么我们有理由怀疑其心理状态已经偏离了正常轨道。其二是关注人的理想心理状态的特征。心理健康的理想状态,是我们开展心理健康教育所追求的目标。在这方面,美国著名心理学家马斯诺和米特尔曼提出的10条心理健康标准尤为著名:一是充分了解和恰当评价自己;二是有

[①] 汪清.大学生心理成长导航［M］.苏州:苏州大学出版社,2017:27-28.
[②] 王国强.心理健康助力全面小康［N］.人民日报,2017-9-25（7）.

充分的安全感；三是目标和理想切合实际；四是人格的完整与和谐；五是良好地适应周围环境；六是具备从经验中学习的能力；七是能合理地表达与控制自己的情绪；八是人际关系和谐；九是能适度地满足个人需求；十是能恰当地发挥自己的个性。

与此同时，从第二个层面的界定标准来看，心理健康和心理不健康并没有泾渭分明的界限。因为人的心理是一种连续性的状态，从心理完全健康到心理完全不健康，中间有无数个等级序列，大多数人都处于完全健康和完全不健康这正负两极之间的某个位置，即每个人都有健康的一面，也有独特、古怪或有异于其他人的一面。而且心理健康不等于没有心理困扰，在现实生活中，每个人都会遇到心理问题，但心理健康的人能有效阻止心理困扰发展演变为心理问题。因此，严格地说每个人都面临心理健康的问题，唯一的区别就是程度上的差异。此外，心理健康不仅有个体的差异，还有来自不同社会文化背景的群体差异。文化不同，对心理健康的理解与界定标准也不同，对保持心理健康的方式方法也有差异。在我们中华传统文化中，对于理想人格的论述和修身养性的生活哲学中蕴含着中国式的心理健康标准。如"君子以自强不息"（指要积极进取）、"以恬愉为务"（指要保持乐观的心态）、"不妄想、不妄作"（指不妄想妄为）、"节阴阳而调刚柔"（指要涵养性格，陶冶气质）、"御神有时、起居有常"（指要有劳有逸、生活规律）、"好利人"（指要人际关系好）……

在我们传统文化的"心药"处方中，也隐含着保持心理健康的具体方法。如明代医学家徐春甫在其《古今医统大全》收录了"和气汤"与"快活无忧散"两张心药处方。"和气汤"，将"忍""忘"二味药均合，专治一切怒气、怨气、抑郁不平之气；"快活无忧散"，将"除烦恼""断妄想"二味药等分"汤服"，使人神清气爽、快活无忧；清代石成金《却病歌》也云"人或生来气血弱，不会快活疾病作"，"病一作，心要乐，心一乐，病都却"。通过"快乐"来"却病"，这种保持身心健康的方法，其实不乏科学道理。情绪好坏与疾病间的关系，就如传统中医学所强调的思伤脾、忧伤肺、恐伤肾、怒伤肝一样，存在着很大程度上的因果关系。从现实生活来看，美好的心情、乐观的心态，比10服良药更能解除生理上的疲劳和痛楚，大凡心胸豁达之人、乐观开朗之人，大都健康、快乐、长寿；反之，大凡郁郁寡欢者，大都陷入"因郁而病、因病而郁"的恶性循环。虽然,我们的传统文化强调人内心世界的宁静与平衡,强调以"克己"来寻求人与人、人与自然和人与社会的和谐统一,但也正是因为对于"忍""忘"等因素的过于强调,而致使情感表达与情感宣泄不够,这在一定程度上也影响着人的心理健康的调节。而这种心态,作为"集体潜意识"代代相传,也至今影响着不少大学生面对心理困扰时所采取的调节方式。

作为社会中最富有活力的群体,且处于人生精力最旺盛阶段的大学生,其心理健康的标准不仅要符合普通意义上的心理健康标准的要求,也要符合大学生这一群体的心理、生理和社会角色特征。借鉴心理学家们对心理健康的定义和界定的标准,笔者认为大学生健康的心理应该是"认知合理,情绪稳定,意志坚强,行为得当,自我协调,人格健全,人际和谐,适应变化"。"认知合理"主要指大学生应求知欲旺盛,能全面客观、实事求是地评价事物,能胜任学习、生活和工作;"情绪稳定"主要指大学生应有高情商,能管理和控制自己的情绪,能合理宣泄消极负面情绪;"意志坚强"主要指大学生应不惧艰难困苦,具备顽强的抗压能力;"行为得当"主要指大学生应举止合理,言行合一,遵守公民道德规范,行为表现符合年龄特征;"自我协调"主要指大学生应形成良好的自我意识,了解自我、接受自我、悦纳自我、完善自我;"人格健全"主要指大学生应没有明显的人格缺陷,日常行为的动机、态度、信念、价值观积极端正;"人际和谐"主要指大学生应具备良好的团队协作能力,懂得人际交往,人际关系良好;"适应变化"主要指大学生应具备能够迅速适应外部环境变化,适应经济社会迅速发展所带来的各种变化的能力。

不可否认,在经济全球化、社会信息化和文化多元化的时代,大学生所面临的学习、生活和就业的压力其实不小。越来越多的大学生也陷入了心理亚健康状态,其主要表现有:焦虑感,对前途和未来焦躁不安;无用感,缺乏自信,觉得自己毫无价值;疲倦感,精神颓废不振、厌倦、无聊;烦乱感,感觉学习生活一团糟;无聊感,思想空虚,毫无目标;无助感,感觉自己孤立无援,人际关系如履薄冰。更为严重的是,当今各种严重心理疾病已经困扰着不少大学生的生活,心理障碍已日益成为危害大学生健康的大敌,因心理问题而导致的自杀等恶性事件也频频发生。2014 年 9 月世界卫生组织(WHO)发布题为 *Preventing Suicide : A Global Imperative*(《预防自杀:一项全球要务》)的全球预防自杀报告，指出："自杀是全球 15—29 岁年龄组中第二大死亡原因"①（第一大死亡原因是交通意外）。而从近 20 年我国有关青少年自杀的统计研究来看，自杀也是我国 15—35 岁人群的首位死亡原因。②为此，中共中央、国务院在2017 年 4 月印发的《中长期青年发展规划（2016—2025 年）》中，明确提出了要"采取有效措施解决或缓解青年在学业、职业、生活和情感等方面的压力"，"构建和完善青年心理问题高危人群预警及干预机制"，③提升青年的心理免疫力，促进青年心理健康的发展。

（二）"除了心理上的失败，实际上并不存在什么失败"

大学生心理问题的产生原因是多方面的。有的是家长给孩子的期望或者要求过高，"盼女成凤""望子成龙"心切，给孩子施加了过大的压力，也有的是对孩子娇惯过度，使得孩子脆弱、抗压能力差；有的是学校只注重文化知识教育，对学生产生的心理困扰未能及时排解，导致演变成为严重心理问题或精神疾病；但更多的是，经济社会的飞速发展，给大学生带来的学习、工作和生活压力。如"996""997"或者"007"工作制的流行，就犹如"压死骆驼的最后一根稻草"，给不少年轻人以失望甚至绝望，而整个社会的心理健康服务供给又严重不足，致使这种心态无法及时得到疏导，这种现实中的矛盾给不少大学生带来了孤独、渺小感、无力感和"只想麻木地活下去的颓废心态"。

古罗马哲学家西塞罗曾指出，"我们生命的每一个阶段"都有自己的特色和"某种自然优势"，如"童年的稚弱、青年的激情、中年的稳健、老年的睿智"，我们应该"适合时宜地享用这种优势"。④言外之意，心理状态和行为要与年龄结构相一致。作为大学生就应该有属于自己年龄段的激情，唯有保持青春应有的姿态，方能拥有"石可破也，而不可夺坚"，"丹可磨也，而不可夺赤"（吕不韦《吕氏春秋·诚廉》）意志。对于大学生来说，"除了心理上的失败，实际上

---

①《中国职业医学》编辑部. 珍爱生命，关注"世界预防自杀日"［J］. 中国职业医学，2016，（4）：494.

②陈春梅，孙希玲，杨晶洁，等. 我国 20 年来青少年自杀研究的分析［J］. 健康教育与健康促进，2017，（5）：404.

③中长期青年发展规划（2016—2025 年）［M］. 北京：人民出版社，2017：13.

④西塞罗. 西塞罗三论：老年·友谊·责任［M］. 徐奕春，译. 北京：商务印书馆，2001：1.

并不存在什么失败"。总体来看，我国青年人并不颓废，对个人的未来和民族的未来充满着信心与期望。但不可忽视的是，诸如《感觉身体被掏空》（金承志作词曲）等歌曲所引发的广大共鸣，还有"葛优躺"表情包的盛行，"我累得像条狗"或"我想我差不多是条废咸鱼了"等口头禅的流行……如此种种，在很大程度上都反映了部分青年人焦虑、无助、颓废的心理状态。这种心态并非无病生吟，如果处理不好，将演变成心理问题，并引发许多社会问题。

正如 2016 年 8 月习近平总书记在全国卫生与健康大会上所强调的那样，"没有全民健康，就没有全面小康"，我们要对心理健康问题加强基础性研究，做好心理健康的知识教育和心理疾病科普工作，进一步规范和发展心理咨询、心理治疗等心理健康服务。① 也正如《"健康中国 2030"规划纲要》所提出的那样，我们必须"加大全民心理健康科普宣传力度"，"加强心理健康服务体系建设和规范化管理"，显著提高"常见精神障碍防治和心理行为问题识别干预水平"和"提高突发事件心理危机的干预能力和水平"，为中华民族伟大复兴打好坚定的社会心理基础。② 历史证明，决定人生境况的往往不只是个人自身发展目标与社会发展程度的契合程度，很多时候都决定于人能否对各种挫折与逆境的战胜，取决于人能否对各种压抑与否定因素的克服，因而个人梦想的实现往往离不开健康心理的助推。无论是担当民族复兴大任，还是成就个人事业华章，都需要有一个健康积极的心理状态。健康积极的心理，是学校体育工作条例成长成才必备的素质。因此，社会、学校和家长等多方一定要加强对青年大学生的心理健康教育，要让大学生明白社会本身就是一个大学校，只要肯学习、能吃苦，只要矢志不渝、努力拼搏，各行各业都可以实现人生抱负和目标，各行各业都可以为中华民族伟大复兴贡献自己的力量。

第六节　培育学生开阔的国际视野

中华人民共和国成立以来尤其是改革开放以来，在推动建设社会主义现代

---

① 习近平. 习近平谈治国理政：第二卷［M］. 北京：外文出版社，2017：360，372.
② 中共中央，国务院. "健康中国 2030"规划纲要［M］. 北京：人民出版社，2016：10.

化强国的历史征程中，我们培育了一代代面向世界的有志青年，为国际社会的和平与发展贡献了有生力量。在新时代，我国日益走近世界舞台的中央，培养具有世界眼光的人才是时势所需，我们应努力在开拓人才国际视野上下功夫，积极引导和鼓励青年学生主动参与国际竞争，担负促进世界和平与发展的时代责任，成为更加公正合理的国际政治经济新秩序的参与者和创造者。

一、提升人才全球胜任力

现代人类社会是一个多元、复杂的共同体。面对迅速变革的世界和日益联系紧密的"地球村"，培养学生的全球胜任力（Global Competence）也逐渐成为各国教育工作的核心关切。事实上，培养大批具有国际视野、通晓国际规则、能够参与国际事务和国际竞争的国际化人才一直是我国教育事业的重要目标。具备全球胜任力也是新时代大学生在未来更加激烈的国际竞争和更加广泛的国际合作中，确保不被迅速淘汰的重要能力素质。

（一）具备全球胜任力是人才的"标准配置"之一

"全球胜任力"概念产生于教育高度发达的美国，此概念的提出初衷在于使高校学生适应全球化的发展趋势，具备在国际竞争中能够有效参与且脱颖而出的能力。1988 年，美国国际教育交流协会（CIEE）发表针对高等教育领域的 *Educating for Global Competence*（即《为全球胜任力而教》）报告，首次将全球胜任力纳入高等教育人才培养的重要目标；1998 年美国教育委员会（ACE）发布 *Educating for Global Competence : American Passport to the Future*（即《为全球胜任力而教：美国未来的通行证》）的研究报告，再次强调要培养大学生的全球胜任力。此后，随着美国经济社会和世界政治经济形势的发展，让学生掌握与不同文化、不同价值观念的人合作，成为美国教育的共识。[①]2012 年 11 月，美国联邦教育部（USDE）发布 *Succeeding Globallythrough International Education and Engagement*（即《通过国际教育与参与取得全球成功》）的战略报告，强调不仅高等教育要注重培养大学的全球胜任力，也要在基础教育中培养中小学生的全球胜任力，强调全球胜任力不是奢侈品，而是所有美国公民必

---

① 聂洋溢.美国基于"全球胜任力"开展教师教育［J］.上海教育，2016，（29）：40-41.

备的技能。除美国外，澳大利亚、加拿大、挪威、瑞典、丹麦、芬兰、法国、德国等国家在教育体系中均将全球胜任力相关的内容纳入其中。

事实上，不仅是以美国为首的西方国家十分重视在教育中培养学生的全球胜任力，中国也是如此。如2016年7月清华大学启动实施《清华大学全球战略》，首次提出将"全球胜任力"作为青年学生培养的核心目标之一；2018年4月，清华大学率先在全国范围内成立学生全球胜任力发展指导中心，并聘请全球胜任力研究专家、海内外相关领域资深学者和骨干教师等作为中心的顾问或指导教师，中心参照全球胜任力的素养要求，开展全流程专业化培养辅导。除清华大学外，以重庆大学、浙江大学、华中农业大学、西南交通大学、天津理工大学等本科院校和以柳州铁道职业技术学院、宁波职业技术学院、苏州旅游与财经高等职业技术学校等专科（高职）院校为代表的不少高校，都将"培养具有全球胜任力的高素质、复合型、创新型人才"确定为高校的一项重要任务。

那么，什么叫全球胜任力？2017年12月，OECD又发布了 *Global Competence Framework：Preparing Our Youth for an Inclusive and Sustainable World*（即《全球胜任力框架：使我们的青年为一个包容和可持续的世界做准备》）报告，从以下四个维度对全球胜任力重新作出了界定[①]，即全球胜任力是指：一是"对地方、全球、跨文化议题的分析能力"；二是"对他人的看法和价值观表示理解和欣赏的能力"；三是"与不同文化背景的人进行开放、得体、有效互动的能力"；四是"为了集体的福祉和全人类的可持续发展而采取行动的能力"。从这个界定来看，全球胜任力包括知识、技能、态度和价值观四个维度。知识维度强调学生对全球性问题、跨文化问题和多元化知识的掌握；技能维度强调学生的语言表达能力、信息整合分析能力、批判性思维、创新能力，以及对人类可持续发展的理解力和行动力；态度维度强调学生对世界文明多样性的尊重、包容和学习借鉴，这也就是习近平总书记所指出的，"每个国家、每个民族不分强弱、不分大小"，其"思想文化各有千秋"，"都应该得到承认和尊重"，因为它们"只有姹紫嫣红之别，而无高低优劣之分"；价值观维度

---

① 胡敏. 全球胜任力：未来大学生的标配［N］. 中国教育报，2018-07-05（11）.

强调学生要形成尊重多元文化、尊重多元制度，反对暴力和战争，强调合作共赢的价值观念。

从内涵上来看，OECD 所阐释的全球胜任力与 *UNESCOs Medium-Term Strategy for 2014-2021*（即《联合国教科文组织中期教育战略（2014—2021）》）中所提出的教育目标是相一致的。UNESCO 在其中期战略中指出，教育应使"所有学习者掌握和形成与尊重民主、人权、公正、多元文化、性别平等及环境保护一致的知识、技能与价值观"，"并在此基础上致力于构建更加公正、和平、安全与民主的可持续发展世界"。[①]换而言之，从全球的国际视野来看，教育的目标也就是要使各国学生都形成全球胜任力，从而解决当代人类社会可持续发展、反对暴力与战争等重大问题，实现更好的生活、更好的未来。

除了 OECD 的阐释之外，不同的专家学者或高等院校对于全球胜任力的定义与内涵也提出了自己的见解。如美国学者理查德·兰伯特认为，全球胜任力包括"认同""知识""外语能力""共情"和"任务效能"五个要素；厄尔森、克勒格尔认为全球胜任力是在相互依存的世界中拥有足够多的知识与感知和能够进行有效互动的交流，以及在全球化组织中具有足够有竞争力的理解力和技能。[②]清华大学在《清华大学全球战略》中，则认为全球胜任力是在国际与多元文化环境中有效学习、工作和与人相处的能力。具体而言，全球胜任力包括认知、人际与个人三个层面的六大核心素养。认知层面的核心素养包括对世界文化与全球议题的正确认识、积极关注与辩证思考，包括能恰当有效地以母语和至少一种外语进行表达、交流和文化体验。人际层面的核心素养包括"开放与尊重"和"沟通与协作"两个方面。"开放与尊重"指拥有开放意识，尊重他人，包容与接纳不同文化背景下的观点和行为；"沟通与协作"指善于沟通、善于化解矛盾，具有国际协调能力和合作精神。个人层面的核心素养包括"自觉与自信"和"道德与责任"两个层面。"自觉与自信"指充分认识与深刻理解自己的文化，具有文化自信和价值自信，勇于向他人表达自己的看法；"道德与责任"指遵守道德规范，言行得体，勇于担当责任，促进人类文明进步和

---

① 曾文婕，郭佳佳，黄甫全.培育全民的创造力与责任心——联合国教科文组织《中期教育战略（2014–2021）》价值取向解析［J］.现代远程教育研究，2017，（6）：21.

②Olson C.L.，Kroeger K.R.Global Competency and Intercultural Sensitivity［J］.Journal of Studies in International Education，2001，5（2）：116.

社会可持续性发展。

综上所述，大学生具备全球胜任力的实质，就是大学生要具备能够有效参与全球合作与竞争的能力。其核心是要具备正确认识世界，正确表达自我及有效沟通、共同参与人类社会发展的能力素质。这种能力素质的培养和提升是一个持续的、终身学习的过程，基础教育是学生全球胜任力的起步与打基础阶段，高等教育是学生全球胜任力的拓展与提升阶段。

需要指出的是，近代以来中国长期处于世界舞台的边缘，自中华人民共和国成立以来尤其是改革开放以来随着中国经济的迅速发展，中国才逐渐走向世界舞台的中央，并逐渐在世界政治经济体系中占据有利位置。现在的中国是世界第二大经济体、货物贸易第一大国、制造业第一大国、外资流入第二大国、商品消费第二大国，同时外汇储备连续多年位居世界第一。但不得不承认，中国过去在国际社会话语体系中存在"有理说不出""说了传不开"的问题。在未来，中国在国际社会的话语权仍然将受到各种敌对势力的封锁和扼杀。要解决这一问题，就需要我们"培养具有全球胜任力的时代新人"。随着中国的进一步发展，伴随着中华民族伟大复兴，中国青年将也会有越来越多的机会走向各国际组织、各国际场合阐释和践行解决人类发展问题的中国智慧和中国方案。我们"要让世界知道'学术中的中国'、'为人类文明作出贡献的中国'"。[1] 在这种时代背景下，培养和提升中国大学生的全球胜任力是未来我国高等教育发展的必然趋势。同时，正如前文所论述，在推动构建人类命运共同体的历史进程中，学校体育工作条例除了要有敢于担当的勇气，更要有善于担当的本领。而全球胜任力就是青年学生在推动构建人类命运共同体应该掌握的"标准本领"之一。从更长远的眼光来看，实现共产主义的崇高理想，实现自由人联合体的终极目标，都需要具备全球胜任力的素养。

（二）将全球胜任力融入高校人才培养方案之中

高校培养和提升人才的全球胜任力，关键在于将全球胜任力融入人才培养方案，并在课堂教学及其相应的实践教学中一以贯之。各高校都应在对标"双一流"的历史机遇中，进一步科学构建和完善新时代人才培养方案和课堂（实

---

[1] 习近平.在哲学社会科学工作座谈会上的讲话［M］.北京：人民出版社，2016：7.

践）教学设计，而将"全球胜任力培养理念"融入"院校教育规划特别是课程体系中"，就是一个非常紧迫且尤为必要的议题。

第一，培养和提升大学生全球胜任力，必须立足中国根基。各国人才的培养都离不开其实际国情。我们要培养的人才，是"家国情怀"和"世界眼光"内在相统一的人，而不是培养毫无家国情怀，甚至站在祖国对立面的人。青年学生在任何时候都不能忘记自己祖国的明霞秀浦、日月星辰，都不能忘记自己是中国人，不能忘记自己是中华民族的一份子。国际视野不等于"发达国家视野"。全球胜任力的培养，不是要塑造数典忘祖、崇洋媚外的"西方式人才"，而是要培育扎根中国文化和传承中国基因而蓄养出的为人类命运共同体作出贡献的力量。因此，必须将民族身份认同和"四个自信"认同作为前提基础纳入全球胜任力的培养和提升之中。离开了这一点，就丧失了全球胜任力应有的底色，就背离了全球胜任力培养和提升的宗旨。然而，当前有一些学校为了追求所谓的"全球化"，在教学方案设计和人才培养方案中全盘使用西方化教学理念，片面强调使用甚至全部使用西方原版或翻译的教材；在教学方式上片面地搞"全英班教学班"或"双语教学班"；在学习内容上几乎只学西方知识，在普遍开设大学英语的同时，却把大学语文等中华优秀文化课程抛在脑后。在这种人才培养方案和教学设计方案下培养出来的人，美其名曰是与世界接轨的人才，其实质却是缺乏中国根基、缺少"四个自信"、不能很好地理解中国政治经济社会的庸才。全球化不等于欧美化，培养学生的全球胜任力也不是培养毕生精力为欧美西方国家服务的外国公民。对于中国学生来说，只有立足中国根基的全球胜任力，才能在对外交往和国际事务处理中经得起人民和时代检验。

第二，培养和提升大学生全球胜任力，必须夯实读写能力。纵观现代学校教育模式的发展，我们经历了从"STEM 教育"到"STEAM 教育"再到"STREAM 教育"模式的演变。在上述教育模式中 S 代表科学（Science）、T 代表技术（Technology）、R 代表阅读和写作（Reading and Writing）、E 代表工程（Engineering）、A 代表艺术（Art）、M 代表数学（Mathematics）。从重视科学技术的"STEM"教育模式，到重视科技与人文素养的"STEAM"教育模式，再到在信息化社会为克服碎片化学习的弊端而强调人文、科技、阅读写作能力的

"STREAM"模式，这种模式的演变体现了社会的不断发展对人的能力素养要求的与时俱进。当前学校教育采取"STREAM"模式已日益成为国际社会的共识。在 UNESCO《中期教育战略（2014—2021）》中，就特别强调了读写能力的重大作用，提出要将教育投入优先用于支持对终身学习尤为重要的读写能力等方面。国际社会对于阅读和写作能力的强调，也引起了我国教育界的广泛共鸣。

著名教育学者朱永新曾指出，"一个民族的精神境界取决于这个民族的阅读水平"，"一个人的精神发育史就是他的阅读史"。但令人尴尬的是我国"每年人均纸质图书阅读量不足 5 本"，如果全民阅读现状不能得到改善的话，那"全面素养的提高"就没有根基，那就会沦为一句空话；"对于我们这个多民族国家来说"，只有"通过共读、共写，促进精神交流"，才能"实现真正的共同生活"。[1]对于阅读与写作的忽视是不少高校教学设计或人才培养方案的通病。阅读和写作能力缺失所带来的后果：小到很多大学生不会以正确的格式写请假条、给长辈或给老师发信息发邮件"你"和"您"不分等；中到很多大学生不会进行文字排版，不会撰写读书报告、调研报告、学术论文等；大到与人沟通能力的水平不高、技巧不足，甚至不会与人交流等，不一而足，一言难尽。读写能力是"21 世纪核心素养"中最为关键的"4C"能力（即 Communication：沟通能力、Critical-Thinking：批判性思维、Collaboration：合作、Creativity and Innovation：创造力与创新力）的基础。在全球胜任力指标体系中，其中就有语言表达和沟通能力。语言表达和沟通是一种美，它讲究思想内涵上的遣词造句、谋篇布局，讲究语音语调上的抑扬顿挫、引人入胜。试问，不读书、不写作的人，会知道与不同文化、不同身份的人，以何种得体的口头或书面的表达方式进行有效沟通吗？答案是否定的。

第三，培养和提升大学生全球胜任力，必须注重国际交流。在日新月异的全球化、信息化的知识经济时代，开拓新时代教育国际交流与合作，是世界教育的共同价值追求，也是我国高校的重要使命。在《中国教育现代化 2035》中，中共中央和国务院进一步提出"要开创教育对外开放新格局"，"全面提升

---

① 朱永新. 让阅读成为国家节日［N］. 人民日报，2014–04–22（5）.

国际交流合作水平","促进中外民心相通和文明交流互鉴"和"建立国际科教合作交流平台""推进共建'一带一路'教育行动"。[①] 这些政策规定给各高校开展国际交流与合作提供了强大的现实依据,也为人才培养方案和教学设计方案的修订指明了方向。当前,面向"一带一路"沿线各国及与全球知名高校或科研院所、国际组织、国际企业等进行中外合作办学、开展海外高校交换学习、海外实践课程体验、假期海外实验室研修、国际会议和国际竞赛参与等各类学术交流、实践实习,已成为"走出中国看中国",培养大学生全球胜任力的重要载体。如西南交通大学将暑期海外实践作为提升学生全球胜任力的重要环节,经常性组织学生赴伦敦大英博物馆、利兹大学等大学或机构进行海外实践,赴泰国清迈讪巴东学校进行暑期海外支教实践等;北京科技大学高等工程师学院借助推动"一带一路"教育合作的机遇,创设"智能制造基础"课程,在理论学习结束后,组织学生赴艾默生等世界 500 强跨国企业公司接受国际企业规则培训,实现校企联合培养;每年组织俄罗斯暑期短期访学团(为期半个月)。

此外,国际交流不等于出国接受交流。我们还可以通过"引进来的方式"加强中外教育交流,如四川大学 10 多年来每年都开展"国际课程周"活动,每年邀请国外 100 余所"高校的师生赴学校参与课堂教学";又如清华大学自 2014 年以来以中外学生混合住宿为载体创建并运营亚洲青年交流中心,通过建立朋辈教育的体系,提升中国大学生的全球胜任力。不过,近年来虽然北京、上海、广州、深圳等发达地区的部分高校开设有关全球胜任力的课程或实践,国内"双一流"高校也特别强调通过创新海外学习模式和加强国际交流与合作的方式来实现国际一流人才的培养。但是受制于经济发展水平和学校知名度等问题,大部分中西部欠发达地区高校及其他非双一流高校,在国际合作与交流方面还处于较低的水平。这也从侧面给我们提出一个问题,即发达地区或知名高校对学生全球胜任力的培养方式与经验,不能简单地予以直接套用,各高校要根据自己的实际情况,来制订更具操作性的培养提升学生全球胜任力的方案和计划。

---

① 中共中央国务院印发《中国教育现代化 2035》[N].人民日报,2019-02-24(3).

第四，培养和提升大学生全球胜任力，必须提高教师的国际素养。这里指的国际素养，主要是要培养和提高教师的国际视野和国际知识储备。教师是否具备全球胜任力的知识与意识，直接影响着学生全球胜任力的发展。只有教师有"一桶水"才能倒给学生"一碗水"。但当前大部分教师不具备全球胜任力的知识背景，缺乏充分培养和正确评估学生全球胜任力的教学技能和评估能力。因此，必须进一步加强对教师全球胜任力的继续教育与培训，以培养和提升教师在全球胜任力课程教学和评价引导等方面的素养。总的来说，就需要建构和实施针对教师全球胜任力的课程体系，从学习、思考和行动三个维度建构和实施全球胜任力的专业知识学习课程、人类共同面临的全球议题等层面的通识学习课程、指导全球胜任力实践教学的学习课程。与此同时，各高校还要给教师提供"走出去"的学习交流机会，通过教师亲身的、真实的国际体验进一步有效地增强其全球胜任力的学习动力，并通过课堂教学分享等各种方式转化为学生全球胜任力学习的生动素材。

中国共产党始终把为人类作出新的更大的贡献作为自己的使命。要完成这一使命，就需要具备全球胜任力的人才。因为具备全球胜任力的人才，更具世界眼光，能把中国人民利益同各国人民共同利益结合起来，能以更加积极的姿态共同应对全球性挑战和参与国际事务。在对全球胜任力的认识和培养上，我们应有自己的立场、理念和原则，其他国家的方式方法可以借鉴，但是最根本的还是要我们自己通过人才培养方案改革和课堂革命，来建构和创造属于我们中国自己的全球胜任力思想体系和实践模式。

二、认清世界和中国发展大势

世界潮流，浩浩荡荡。要看准、看清、看透世界和中国发展大势，就需要树立世界眼光和国际视野。用世界眼光看中国发展大势，以国际视野观时代发展潮流，这是我们制定发展战略的基础。只有先在战略判断上看得准，才能在战略谋划上做得精，才能在战略行动上赢得稳。能全面观察世界经济、文化、政治等方面的发展大势，能正确认识"中国的发展离不开世界，世界的繁荣也需要中国"，[①] 是青年学生担当民族复兴大任的核心素养之一。

（一）中国的发展离不开世界

70 多年来，中国人民在中国共产党的领导下从一穷二白的困境中起家，经过一代代人的自力更生、艰苦奋斗，终于干出了一番举世瞩目的好成绩、开辟了一片生机勃勃的新天地。现在的中国，经济实力显著增强，我们是世界上唯一拥有联合国产业分类目录中所有工业门类的国家，在经济总量、工业品产量、货物贸易总量、商品消费总额、外资流入总额、外汇储备总量等方面都居世界前列。现在的中国，科技发展成就显著，我们在高性能计算机、高速铁路、载人航天、"两弹一星"、青蒿素、超级杂交水稻、人工合成牛胰岛素等重大科技成果领先世界。现在的中国，人民的生活水平得到极大改善，我们初步构建起世界上规模最大、覆盖人口最多的社会保障体系，创造了人类消灭贫困史上的奇迹，并最终将实现全体中国人民的全面小康。现在的中国，国际地位和国际影响力显著提升，我们提出的共建"一带一路"、推动构建人类命运共同体等倡议，得到国际社会广泛认同和积极响应，并载入联合国多项决议。这些成绩的取得，归功于中国人民的辛勤努力和实干精神。

在取得这些成绩的过程中，我们不强买强卖、不掠夺别国、不输出问题、不转嫁矛盾。我们结合中国实际，坚持马克思主义中国化方针，总结苏联发展模式和西方国家发展模式的经验教训，同时努力打破西方国家对我们的外部封锁，坚持对外开放的基本国策，通过大规模"请进来"和大踏步"走出去"的方式，拥抱世界、学习世界，走出了一条中国特色社会主义道路。但正如党的二十大所指出的，我们仍是世界最大发展中国家的国际地位没有变。以"放眼世界，放眼未来"的世界眼光和国际视野来看，以"放眼当前，放眼一切方面"的战略眼光和战略思维来看，我们人口多、底子薄，经济发展总体质量仍须进一步提升，科技发展总体水平与西方发达国家相比仍相距较远，我们在教育、住房、医疗、养老等民生领域仍存在许多亟待解决的问题。为此，我们仍需在与世界的联系互动中驰而不息、接续奋斗。

---

① 习近平. 在庆祝改革开放 40 周年大会上的讲话［M］. 北京：人民出版社，2018：33.

习近平总书记指出，"中国要发展，必须顺应世界发展潮流"。^①那么世界发展的时代潮流是什么呢？从总体上看，当今世界正处于百年未有之大变局，"全球深层次矛盾突出，不稳定性不确定性增多"，但建设和平、安全、繁荣、包容和美丽的世界已经成为各国人民所追求的共同梦想。具体而言，政治层面国际关系民主化的潮流不可阻挡；经济层面利益交融、合作共赢的潮流大势所趋；安全层面反对战争与暴乱、追求安全稳定的潮流人心所向；文化层面尊重文明多样性、各文明间交流互鉴的潮流已成各国人民的共同愿望。面对这个既充满挑战，也充满希望的世界，我们必须始终坚持对外开放，绝不能闭关自守，自绝于世界潮流。近代中国的屈辱史证明，闭关自守不仅和进步无缘，更会导致落后挨打。在新机遇与风险挑战并存的大发展、大变革和大调整时代，我们要紧紧抓住世界百年未有之大变局带来的历史机遇，在制定政策、推进工作、处理问题时，善于认识可能对我们的事业发展产生不利影响的各种国际因素，并把这些不利因素的影响降到最低；我们更不能夜郎自大，必须善于借鉴各国人民在发展中创造的有益成果和经验，并最大化地把这些成果和经验转化为推进中国特色社会主义事业的前进动力。总而言之，融入世界是历史大方向，中国要进一步发展，就要敢于到世界这一"汪洋大海"中去"游泳"。在这个过程中，我们可能会"呛水"、可能会遇到"漩涡"和"风浪"，但"如果永远不敢到大海中去经风雨、见世面"，终有一天将会在世界这一"汪洋大海"中"溺水而亡"。因此，我们要站在时代前沿观察思考，要在历史长河和全球视野中来谋划中国进一步发展的问题，并最终实现在世界这一"汪洋大海"中"自由畅游"。

（二）世界的繁荣也需要中国

世界和平与否、发展得怎么样与我们休戚相关。在世界的繁荣发展这个问题上，中国不是局外人。当今的世界是一个充满着幸福和矛盾的世界。越来越多的人享受着文明发展和科技进步所带来的美好生活。但国际上南北差异悬殊，恐怖主义和地区战乱、冲突频繁发生，也是无法回避的客观事实。造成这些矛盾产生的原因，是经济全球化的负面影响引起的，是霸权主义和强权政

---

① 习近平.习近平谈治国理政：第二卷［M］.北京：外文出版社，2017：442.

治导致的，是西方所谓"普世价值观"输出引发的，概括起来说就是由饥饿与贫穷、压迫与掠夺、傲慢与偏见所导致的。要解决这些矛盾，需要推动经济合作、消解经济全球化的负面影响，需要发展国际民主、反对霸权和强权的外部干涉，需要谋求文化互鉴、抵制"普世价值观"侵入。发展的问题需要在发展中解决，因而对国际社会矛盾的解决，其中最迫切和最关键的突破口是要引领世界经济走出困境。当前世界经济增长动能不足，经济增长传统引擎的拉动作用减弱，新兴技术虽不断涌现，但世界经济仍然未能开辟出一条新路；同时，当前世界经济治理滞后，尽管广大发展中国家对世界经济增长的贡献率已经达到80%，但全球治理体系未能反映出这种经济力量对比演变的新格局；此外，当前世界经济发展空间不平衡、收入分配不平等现象令人担忧，全世界1%的富有人口的财富量超过其余99%人口财富的总和，对于很多人和家庭而言，获得工作、食物、住房还是一种奢望。要破解当今世界所面临的时代难题，离不开中国的参与，事实上中国也从未缺席，一直是推动世界繁荣稳定的正能量。

第一，中国为世界的繁荣稳定一直贡献着中国智慧。2020年11月19日在亚太经合组织工商领导人对话会上，习近平指出"积极构建以国内大循环为主体、国内国际双循环相互促进的新发展格局"，是"立足中国自身发展阶段和发展条件，充分考虑经济全球化和外部环境变化所作出的战略抉择"；在新发展格局下，"中国市场潜力将充分激发"，"中国开放的大门将进一步敞开"，"中国的对外合作将不断深化"，中国将"为世界各国创造更多需求"，"同世界各国共享发展机遇"，"同世界各国实现互利共赢"。①一直以来，我们提倡"创新、协调、绿色、开放、共享"的新发展观，践行"共同、综合、合作、可持续"的新安全观，秉持"开放、通融、互利、共赢"的新合作观，树立"平等、互鉴、对话、包容"的新文明观，坚持"共商、共建、共享"的新全球治理观。从和平共处五项基本原则、共建"一带一路"到推动构建人类命运共同体，我们始终为推动建立更加公正合理的国际政治经济秩序贡献智慧、贡献能量。

①习近平.构建新发展格局 实现互利共赢——在亚太经合组织工商领导人对话会上的主旨演讲［N］.人民日报，2020–11–19（2）.

第二，中国始终以实际行动维护着世界和平。近代以来，我们从未主动挑起过任何一场冲突或战争，从未侵占过别国的一寸土地，我们主动裁减军队员额、积极参与国际军控和防核武器扩散；我们坚持多边主义，反对单边主义、霸权主义、强权政治，反对各种形式的恐怖主义和极端暴力行径，维护世界公平正义和和平安全；我们是安理会常任理事国维和第一大出兵国和联合国第二大维和预算摊款国，我们为地区和国际社会的和平稳定发挥了重要的建设性作用。

第三，中国为世界的减贫和发展事业作出了重大贡献。我们在实现消灭自身贫困的同时，向亚非拉、大洋洲等地区广大发展中国家提供不附加任何政治条件的援助，以消除其国民经济贫困。

展望未来，中国的发展对世界各国不是威胁和挑战，而是世界各国人民的机遇。对于别国的发展成就，我们从来没有犯"眼红病"，我们"都点赞""都祝福"，我们欢迎各国人民搭乘中国快速发展的便车，在中国的快速发展中获得丰厚回报和重大机遇。从当前的发展态势来看，未来中国作为"世界经济增长的主要稳定器和动力源"的地位和作用将更加凸显。

与此同时，中国不仅是世界工厂，更是世界市场。中国有 14 亿人口、4亿中等收入群体，随着未来城镇常住人口的进一步增加，这为世界各经济体投资我国基础设施、医疗卫生、文化娱乐、新零售以及教育等各领域提供了广阔的市场需求。此外，中国通过"一带一路"等经济合作倡议，实施了大规模的"走出去"战略，为促进东道国经济增长、扩大当地就业作出了积极贡献。

不可忽视的是，当前中国的经济仍面临着"经济增长内生动力不足""产能过剩和需求结构升级矛盾突出"等压力和困难，但中国对世界敞开的大门不会关上，坚定向前发展的决心不会动摇，中国将继续通过稳增长、促改革、调结构等各项举措把中国经济发展质量推向中高端水平，中国将继续坚定不移地做和平发展、共同发展的实践者和推动者，将继续坚定不移地做全球经济治理参与者，不断为世界的繁荣稳定作出更大的贡献。此外，还需要说明的是，世界上并不存在适用于一切国家的政治制度模式，也没有放之四海而皆准的发展道路。一个国家选择什么样的政治制度，走什么样的发展道路，这都是这个国家历史传承、文化传统、经济社会等方面的因素长期发展、渐进改进、内生性演化的结果。正所谓"履不必同，期于适足；治不必同，期于利民"（魏源《默觚下·治篇》）。只有能够持续满足人民对美好生活需要的发展道路，才是最有生命力的。走中国特色社会主义道路，这就是中国人民作出的合乎时代要求的正确选择。在中国共产党的领导下，社会主义在中国焕发出强大生机活力，中华民族伟大复兴也正展现出无比光明的前景。在坚定不移地走中国特色社会主义道路，持续不断地造福中国人民和实现人类繁荣发展这个问题上，"没有终点站，只有连续不断的新起点"，我们相信一个更加稳定繁荣的中国和世界必将出现。

总之，从林林总总的表象和纷繁复杂的矛盾中认清世界和中国的发展大势，是一个极为重要并且常做常新的课题。之所以极为重要，是因为青年学生要实现中华民族伟大复兴的历史使命，要履行推动构建人类命运共同体的时代职责，都离不开对中国和世界发展大势的正确判断。之所以常做常新，是因为中国和世界发展大势是一个动态发展的过程。要正确把握这一动态过程，需要青年学生以深邃的历史眼光审视其发展历史，以严谨的逻辑思维分析其发展现状，以全面的评估能力研判其发展走向，从而完成其使命担当和履行时代职责。

第四章

筑牢高校育人的价值取向

人是认识世界和改造世界的主体，是推动社会生产力发展首要的和最活跃的因素，人的价值是最高的价值形态。教育的本质是培养人，根本目的就是促进人的发展。新形势下，高校育人工作必须围绕学生、关照学生、服务学生，强化"立德树人"的价值目标，凝聚"学生中心"的价值认同，塑造"全面发展"的价值追求，在共振互动的价值关系中，充分发挥育人功能，为党和人民培养又红又专、德才兼备的社会主义建设者和接班人。

第一节　强化"立德树人"的价值目标

立德树人是高校的根本任务，是教育现代化的发展方向，是育人的价值目标。党的十八大首次将"立德树人"写入会议报告，将其明确为我国教育的根本任务。习近平总书记指出："要把立德树人的成效作为检验学校一切工作的根本标准。"[①] 新时代，高校育人工作要肩负起立德树人的时代使命，坚持以立德为根基、树人为核心，促进"为国育才"与"个人成才"深度结合，把立德树人融入育人育才各环节，形成高校育人工作全员、全过程、全方位育人育才格局，充分发挥育人功能。

---

① 习近平．在北京大学师生座谈会上的讲话［M］．北京：人民出版社，2018：7.

一、把握高校育人工作立德树人的时代使命

立德树人体现了高高校在教育工作中的政治和意识形态特质，它是高校教育工作的核心价值和持续追求。每一个掌握政权的政党都是有目标、有组织地利用其意识形态来培养下一代，以满足自身的政治需求和国家的发展需求。高校作为培养社会主义事业合格建设者和可靠接班人的重要阵地，理应承担起这一神圣使命。在新的时代背景下，高校的教育目标应是培养在德智体美劳各方面均衡发展的社会主义接班人和建设者。教育工作应以社会主义核心价值观为导向，发挥"大先生"在高校教育中的核心作用，并在学生的思想深处培育他们坚定的信仰、信念和信心。

（一）旗帜鲜明培养德智体美劳全面发展的社会主义建设者和接班人

高校不仅是道德教育和人才培养的场所，也是教育人才的主要战场。新时代对人才培养提出了更高要求。高校在育人工作中应积极参与，勇于承担重任，坚守马克思主义的指导原则，始终以人民为核心的研究方向，并始终保持党的领导地位。我们的目标是培养那些支持中国共产党领导、支持我国社会主义制度，并决心为中国特色社会主义事业奋斗一生的杰出人才。他们能够为国家的进步和人民的幸福而不懈努力，这不仅是关乎党和国家成功与否的关键任务，也是所有从事育人工作的人的共同责任。当前，大学生思想政治教育面临着前所未有的新情况、新挑战，必须着力做好以下几个方面的工作：第一，我们需要在信仰和理想上投入更多的努力。大学生是民族的希望、祖国的未来，他们能否坚定共产主义远大目标、牢固掌握科学世界观方法论直接关系到党和国家的前途命运。我们的教育目标是引导青年学生建立对马克思主义的坚定信仰、对中国特色社会主义的坚定信仰、对中华民族伟大复兴中国梦的坚定信心以及对中国共产党领导的坚定信仰。学生们应该自觉地承担起自己的时代责任和历史使命，加强对自己的道路、理论、制度和文化的自信，并在追求中华民族伟大复兴中国梦的旅程中，实现他们的理想和追求。要将坚定理想信念与解决现实问题结合起来，用改革创新精神推动思想政治理论课教学改革，努力探索具有时代特点和地方民族特色的教学路径。第二，我们需要在培养深厚的爱国情感上投入更多努力。当代青年学生既是国家发展的建设者和接班人，又是

推动我国改革开放和现代化建设的重要力量。对祖国的深厚情感是我们立足和成功的基石。我们应该更加重视爱国主义教育，鼓励新时代的年轻人听从党的指导，与党同行，怀揣对国家和人民的关心和热爱，确保爱国主义在年轻学生的心中深深扎根，并坚定地为祖国作出贡献。要通过开展主题实践活动，丰富校园文化生活，强化理想信念等途径培养青年学生爱祖国爱民族的情感。第三，我们需要在提升个人品德方面投入更多的努力。我们的目标是引导年轻学生培养良好的道德品质，明确新时代社会所崇尚的道德标准、道德愿景和道德准则。我们希望他们能够深入理解和掌握社会主义的道德体系，并从日常的道德规范中洞察其背后的价值观，并将其转化为正确的思维和行为方式。同时要通过各种途径对大学生进行系统有效的道德教育，使他们成为有理想、有本领、守纪律、讲文明、树新风的合格公民。第四，我们需要在知识和见识的积累上投入更多努力，指导年轻学生珍视美好的时光，积极学习，追求真实的知识，扩大知识面，增加学识，并在追求真理的旅程中加强自己的专业知识和能力，为人类文明的进步作出更大的贡献；要在提高文化素养上做文章，通过丰富多彩的校园文化活动和各种形式的主题实践教育等途径，让青少年学生受到良好熏陶和潜移默化，使其成为有信仰、有担当的合格接班人。第五，我们需要在培育斗志的精神上投入更多努力。我们的教育目标是引导学生确立远大的人生目标，培养他们积极乐观的生活态度和永不言败、努力向前的精神面貌，从而通过持续的努力实现人生的真正价值；同时，还要注重加强对学生进行艰苦奋斗教育，提高其思想道德品质，让他们在艰苦环境下学习成才，并将此作为一种生活方式融入日常生活之中。第六，我们需要在提升学生的综合素质方面投入更多努力，引导他们培养人文修养，形成阳光和健康的生活方式，同时也要培养他们的创新思维和创新精神，以促进学生在德智体美劳各方面的全面发展。

（二）坚持不懈培育社会主义核心价值观的践行者

社会主义核心价值观不仅是中国人民普遍追求的价值观念，也是影响国家未来和人民福祉的关键稳定因素。高校作为意识形态领域前沿阵地，担负着弘扬社会主义核心价值观的重大历史使命。眼下，国内外的社会环境正在经历深刻的变革，各种社会思潮层出不穷，人们的思维方式和价值观也呈现出多种多样的特点。为了更好地培养和实践社会主义核心价值观，高校在人才培养方面的作用显得尤为重要。高校在教育和教学过程中，应致力于培养能够承担民族复兴重任的新一代人才，引导学生在认知、认同和实践社会主义核心价值观的过程中，自觉地成为追求真、善、美和中国梦的倡导者。为此需要我们不断探索创新育人机制，充分发挥其引领示范作用。在高校的人才培养工作中，应特别强调以下两个方面的重要性。一是从理论到实践，不断提高大学生社会主义核心价值观教育的实效性。首要任务是为社会主义核心价值观的建设提供必要的智慧支撑。二是为社会主义核心价值观大众化提供文化支撑。广泛的教育工作者应当从学术理论的角度深化对社会主义核心价值观基础理论的研究，进一步强化其理论架构和话语体系的建设。同时，应对社会主义核心价值观的传播进行更具针对性和贴近实际的研究，以确保社会主义核心价值观能够与广大人民群众的日常生活紧密结合，深入民心，并在对外传播中更多地体现中国的特色，从而提高社会主义核心价值观的传播效果。我们需要准确理解社会主义核心价值观在青年学生中的传播模式，确保社会主义核心价值观的教育满足青年学生的内心需求，并采用他们喜爱的教育方法，鼓励他们积极地接受并实践社会主义核心价值观。

（三）全力以赴培育高校育人工作"大先生"

高校在进行育人工作时，应紧密围绕"立德树人"的核心理念，确保在教育和教学过程中始终坚持以人为本的原则，并明确以培养人才为核心的发展策略。当前，加强高校思政教育是时代赋予高校德育工作者的重要使命，也是推进高等教育改革创新的必然要求。我们需要充分利用思想政治教育的核心价值，深度探索和应用育人工作中所包含的思想政治教育资源，将价值观的塑造、知识的传递和能力的培养三者整合在一起，培养出具有正确的价值观、完善的知识结构和坚实的核心能力的高层次、高素质的人才，使大学生能够适应国家和社会的发展需求，满足人民的期望。

二、促进"育人育才"与"个人成长成才"深度结合

"育人育才"和"个人成长成才"体现了国家与个人之间的紧密联系，这两者在追求中国梦的宏伟过程中是相互依存和相互支持的。国家的核心价值就

是要培养社会主义现代化事业的建设者和接班人，而人作为一个整体，也必须通过一定的活动才能获得相应的发展，从根本上讲，人是社会的一部分，社会是人的社会，人与社会是相互依赖、不可分割的。人们的归属和依赖都与民族和国家紧密相连，这构成了人们生存、成长和进步的核心社会模式。个人作为一个独立个体，具有一定的个性品质和能力素质。这意味着，个人与国家的命运紧密相连，命运与我们共同前进，育人育才和个人成长成才是相互影响和共同推动的。作为大学生思想政治教育工作者，我们必须把育人放在首位，坚持立德树人的根本任务，以科学发展观统领人才培养全局。高校在教育和培养学生时，应在"大我"的框架内寻找"小我"的方向，将"小我"与"大我"相结合，并在"大我"的框架内超越"小我"的局限。这样，学生才能努力成为在建设具有中国特色的社会主义事业中有价值的人才，并在追求实现中国梦的伟大事业中找到自己的人生价值。

（一）以育人育才引导个人成长成才科学目标

育人育才被视为个人成长成才的核心价值指向，而个人的成才目标必须与当前的时代背景、国家的进步和民族的复兴保持一致。如果偏离了这一核心目标，那么教育和培养人才就失去了其根本意义。因此，培养社会主义建设者和接班人的工作必须从这一高度来审视并落到实处。目前，全球对人才的竞争变得越来越激烈，确保党能够获得这些人才变得尤为关键。大学生作为祖国未来的希望和社会主义建设的生力军，其价值观取向直接影响着我国社会经济发展水平、综合国力以及国际竞争力等方面。为了实现"两个一百年"的斗争目标和实现中华民族伟大复兴中国梦，新时代党的伟大事业开创了一项重要使命，那就是如何引导学生将个人梦融入国家梦和民族梦中。高校作为人才培养的基地，担负着立德树人重任。在当前的时代背景下，实现"两个一百年"奋斗目标和中华民族伟大复兴中国梦成为最为突出的主题。为了实现这一伟大的时代目标，我们必须将国家、民族和个人的利益紧密结合，采用育人育才的核心价值观，引导学生妥善处理个人、国家和民族利益之间的平衡。在设定成才目标的过程中，教育和引导学生深刻认识到，只有当国家和民族都处于良好状态时，每个人才能真正做到最好，他们应该勇于承担时代赋予的责任和使命，与民族共同命运，与国家并肩发展。那么，如何才能使大学生树立正确的理想信念呢？首先，我们需要指导学生深入理解中国梦的真正含义。坚定对国家前途和民族未来的理想信念是当代大学生必备的政治素养，也是他们成为合格公民的重要前提和基础。中华民族伟大复兴自近代以来一直是中华民族最崇高的梦想，也是激励全体中华子孙齐心协力、持续奋斗的精神标志。中国梦的核心意义在于国家的繁荣、民族的复兴以及人民的幸福生活。这一核心价值观既体现了历史与现实的结合，也蕴含着对未来美好憧憬。中国梦融合了国家、民族和人民的情感，但其核心仍然是每个中国人民的共同梦想。其次，我们需要团结并引导学生进行宏伟的斗争。为了实现我们的伟大梦想，我们必须投身于伟大的斗争中，这体现了我们追求伟大梦想的精神面貌。只有通过这场伟大斗争，才会让每一个人都能成为国家富强、民族振兴、人民幸福的主人。在新时代背景下，新的斗争以其独特的时代特征和形态展现。大学生是民族复兴与国家富强的希望所在。高校的思想政治工作人员必须团结并引导学生坚定地反对任何否定或动摇党的领导和社会主义制度的行为和现象。他们必须坚决反对任何损害人民利益、与群众脱节的行为，并坚决反对任何可能导致祖国分裂、破坏民族团结和社会和谐稳定的行为。此外，他们还必须坚决消除所有根深蒂固的问题，坚决抵抗和战胜各种风险和挑战，以推动伟大事业的持续发展。第三，我们需要有效地指导学生投身于宏伟的事业中。当前大学生群体正处在世界观人生观价值观形成时期，面对各种思潮冲击，必须加强对他们进行正确导向，引领他们树立远大理想，坚定信念，培养良好道德品质。现代年轻人不仅是中华民族伟大复兴和实现中国梦的追梦者，也是实现梦想的人，这不仅是人生的幸运，更是人生的一次考验。我们必须以对党忠诚、热爱人民、报效中华为根本立场，始终坚持用马克思主义中国化最新成果武装大学生头脑，培育担当民族复兴大任的时代新人。在教育和培养人才的过程中，我们应该鼓励学生将自己的生活与国家和民族的伟大事业紧密结合，勇于承担新时代所赋予的历史责任，坚守自己的理想和信仰，深入人民群众，不断提高自己的能力，成为新时代的先锋和实践者，并鼓励他们在祖国最需要的地方作出贡献。

（二）以个人成长成才汇聚育人育才强大能量

"得其大者可以兼其小"，在教育和培养人才的过程中，我们不仅要着眼于实现国家和民族的伟大愿景，还需重视个人的才华培养，确保为每个学生提供展现人生才华的机会。人类是社会各种关系的综合体，是社会结构中最基础的单元。在不同的历史时期，不同的社会群体会展示出普遍的代际特质，同时，每一个个体也会展示出其独特而生动的个性特点。年轻一代如果拥有梦想、技能和责任感，那么国家和民族都将拥有光明的未来。育人育才的愿景需要在连续几代学生的努力中汇集起强大的动力。在追求育人育才这一目标的过程中，我们也为每个学生创造了实现其人生理想的宽广机会。在教育和培养学生的过程中，我们应以党对青年的管理为核心原则，并根据新时代大学生的特性和成长模式，深入了解每位学生的发展需求。结合不同学科和专业的特色，以及不同学生阶段的成长需求，我们需要根据"势""群""业"和"材"来精确地分析和挖掘学生的个性和兴趣。我们应该将全面的"漫灌"方法与因人而异的"滴灌"策略相结合，根据学生群体的特点和特点，引导他们确立正确的个人发展目标，努力创造一个每个人都渴望、每个人都努力、每个人都有可能、每个人都能展现自己的才华的积极环境。个人成长成才的核心目标是帮助个人建立正确的思维方式、价值观，并培养出良好的行为习惯。大学生正处于人生发展的关键阶段，这一时期对于塑造他们的人生观、世界观和价值观具有至关重要的作用。因此，我们需要引导学生明确区分是与非、正与误、主与次，区别真实与虚假、善与恶、美与丑，并确立一个正确、坚定和科学的个人成长目标。在一个充满拜金主义、享乐主义和精致利己主义等错误观念的社会环境中，应以积极的态度来规划和设定合适的人生目标。同时，我们需要指导学生将他们的个人目标与社会的发展需求相结合。党的十九大报告强调了坚决执行科教兴国、人才强国、创新驱动和乡村振兴等多个国家战略的重要性。我们应该引导学生以国家和社会的发展需求为导向，突出他们的优势，弥补他们的短板，并"学如弓弩，才如箭镞"。学习应被视为个人成功的基石，培养他们刻苦学习的品质，将学习视为最重要的任务，并树立终身学习的观念。我们应该珍惜每一刻，不知疲倦地吸收知识，扎实地积累学识，不断拓宽视野，增强能力，以适应社会、国家和社会的变化对人才的要求，不断提高与时代发展相适应的个人素质和能力。在实现中国梦的伟大实践中，我们要勇于追求梦想，努力实现梦想，成为具有国际水平的创新型、复合型、有价值的人才。

（三）育人育才与个人成长成才二者间是辩证统一的关系，二者紧密联系、相互贯通

当代大学生的个人成才与育人育才的目标的实现过程同步。习近平总书记指出："实现'两个一百年'奋斗目标，你们和千千万万青年将全过程参与。"① 当代大学生个人事业发展的黄金期同时也是我国经济社会发展的重要机遇期。当代大学生将在实现个人成长成才的同时，见证中华民族伟大复兴中国梦实现的历史时刻，因此当代大学生责任重大、使命光荣，在育人育才过程中应引导学生正确认识自身的历史使命，把个人成长成才与祖国需要结合起来，实现育人育才和个人成长成才的深度融合，使学生这个"小我"更好地融入祖国和人民的"大我"之中，在中国梦的伟大实践中实现人生价值、升华人生境界。

三、优化"三全育人"方略融入育人育才方略

新时期育人功能的实现，迫切需要高校自觉坚持立德树人，实现全员、全过程、全方位育人，全员指所有育人工作者都要承担好育人育才责任，全过程指育人育才要贯穿高校教学全过程，全方位指育人育才覆盖高校育人教育教学各方面，通过打造高校育人工作"三全育人共同体"，统筹各方资源和优势力量，推动知识传授、能力培养与价值理念教育有机结合，实现学科课程、教学环节、教育人群全覆盖，切实提高育人的有效性。

（一）覆盖教育人群，实现育人工作者全员育人育才

为了最大限度地发挥教育的功能，所有从事教育工作的人员都负有不可推卸的责任。这不仅涉及教师团队，还包括管理团队。因此，必须高度重视顶层制度的设计，加强教育工作者的教育意识，特别是关注"关键少数群体"，以实际提升所有教育工作者在教育和培养人才方面的自觉性和积极性。为此，我们提出以下意见供参考：

首先，我们需要进行高层次的规划，并完善确保教育工作者积极参与人才培养的制度和机制。一要建立健全育人工作者投入育人育德活动的领导责任

---

① 习近平 . 在北京大学师生座谈会上的讲话［M］. 北京：人民出版社，2018：2.

制。体制和机制成为激动教育工作者投身于教育和人才培养的可见杠杆，它们是管理根本问题和长远规划的关键。因此，要坚持把立德树人为核心，建立系统完备的育人管理制度体系，确保育人工作者投入育人育德全过程。体制的核心是明确"谁来牵头、谁来负责"的高校育人工作，而机制则是明确"应该重点关注什么、如何进行"。成功的经验和方法是否能够持久有效，关键在于是否能在体制和机制上得到落实。如果没有制度的支持，全员参与育人和培养人才也将变成一个因应具体情况和个体差异而变化的短期任务。二要坚持分类引导，建立健全全过程全方位育人的组织保障体系。我们需要强化中央、地方和高校三个层面的政策支持，研究并推出针对性的育人指导方针。结合国家的需求和学校的实际情况，进行战略性和布局性的规划，明确育人工作者在高校教育和培养人才中的核心角色和主要任务，并为他们提供具体的政策指导。在学校党委的领导下，努力构建一个多部门协同合作的支持体系，通过建立科学而有效的考核、监督和激动机制，为确保所有育人工作者都能参与到育人和培养人才的过程中，进行全面的规划和布局，以实现全员参与育人和培养的整体性、科学性和系统性。坚持以人为本，把培养德才兼备人才作为高等学校人才培养工作的根本要求，切实提高育人工作者自身素质。

其次，我们需要加强对育人的意识，因为育人是一个既长期又复杂的教育过程，我们必须激发育人工作者在育人和育才方面的主观能动性。只有不断增强育人工作的主动性、积极性、创造性，才能提高人才培养质量。育人工作者是否具有强烈的主动育人意识，将直接影响到是否能够实现全员参与育人和育才的目标。在某种程度上，如果缺乏自觉的育人意识，那么就无法进行自觉的育人行动。只有不断增强育人工作者的育人意识，才能充分发挥他们在培养社会主义建设者和接班人中的主力军作用，从而提高人才培养质量和办学水平。目前，部分高校的教育工作人员过于重视科研成果，导致他们对教育功能的理解模糊、掌握不准确，从而限制了教育功能的完全展现。因此，需要从理论与实践相结合的层面来思考如何提高高校育人工作者的育人责任感、使命感和紧迫感。我们必须向那些致力于教育和培养人才的工作者明确并清晰地传达育人的核心使命和价值，强调他们在教育和管理服务中应始终坚守"育人为本、德育为先"的原则，充分利用高校在育人工作中的优势，针对大学生普遍关心的改革开放和现代化建设中的关键问题，提供有效的解答和教育指导。

最后，我们需要重点关注关键的人群，并优化教育工作者在教育和培养人才方面的投入方式。着力解决当前高校育人工作面临的新情况新矛盾新问题，努力构建全方位全覆盖全过程多层次立体化育人格局。为了确保高校育人工作全员科学地进行育人和育才，特别需要重视"关键少数群体"。通过充分利用高校育人团队中不同群体的代表性人物和关键人物，例如领导干部、领军专家、学科领军人物、学术骨干和党员骨干等的指导和示范作用，可以加强育人工作者的科学育人意识，研究和掌握育人育才的科学规律，创新和发展方法，从而真正提高高校育人工作全员育人育才的实效性。

（二）覆盖各个学段，实现高校育人工作全过程育人育才

全过程的核心问题是如何确保教育的连贯性和系统性。教育要有全程性，这不仅是对教育本身而言，更是对人与社会之间关系的一种思考。所谓的全过程，首先指的是学生从入学到毕业的完整旅程，这构成了整个过程的核心部分；其次是指大学生在高校期间的学习生活及成长成才的全部过程，这是全程的客体。我们还可以将其扩展到基础教育领域，实现相互支持和对接；再往后则扩展到专业教育与职业发展等方面，成为完整而系统的整体。向更广泛的社会大课堂扩展，不仅为其提供了稳固的基础，还为其创造了一个优质的学习环境。也就是说，教育要全面覆盖人一生的每个阶段，包括高等教育在内。这表明，在整个大学教育阶段，从本科到硕士、博士，再到毕业，教育和培养的过程都是至关重要的，它是整个教育和培养过程的核心。高等教育阶段是大学生人生中承前启后、继往开来的重要时期，也是其从"人"走向"人"的关键阶段。为了实现更广泛的拓展，我们需要整合大学、中学和小学的课程内容，并将大学的小课堂与社会的大课堂相结合，确保学生在整个成长和成才的旅程中都能得到充分的体现。从这个意义上说，大学生思想政治教育中的全程育人是指对不同阶段的育人对象分别实施全方位、多角度的教育活动，包括课堂教学、实践教学、校园文化建设等环节在内的有机整体。无论是关注整个教育过程的核心内容，还是对各个学段进行进一步的拓展，每一个阶段都应展现出高等教育育人工作课程的政治导向作用。不同的学段并不是孤立的存在，每个学段都应有其特定的重点，互相支持，共同努力，以实现纵向的教育策略。同

时，还要注意把握好各阶段教育内容之间的内在联系，注重培养不同年级层次学生良好的学习习惯、生活习惯、行为习惯等。我们需要根据不同学段学生的年龄特性和认知模式，有针对性地发掘和利用各学段在教育中的特殊作用，确立系统化的教育和培养观念，促进小学、中学、大学和社会各学段之间的无缝连接，并在实际操作中探索形成各学段"一体化"的教育和培养模式，以促进各学段之间的协同教育和培养效果。

（三）覆盖教学环节，实现高校全方位育人育才

全方位的核心思想是，教育和培养人才应该涵盖高校的所有教学和管理服务环节。因此，全面推进素质教育，必须从学校整体出发，以育人为中心，实现全方位育人育才目标。为了实现全面的人才培养，首要任务是确保覆盖高校的每一个学科，并确保人才培养与学科建设紧密相连，从而培养出对人才培养的理论认知。其次，需要全面涵盖高校在人才培养方面的主要途径和核心战场。思想政治理论课教学与其他课程相比具有特殊地位。课堂教学被视为主要途径，其核心在于强调理论，确保每个观点都被清晰、深入地阐述；校园文化建设是主阵地，重在发挥熏陶感染作用，潜移默化地影响人的思想观念。社会实践和日常教育被视为核心领域，它们强调实践的重要性，并通过生动的活动方式，使得教育和人才培养变得更加具体和生动。二者结合是一个系统工程，需要从各方面入手共同推进，但最根本的还是要坚持思想政治理论课教学为主线，充分发挥课堂主渠道作用。结合主要的渠道和阵地在本质上是将理论与实际操作相融合。只有通过有效的组合策略，我们才能使教育更具吸引力和活力，实现知识、情感、意图和行动的完美统一，既能带来巨大的冲击，又能悄无声息地滋润万物。再次，要涵盖实体教育和非实体教育两个方面。教育是一项系统工程，需要多种途径、多种形式来实施，其中最重要的一条就是要有相应的方式方法，即教育手段。所谓的有形教育是指学校中传统的面对面教学环节，而无形教育则是指网络新兴的键对键教学环节。三者结合起来形成一个立体的整体，才具有强大的渗透力和影响力。无论人身处何地，教育的核心焦点都应当放在那里。只有把有形教育与无形教育有机结合起来，才能实现真正意义上的全面育人。伴随着互联网技术的飞速进步，教育的方式和环节已经超越了传统的课堂、大学和知识探索的界限。现代的学生几乎无处不在、每天都在

网络中学习。为了培养人才，我们不仅要涵盖网络下的实体教育环节，还要积极争取网络上的无形教育资源，使学生能够主动地接触和欣然接受，从而增强教育的时代感和吸引力。

第二节　凝聚"学生中心"的价值认同

马克思主义哲学认为，人具有自觉而能动地认识世界和改造世界的实践能力和意识能力，发挥人的主观能动性要以尊重事物的客观规律性为前提，而人的主体作用是认识掌握客观规律、推动事物发展的必要条件。从根本上看，"学生中心"是"以人民为中心"思想在教育实践中的运用，把学生作为现实的个人，肯定以学生为主体的价值定位，提升学生自主学习能力，追求学生的自由全面发展。习近平总书记指出："思政课教学离不开教师的主导，同时要坚持以学生为中心，加大对学生的认知规律和接受特点的研究，发挥学生主体性作用。"[①] 高校育人工作要尊重和把握当代大学生的思想特点与成才规律，实现"以教师为中心"到"以学生为中心"的转变，构建学校—社会—家庭的育人育才共同体，在全社会形成育人"以学生为中心"的价值认同。

一、立足新时代高校学生思想特点与学习方式

"芳林新叶催陈叶，流水前波让后波。"每一代的青年学生都经历了自己独特的成长历程。在特定的社会和发展时期，不同年代的学生展现出的思维模式和行为习惯都有其独特之处，他们既保留了前一个时代的特点，同时也展现出了新的风貌。因此，加强对新时期大学生的思想政治教育就成为高校思想政治工作者义不容辞的责任和使命。当前我国处于改革攻坚时期和决胜阶段，大学生群体也正在经历着深刻变革，呈现出一些新情况、新问题、新动向。年轻的学生们正在经历人生中的"拔节孕穗期"和"小麦灌浆期"，这是他们形成人生观和价值观的关键阶段，因此需要给予他们适当的关心和指导。当前，我国进入了新时代，大学生群体呈现出许多新特征和新动向。只有通过科学的分析

---

① 习近平.思政课是落实立德树人根本任务的关键课程［M］.北京：人民出版社，2020：21.

和全方位地了解青年学生的思维模式和学习方法的演变，高校才能有效地进行教育工作。

将 10 年视为一个自然的代际划分标准，目前的高校中，本科生主要是"00 后"，硕士生主要是"90 后"和"00 后"，而博士生则主要是"90 后"。他们所处的年龄阶段各不相同，因此在大学期间所经历的社会和历史变革也各不相同，这导致了他们各自不同的成长路径和群体特点。

党的十九大报告中指出："中国特色社会主义进入了新时代，这是我国发展新的历史方位。"[①]这意味着 2018 年以后进入大学校园的"00 后"成为真正意义上的新时代大学生，到 2020 年"00 后"大学生的数量已经占到本科在校生数量的四分之三，成为大学校园的主体。"00 后"大学生从出生起就与"两个一百年"奋斗目标高度耦合，在改革开放和社会体制转型中成长，在多元文化碰撞中发展，在市场经济中生活，在万物互联中交往，在实现中国梦的伟大征程中奋进，他们生存的世界变化之大、之快令人应接不暇，比"80 后"和"90 后"面临着更多的发展机遇，也面临着更多的成长困惑。总体来说，"00 后"大学生群体是被人民充分信任、寄予厚望的一代，习近平总书记 2016 年在全国高校思想政治工作会议上指出："现在高校学生大多是'95 后'，再过两年，新世纪出生的青少年也将走进高校校园。他们朝气蓬勃、好学上进、视野宽广、开放自信，是可爱、可信、可为的一代。"[②]2020年，在全国抗击新冠肺炎疫情表彰大会上，他再次对"00 后"给予高度肯定，指出："青年一代不怕苦、不畏难、不惧牺牲，用臂膀扛起如山的责任，展现出青春激昂的风采，展现出中华民族的希望！"[③]具体来看，与"80 后"和"90 后"相比，"00 后"的群体特点超越了"80 后"的代际特征，但并没有完全摆脱"90 后"的代际特征，两个相邻的代际在价值观念上表现出的矛盾和冲突有一定的趋同性。但受成长环境和社会发展的影响，"00 后"还是

---

① 习近平.在中国共产党第十九次全国代表大会上的报告［N］.人民日报，2017-10-28（01）.

② 习近平.把思想政治工作贯穿教育教学全过程 开创我国高等教育事业发展新局面［N］.人民日报，2016-12-09（01）.

③ 习近平.在全国抗击新冠肺炎疫情表彰大会上的讲话［M］.北京：人民出版社，2020：11-12.

表现出了自身独特的思想特点，呈现出新生代大学生的典型特征。比如说，这一代学生普遍具有浓厚的爱国情怀。党的十八大以来，党和国家的事业取得了全方位、开创性的历史成就，当今中国，前所未有地走近世界舞台的中心和接近实现中华民族伟大复兴的梦想，特别是新冠疫情发生以来，中国特色社会主义制度体现出独特的制度优势，极大地激发了"00后"大学生的爱国热情，据教育部2020年大学生思想政治状况滚动调查显示，"98%的学生认为'爱国和爱党、爱社会主义是相统一的'，99.5%的学生认为'要有爱国情、强国志，更要有报国行'"。①

（一）个性的价值追求

"00后"大学生对社会主义核心价值观高度认同，是"00后"群体的主流价值取向，教育部调研显示："99.3%的学生认同大学生应成为社会主义核心价值观的坚定信仰者、积极传播者和模范践行者，超过90%的学生愿意通过公益服务等方式践行社会主义核心价值观。"②但同时，受社会经济高速发展的影响，"00后"大学生群体也体现出了个性化的价值追求，普遍认为"我"是人际关系的核心，以"我"为中心构建人际关系，更加注重个体的情感体验和价值实现。

（二）笃实的人生态度

对于个人成长和人生理想，"00后"大学生更注重志存高远、脚踏实地的关系，在努力成为中国梦伟大梦想的追梦人和圆梦人的同时，他们也认同"空谈误国、实干兴邦"的道理，人生目标更加务实，希望通过脚踏实地的不懈奋斗报国为民，实现自己的人生价值。

（三）高效的社会交往

随着工业4.0时代的到来，数字化、网络化、智能化深刻影响着学生的交往习惯，"00后"被称为"移动互联的原住民"，他们的生活方式、思维方式、娱乐方式都与互联网密不可分，网络社交在一定程度上已经超过了线下社交，据第50次《中国互联网络发展状况统计报告》统计，截至2022年6月，我

①②魏士强.准确把握青年学生特点 精准开展思想政治工作［N］.学习时报，2020-7-13（06）.

国网民规模为 10.51 亿，互联网普及率达 74.4%。[①] 其中大学生既是网络新媒体主要受众，也是改善网络生态环境的重要主体，B 站、抖音、知乎、QQ 空间、手游等成为大学生的聚集地，高效的社会交往也深刻地影响着他们的价值选择。

"00 后"大学生的群体特点深刻影响着他们的学习方式和学习习惯，给育人带来了新的挑战和机遇。"00 后"更加喜欢和渴望开放性、自主性、互动性、数字化的学习模式，只有适应他们成长发展的新需求和新期待，才能被新时代大学生真心信服和接受。立足当代高校学生的思想特点和学习方式，高校育人工作在育人育才的过程中，既要依据当代大学生的群体特征，有针对性地转变育人育才方式方法，也要结合新时代党和国家的需求，对当代大学生进行思想引领、价值引导，引导其不断发展自我，努力成为中国特色社会主义事业需要的栋梁之材。

二、从"以教师为中心"向"以学生为中心"转变

"以学生为中心"的教育理念源自美国心理学家杜威的"以儿童为中心"的观念，而事实上"以学生为中心"的教学思想在中国自古有之。例如《论语》中"学而不思则罔""有教无类""古之学者为己，今之学者为人"的说法；《礼记·学记》中提出"教也者，长善而救其失者也"。从实质上说，从"以教师为中心"到"以学生为中心"的转变，就是从强调传授知识转变为重视学生主动学习，从教师的"教"转变为学生的"学"，从教师本位向学生中心转变，这是当代高等教育变革中最重要的思想转变，深刻影响着育人理念的转变。

"以学生为中心"的教学理念是从"教师将知识传授给学生"向"学生自己发现和创造知识"的转变。以学生为中心是一种新型的教学方式和教学方法，它要求以学生为本，以培养学生的能力和素养为主线开展教学活动。以教师为核心，我们强调的是通过以教师为中心的课堂灌输，目的是将前人的知识体系集中并高效地传送给学生，而不是重视学生参与课堂的积极性和知识的

---

① 光明日报.第 50 次《中国互联网络发展状况统计报告》发布［EB/OL］（2022–09–01）［2022–08–11］.https：//www.gov.cn/xinwen/2022–09/01/content_5707695.htm.

获取感。以学生为中心则更多关注学生自身能力的培养，注重学生的自主性，突出了对学生进行个性化指导和服务的功能。与此相对，教育的核心是以学生为中心，强调在教学过程中激发和发挥学生的主观能动性，以学生的学习和发展为中心，重视学生的个性、发展和需求，在鼓励学生主动研究和思考的过程中建立和完善自己的知识体系，提高学生的学习效果。教学的根本目的不是教授，而是学习，让学生建立独立而完整的学习共同体，实现自主学习的成长。这种新型教学模式就是基于网络环境下的翻转课堂教学模式，它打破了传统课堂中老师讲授为主的局面，改变了师生互动交流的方式。在教学过程中，教师的角色由主导逐渐转变为引导。在充分了解学生的学习情况后，教师需要思考"如何进行教学"，并选择最符合现代大学生学习习惯和思维模式的教学方法。这样做是为了为每一位学生提供最合适的教育环境，使他们能够将整个学习过程转化为一个自我构建、相互影响和自我成长的过程，从而帮助他们释放内在潜能并实现个人发展。

在从"以教师为中心"向"以学生为中心"的转变过程中，应特别注意以下几个问题：第一，要促进学生的学习进程。学习不仅是学生内心深处的渴望，这种渴望既涵盖了他们的精神需求，也涉及他们未来的职业生涯和求职机会。只有在充分了解和掌握了学习者对所学内容的认识与理解之后才可能实现有效教学。在大学的学习旅程中，学生应当主动地探索和学习，利用他们已经掌握的知识结构来构建新的知识体系。这种自我构建的目的是更好地满足他们的学习需求，并鼓励他们在已有的知识和经验中不断地积累和成长；在此过程，学生要有充分的自主性和能动性。第二，要确保学生的学习成果得以实现。这就要求我们必须在教与学的关系上实现由传统的"以教定学"到"以学定教"的转变。我们应当尊重教育的固有规律，并通过教学评估来深入了解学生的学习成果。评估的核心应是学生的学习成果，而非单纯的教学成果。通过这样的评估，我们可以激励教师持续优化教学方法，真正提高学生的学习效果。第三，实现由传统教育模式向现代高等教育模式的转型。"以学生为中心"的教育模式的转变代表了教育的全面转型，这要求我们在教育目标、内容、组织结构以及评估方法等多个层面上，都要遵循整体性的原则进行系统的推动。第四，从"以教为中心论"向"以学促教论"的转变。在确定教育目标的过程中，"以学为中心"的理念主要关注学生的成长轨迹和最终成果。这一理念是以学生的学习需求为基础，综合考虑多个方面和多个层次的因素来制定的。然后，根据教育目标来设计和组织教学内容，从而更好地支持教育目标的实现。在课程实施中强调通过自主学习、探究实践活动、合作交流和社会实践等方式，让学生参与到教学活动中来，促进他们的全面发展，最终实现人才培养目标。简而言之，从"以教为中心"到"以学为中心"的思维转变，在深层次上是对高等教育的人才观、质量观和教学观的综合改变。这种转变主要体现在从"主要传授知识"到"平衡培养知识和能力"的教学目标上。这就要求我们必须改变陈旧落后的教学方式，建立新的教学模式，实现教与学方式的根本性变革，使师生之间成为平等对话、相互尊重的伙伴型关系。教师需要打破传统的"我教你学"的单一教学模式，主动为学生提供服务，实施个性化的教育方法，激发学生的主动成长和发展意识。教师应重视激发和指导学生的创造性学习和探究性思维，设计和研究小组研学、课题研讨和情景教学等创新的教学方式，引导学生主动地发现、分析和解决问题。教师应在此过程中加强引导和精炼，激发学生接受教育和培养人才的内容，从而提高教育和培养人才的效果。这是对传统课堂教学模式的一种变革和升华。

无疑，目前"以学生为中心"的教育观念在实际操作中仍存在一些制约因素。然而，随着数字化时代的兴起，交互性学习模式逐渐成为教育和教学活动的主导因素。在教育和培养人才的过程中，教师的角色已经不再仅仅局限于教授特定的知识内容，而是更加注重激发、激励和引导学生主动地进行学习和思考。这样，学生可以在探究式的思考和选择中发现自己的个性、潜力和特长，并与教师、同龄人和环境形成积极的互动关系。因此，从这个意义上来说，"以学生为主体"并不违背教育教学规律，反而更有利于培养学生良好的自主意识与能力。需要强调的是，在教育和培养学生的过程中，我们不仅要强调学生作为主体的重要性，同时也不能忽视教师在整个过程中的主导角色，需要科学地平衡这两个方面，以实现教育效果的全面提升。

三、构建"学校—社会—家庭"育人育才共同体

培养人才是一个涉及多方参与的策略项目，家庭、学校和社会都应承担起

这一责任，需要各方紧密合作，整合资源，以形成一个强大的人才培养力量。在新时期，加强育人工作必须建立起"三位一体"立体联动教育机制。在构建学校—社会—家庭育人育才共同体中，我们不仅需要高度重视整体的顶层设计和规划，充分发掘和利用家庭、学校和社会各自的独特功能和作用，还需要妥善协调这三方面的关系。这样才能形成一个全方位、无缝连接的高校育人格局，营造一个无时无刻无所不在的育人氛围，实现学校、家庭和社会的共同努力和协同育人的最大合力，为育人工作提供必要的支持。

（一）家庭是育人育才的基础阵地

古语有云"天下之本在家"，在教育和培养人才的旅程中，家庭起到了不可或缺的关键角色。家庭对青少年健康成长起着潜移默化的影响作用，家庭教育不仅是学校教育和社会实践活动的基础，也是学生社会化进程的重要环节。培养人才不仅仅是学校的职责，家庭也是人们成长过程中的首个学校。一个良好的家庭不仅能给孩子提供健康有益的生活环境和条件，也会为孩子一生的发展奠定基础。我们必须重视家庭的建设，因为家庭的和谐关系是确保社会稳定的关键因素。家庭是社会最基本的单元，也是影响青少年健康成长和成才发展的关键因素。只有当每一个家庭都处于良好状态时，国家和民族才有可能走向更好的未来。家庭是社会最基本的单位，是人们生活和工作的基础。我们的目标是把家庭塑造成一个和谐、健康的避风港，确保孩子在家中感受到温馨，接受教育，并在家庭的保护下健康成长。家庭是社会的细胞，是人们赖以生存和发展的基础。习近平总书记个人深受家庭教育的影响，他在写给父亲的贺寿信中提道："父亲的节俭是非常严格的，家教的严格也是大家都知道的。我们从小就在父亲的教育下，养成了勤俭持家的习惯。"[1] 这说明了一个人良好品质形成的基础在于父母对其严格要求和引导。习近平总书记在陕西延川县梁家河村度过的七年知青生活中，正是这种严格的自律和勤俭节约的精神，让他迅速地适应并与当地的劳动人民紧密结合。在长期的实践探索中形成了自己独特的教育思想和方法，对今天的家庭教育有着重要的启示作用。因此，在执行教育职能时，我们特别需要高度重视家庭教育所带来的影响。一、注重家教，让孩子

---

① 《习仲勋传》编委会编 . 习仲勋传（下卷）［M］.北京：中央文献出版社，2013：643.

树立远大志向。家庭教育的重要性不言而喻，正如古人所言"爱子，教之有义方"。家庭教育对子女的未来有着深远的影响，因此家长需要将正确的道德观念传达给子女，以协助他们在心灵和健康方面得到全面的成长。二、加强家风建设，培养优良品德。我们应当重视家族的传统风尚，因为家风构成了家庭的核心精神。优秀传统文化和社会主义先进文化都是以优良家风为依托发展起来的，优秀家风对社会有着潜移默化的熏陶作用。一个家庭是否能够代代相传，并确保有继承人，关键在于家族传统的延续。良好家风不仅能够规范和约束家庭成员行为举止，而且还能陶冶人们情操。构建美好的家庭环境、培养良好的家庭教育和弘扬积极向上的家风，都是教育和培养人才的基石，为未来的人才培养打下了坚固的基石。

（二）学校是育人育才的核心阵地

学校作为培养人才的核心场所，拥有最为稳固和成熟的教育结构和资源，其在整个教育过程中起到了不可或缺的关键角色。学校拥有丰富的教育资源，包括硬件设施与软件环境两个方面。在其中，学校的各种软资源，如育人育才观念、教育思想与模式、课程设置与教育内容、校园活动与校园文化等，都在一定程度上影响着育人育才的成效。同样，校园环境的建设、教学设施和教学资源等硬资源也在一定程度上影响着育人育才的成效。当前我国高等教育发展不均衡，不同地区之间、不同类型高等学校之间、各专业学生间都存在一定差异。又当我们坚定地推进软资源与硬资源的共同建设时，学校的教育和人才培养效果才能得到全面的提升。必须重视第一课堂的建设，努力打造高质量的高校育人课堂，加强师资队伍的优化，选拔更多的教师参与课堂教学，并对教材体系进行优化。抓第二课堂教学，开展多种形式的教学实践活动，培养学生学习兴趣和创新能力，提高人才培养质量。与此同时，我们需要重视第二课堂的建设，策划各种丰富的校园文化活动，确保校园文化的正向发展，并充分发挥其核心作用。抓好第三课堂建设，利用各种载体开展社会实践教育活动，提高大学生综合素质。确保校园环境得到良好的建设。注重绿化美化和人文景观建设。我们需要对校园建设进行合理的规划，高度重视校园的物质和文化建设，并在一个健康的校园文化环境中培养大学的核心精神。

（三）社会是育人育才的延展阵地

社会教育不仅是家庭教育和学校教育的延伸，而且在人们的日常生活中，它既是一种规范，也是一种目标。社会教育对青少年具有潜移默化、润物细无声的影响作用。社会为学生提供了丰富的课外活动和校外实践机会，这有助于培养学生进入社会所需的基本素质和适应能力，从而更好地引导学生建立积极的人生观和正确的价值观。同时，社会还能通过各种形式对青少年开展思想政治教育工作，帮助他们了解党和国家的方针政策，增强其责任感、使命感以及自信心。随着社会进步，人们被不断地要求更新他们现有的知识和观点。在新媒体技术飞速发展的今天，传统的教育模式已经不再满足于对学习者信息获取能力的培养，而必须通过更加有效的手段来促进学习者学习技能和思维方式的转变。尤其是自大数据时代开始，我们的生活在各个层面都经历了迅猛的转变，为了更好地适应这种新的生活方式，我们需要不断学习和自我教育。终身学习已成为一种新的社会风尚，而作为终身教育重要组成部分的家庭教育对青少年来说更是不可或缺的重要环节。只有在家庭、学校以及社会三者的紧密合作下，终身教育才有更大的可能性实现。高校思想政治课教师要以立德树人为根本任务，将理论学习和实践活动相结合，促进大学生综合素质提升。社会为个体提供了一个锻炼和成长的大熔炉，而实践经验则是最佳的学习材料。高校思想政治理论课教学也应该与时俱进，以改革创新的理念推动课程教学改革，为培养社会主义建设者和接班人提供有力保障。我们应当重视发掘和运用社会各界的教育和才能培养资源，结合各个地区和学校的独特特色，全面推动思想政治理论课与体验式教学的协同进步。这样，学生在走出学校大门、深入了解社会、不断锻炼和提升自己的过程中，可以与学校的教育体系实现优势互补。例如，江西等地拥有丰富的红色教育资源，当地学校可以组织学生进行实地参观和重走革命之路等红色体验，通过这些亲身体验，让大学生更加深刻地理解革命精神的内涵，坚定爱国情怀，并勇于承担时代赋予的责任和使命。同时也应注意引导青年学生关注现实问题，增强他们对社会主义核心价值观的认同和践行。国家机构、公共事业单位以及国有企业都应该主动寻找更多的育人途径，积极肩负起教育和培养人才的社会职责，并充分发挥其示范和领导作用。

第三节 塑造"全面发展"的价值追求

马克思主义关于人的全面发展的思想是我国教育方针的理论基础。[①] 我们党把马克思主义关于人的全面发展理论同培养社会主义合格建设者和可靠接班人结合起来，提出了"以人为本"的科学发展观，在党的十八大修改的《中国共产党章程》的总纲中，"在生产发展和社会财富增长的基础上不断满足人民日益增长的物质文化需要"之后，特别增加了"促进人的全面发展"。高校育人工作蕴含的基本逻辑起点就是"人的全面发展"，引导学生自觉树立德智体美劳全面发展的成才目标。处理好"全面发展"与"学有专长"之间的关系，牢记习近平总书记的殷切嘱托，践行新时代高校学生核心素养的价值向度，努力成长为堪当民族复兴大任的时代新人。

一、自觉树立德智体美劳全面发展的成才目标

培养什么人是教育的首要问题。习近平总书记从党和国家事业发展全局的战略高度，将培养德智体美劳全面发展的社会主义建设者和接班人作为新时代教育发展的根本目标，为新时代大学生成长成才提供了基本遵循，指明了前进方向。

（一）深刻认识德智体美劳"五育并举"的基本内涵

"五育并举"这一理念的提出，不仅具有深厚的历史传统，同时也反映了明确的时代特征。在新的时代背景下，"五育并举"理念为人才培养设定了更加清晰的标准。作为一名人民教师，要努力提升自己的文化品位，不断提高自身的人文素养，以优秀传统文化教育为引领，在潜移默化中陶冶学生情操。我们应该重视道德培养，教导学生如何培养和实践社会主义的核心价值观，如明大德、守公德和严私德，使他们成为充满大爱、大德和大情怀的人。要培养良好行为习惯，教育引导学生养成自觉学习、勤学苦练的良好习惯，努力成为德智体美劳全面发展的好少年好青年。我们需要扩大知识视野，教导学生珍视

---

① 杨晓慧主编.习近平总书记教育重要论述讲义［M］.北京：高等教育出版社，2020：59.

他们的青春岁月，全心全意地追求知识和学问，拓宽视野，丰富自己的知识储备，并始终沿着追求真理、领悟真理和理解事理的道路前行。要培养创新精神，教育引导学生独立思考、勇于实践，不断增强社会责任感和历史使命感。我们需要确立以健康为首要目标的教育观念，并指导学生在体育活动中体验乐趣、提升身体素质、完善个人品格以及锻造坚定的意志。要开展丰富多彩的校园体育活动，培养学生热爱运动、热爱生活、积极向上、勇于拼搏、勇于创新的优秀品质。我们必须持续地通过美育和文化教育来提升学生的审美观念和人文修养。要培养学生良好的意志品质，让他们养成持之以恒地锻炼身体、艰苦奋斗的良好习惯，增强战胜困难、克服缺点的信心。我们应该教导学生确立对劳动的尊重和热爱，弘扬他们的劳动精神，尊崇杰出的劳动者，并鼓励他们在实际工作中不断成长和发展。要培养学生具有良好的道德品质、高尚的道德情操和文明行为习惯。同时，我们必须认识到，在"五育并举"的教育模式中，每"一育"都不是孤立存在的，而是全面发展教育的一个重要组成部分。所有的教育活动都是多维的、整体性的，不仅仅是"一育"的功能，而是承载着"五育"的职责。"五育"不仅具有各自的独特性，而且是相互融通的。因此，我们应当确立德智体美劳五方面均衡发展的目标，重视"五育"中的"合"，而非"分"，并将"五育"视为一个有机的整体。

（二）自觉树立德智体美劳全面发展的成才目标

我们需要确立一个整体性的教育理念，鼓励学生将德智体美劳的全方位发展视为日常生活和日常行为的一部分。在教学中也应贯彻德智体美劳五育并重原则，让每个学生在体育课上获得健康的体魄和健全的心理。在强调德智体美劳这"五育并举"的教育理念中，任何"一育"的实践都不应只局限于其自身的职责。相反，我们应该培养全面的思维方式，勇于在"一育"的实践中探索"五育"的内涵，深入实施"五育"的理念。因此，"五育"之间应该相互融合、相互促进，共同促进每个人的全面和谐发展。更具体地说，我们需要进行全面的教育和教学活动，作为达成教育目标的手段，并承担"五育"的综合职责，而不仅仅是某"一育"的基础任务。为此，必须加强对各学科之间知识内容的联系与整合。为了培育具备全面思考能力的教育者，教育者在授课过程中不只是关注学生在特定领域或学科上的进展和成长，更应重视学生的全面成长和整体进步。只有这样，才能使每个学生在知识与技能、过程与方法、情感态度价值观三个维度上得到协调统一发展。第一，为了实现德智体美劳的全方位发展，我们需要构建一个融合了德智体美劳的综合课程体系。这意味着我们需要超越传统的学科知识框架和单一的课堂教学时间和空间限制，创建一个旨在培养学生德智体美劳全面发展的多学科实践课程，从而在多个维度上实现相互融合，解决目前"五育"课程在教学目标和内容上的孤立问题。第二，通过多种途径构建以德育为核心、以体育与健康课程为主干、以艺术教育为特色的多元一体的综合性课程体系。我们强调培育学生的人文情怀、创新思维、审美品位和实践能力，通过建立多学科融合的课程体系，我们旨在全方位提高学生的综合素质，从而增强高等教育课程的开放性和创新性。因此，构建以德智体美劳为核心要素的新时期德育教学模式，必须从学校层面到教师层面都要高度重视。第三，我们需要创建一个集德智体美劳于一体的综合学习环境，因为环境是确保"五育"融合的关键因素。高校育人工作的开展离不开教育设施、场地资源、人力资源等硬件条件和教师的专业水平和人格魅力。"五育"整合教育的目标是鼓励学生进行跨学科、个性化、协同和社会化的学习，从而最大限度地激发他们的独立性、合作精神、创新精神、探索精神和实践能力。为实现这些目标，必须创建一个具有丰富内涵和外延、功能完备且易于操作的综合大学综合性学习空间，以适应时代发展对人才素质结构要求不断提高的现实需求。在高校的育人工作中，构建综合性学习空间意味着需要创建多学科的融合空间，例如公共图书馆的学习空间、社会创客空间和高校对社会开放的创客空间等。通过建立多学科融合空间，可以满足学生的自主学习、融合创作和体验分享的需求，同时也能为学生提供一个更加开放的成长环境，使他们在德智体美劳五个方面得到全面的成长。第四，我们需要努力构建和优化综合评价机制，其中考核和评价被视为评估教育和才能培养成果的客观准则。综合性评价体系能够有效地促进各要素之间的相互联系，使各个教学环节形成整体合力。评价体系通常起到指导性的作用，一个合适的评价体系将直接影响教育和教学活动的质量。因此，为了实现德智体美劳全面发展的教育目标，有必要构建一个综合性的评价体系，以突出教育的内在价值，并将这一综合性评价视为推动德智体美劳全面发展教育的有效工具。

二、处理好"全面发展"与"学有专长"的关系

"全面发展"和"学有专长"在本质上是素质教育与专业教育的相互联系，以及通才培养与专才培养之间的相互关系。在全面发展的过程中，首先要重视的是学生的文化素养，确保他们在德智体美劳等各个方面都能均衡成长，并致力于他们一生的持续发展，最终希望他们能成为一个和谐成长的人。首先，我们要关心学生的个人需求，然后才是将他们培养成为真正的职业人才。"学有特长"是指有较高文化素质的学生可以胜任某些工作的能力。所谓的"学有专长"教育模式，其核心目标是培养学生掌握某一学科的基础理论、知识和技能，使他们能够为从事特定职业或领域的研究作出贡献。这一模式主要关注于提高学生的实际技能，以满足他们未来职业发展的各种需求。"全面发展"体现了素质教育的核心价值，而"学有专长"则是专业教育的显著特点，这两者之间存在辩证的统一，互相推动，互为补充。

在教育历史中，"全面发展"和"学有专长"这两种人才培养模式经历了多次变迁和发展阶段，要深入理解它们之间的联系，主要依赖于几个核心观点：一是高等教育发展的哲学深度。教育的核心宗旨是培养人才，而其最终目标则是促进人的全方位成长。因此，"育人为先"是我国高校人才培养必须坚持的基本原则之一。"以人为本"不仅是"全面发展"和"学有专长"这两种人才培养模式的共同价值导向，也构成了这两种人才培养模式融合的基础和前提条件。高等教育要坚持把立德树人作为根本任务，培养德智体美劳全方位发展的社会主义建设者和接班人。全方位的发展不仅具有广泛性和基础性，而且在整个大学教育过程中都起到了关键作用，特别是在如何成为一个更好的人这一问题上。当学生具备专业技能时，他们的目标是为未来的职业生涯作准备，强调培养他们的实际行动能力。因此，两者既相互区别又相互促进，相辅相成，缺一不可。"全面发展"与"学有专长"是密不可分的两个概念，我们不能简单地将"学会做人"与"学会做事"区分开来，只有将这两个概念结合起来，我们才能真正实现人的全面成长。二是社会经济的实际需求。我国正处于从计划经济体制向市场经济体制转变的过程中，市场经济要求我们培养大量合格的高级专业人才。进入 21 世纪的知识时代，伴随着经济、社会、科学、技

术和文化的持续进步，市场不仅对拥有专业技术和实践能力的人才有需求，同时也期望毕业生拥有深厚和广泛的知识背景，以便更迅速地掌握最新的技术和知识。三是国家对人才需求的变化。在新的时代背景下，中国的社会主义现代化建设不仅需要大量的高级创新人才，还需要成千上万的各种生产、管理和服务领域的应用型、实用型和技术型专业人才，以及亿万具有一定文化修养和生产技能的高素质劳动者。我们既要有众多的专业人才，同时也要有广泛的知识背景和深厚的知识储备。在这种形势下，高等学校要根据自身特点来确定人才培养目标，制订合理的教学计划、课程体系及教学方法，同时注重对学生综合素质的培养。因此，结合"全面发展"和"学有专长"的培训方法，确实与我国当前的国情相契合。

在新的时代背景下，将"全面发展"与"学有专长"紧密结合，已成为高校培养人才的不二之选。在新形势下，如何实现这一目标？为了实现"全面发展"与"学有专长"的深度结合，我们需要"从专业匹配转向广泛的综合素质培养；从重视知识的传递转向强调能力的培养；从强调普遍性教育转向强调个性化教育；从强调学科的整体性转向强调学科的交叉与整合"。首先，必须以高校的教育使命为基础。在立德树人过程中实现人才培养模式转型。如今，具有中国特色的社会主义步入了一个全新的阶段，与此同时，高等教育也步入了"双一流"建设的新纪元。大学的定位是为国家经济社会发展提供各类专门人才和智力支持的重要载体，肩负着立德树人的根本任务。高校的办学目标应与其人才培养目标相一致，紧密围绕新的人才培养要求和使命。我们不仅要培养具有"厚基础、宽口径"的全面发展人才，增强学生的国际视野和综合能力，还需要根据实际需求，培养基础扎实、专业能力强的高素质拔尖创新人才，以增强人才竞争力，全面提升高校的办学质量，推动高等教育的全方位创新和高质量发展。其次，需要满足当前时代的需求。当前我国经济社会转型升级对高层次创新型人才提出了更高要求，而现有教育体制与之不相适应，必须加快改革步伐。在人才培养方面，我们需要与时代同步发展，全面支持国家的战略布局，特别是要响应科教兴国、人才强国和创新驱动的发展战略要求。这不仅要关注学生的全面成长，还需要满足国家和时代的需求，以进一步增强人才培养在服务国家战略方面的能力。同时要与社会实际相结合，将大学生成长成才融入到地方经济建设中去。再次，要与终身学习的观念相结合。终身教育是指对人一生中不同时期所接受过的教育都予以同等程度的关注，以使每个个体获得终生受用的知识与技能的一种教育模式。在我国，终身教育和终身学习的观念已经引发了广泛的关注和讨论。这对高职院校来说是难得机遇，同时又是严峻挑战，我们必须抓住机遇，迎接挑战，把高职学生的综合素质提高到一个新水平。结合终身教育和终身学习的理念，教育应该引导学生扩大视野，增强学习的积极性和主动性，充分利用各种学习资源，不仅要培养学生的全面发展能力，还要根据学生的未来发展方向和兴趣爱好，让其有针对性地进行学习和提升。

综上，高校育人要正确处理好"全面发展"与"学有专长"的关系，既要站在党和国家事业发展的战略大局上，培养德智体美劳全面发展的"通才"，也要造就一批具有扎实高校育人工作理论功底和学术创新素养的"专才"，适应经济社会和国家发展需要，助力科技强国、人才强国等一系列强国战略的实现。

三、遵循新时代高校学生核心素养的价值向度

核心素养主要是指"学生应具备的，能够适应终身发展和社会发展需要的必备品格和关键能力"。核心素养的范畴和内涵并不是一成不变的，它势必要随着时代的发展而发展，以适应国家和社会对人才日益变化的需求，唯一不变的是为党育人、为国育才的初心。党的十八大以来，习近平总书记高度重视青年学生工作，亲切关怀青年学生健康成长，他多次到学校调研，与学生座谈，给学生回信，嘱托青年学生要扣好"人生的第一粒扣子"。2018年，同北京大学师生座谈时，要求青年学生"要爱国，忠于祖国，忠于人民；要励志，立鸿鹄志，做奋斗者；要求真，求真学问，练真本领；要理性，知行合一，做实干家[①]"；2019年，在纪念五四运动100周年大会上，希望青年学生"树立远大理想、热爱伟大祖国、担当时代责任、勇于砥砺奋斗、练就过硬本领、锤炼品德修为[②]"；2020年，寄语青年学生"坚定理想信念、站稳人民立场、练就过硬

---

① 习近平.在北京大学师生座谈会上的讲话［M］.北京：人民出版社，2018：11-13.
② 习近平.在纪念五四运动100周年大会上的讲话［M］.北京：人民出版社，2019：6-11.

本领、投身强国伟业①"。2021 年，在清华大学考察时强调广大青年学生要"爱国爱民、锤炼品德、勇于创新、实学实干"。②这一系列要求和希望为青年学生指明了成长成才方向，为新时代青年学生发展核心素养的价值向度提供了根本遵循。

（一）坚定的理想信念

培养担当民族复兴大任的时代新人，重中之重是要以坚定的理想信念筑牢精神之基。没有坚定的理想信念，人就会在风雨面前东摇西摆。在一个人的成长和发展过程中，理想和信念起着至关重要的作用，它们是年轻学生能够自我发展的核心因素。大学生作为社会未来的中坚力量，他们的理想信念直接关系到国家前途命运，关乎民族复兴大业。坚定的信仰和理想并不是凭空产生的，它需要通过不懈的学习来实现，需要通过冷静的思考来达成共识，并需要在国家的基本情况下加以理解。因此，高校应该从实际出发，结合大学生特点，加强对学生理想信念教育工作的重视程度。我们应该指导学生坚定地用习近平新时代中国特色社会主义思想来武装思想，坚定地听从党的教诲，跟随党的步伐，以确保学生坚守马克思主义的信仰，坚定共产主义的远大理想和中国特色社会主义的共同理想。

（二）深厚的爱国情怀

对国家的热爱是每个人在道德和功绩上的基石。当前高校思想政治理论课教师要通过多种途径加强对大学生进行国情教育，增强他们的爱国热情和民族自豪感。作为教育工作者，我们必须遵循历史与时代的融合原则，持续创新爱国主义教育的表达方式，确保爱国主义教育的内容更加生动、具体和形象。把在新的时代背景下，大学生在党的照耀下不断成长，他们更应该将人民的利益作为自己的斗争目标，将坚定人民立场视为爱国斗争的核心内容。他们应该继续发扬为国家奋斗的精神，确保政治觉悟、大局意识、核心意识和看齐意识真正融入他们的日常生活中。除了在思想上展现爱国之情，他们还应该在实际行动中展现爱国精神，培养"家国意识"，并确保青春的花朵在祖国和人民最需

① 习近平 . 坚定理想信念站稳人民立场 练就过硬本领投身强国伟业［N］. 人民日报，2020-05-04（01）.
② 习近平 . 坚持中国特色世界一流大学建设目标方向 为服务国家富强民族复兴人民幸福贡献力量［N］. 人民日报．2021-04-20（01）.

要的地方盛开。要引导学生树立信心，积极发挥思想政治理论课主渠道作用，加强对大学生进行理想信念教育，增强他们的民族自尊心、自信心、自豪感。我们需要引导学生建立起对国家、主权和安全的正确认知，全方位了解我国辉煌的历史和令人感动的革命文化。同时，也要认识到新中国自成立以来，特别是在改革开放后所取得的显著成就，并对中国特色社会主义建设中长期存在的社会矛盾持正确的态度，在学生群体中培养出爱国主义的理性认知和情感认同；要引导学生用科学理论武装自己，坚定理想信念，增强民族自豪感，培养高尚道德情操。我们需要引导学生进行理性的爱国行为，重视将深厚的爱国情感转变为理智的爱国行动，严格按照"大德"这一标准行事，明确区分大与大的错误，以"公德"作为行为准则，严格遵循法律法规，以"私德"作为行为的底线，并在文明、自律、慎独的基础上，合乎情理和合法地实践爱国主义精神；我们应该指导学生展现出优秀的形象，激励他们充分运用新兴的媒体工具，在全球舞台上精彩地讲述中国的故事，广泛传播中国的声音，深入解读中国的道路和特色，使世界能够更全面和立体地了解中国，并展示新时代中华民族的辉煌形象。

（三）积极的品德修为

道德修养是做人做事的第一品格。习近平总书记指出："要在加强品德修养上下功夫，教育引导学生培育和践行社会主义核心价值观，踏踏实实修好品德，成为有大爱大德大情怀的人。"[1]教育工作者必须深刻认识到，教师的师德和师风是他们的首要标准。他们应该以坚定的理想信念、高尚的道德情操、扎实的学识和仁爱的心为师德标准，不断提升自身的道德修养，锤炼师德师风。通过身体力行的示范教育，引导学生培养良好的品德，培养他们的远大志向，树立宽仁慈爱、无私奉献的大爱，树立报效祖国、服务人民的大德，树立守望相助、天下同心的大情怀，用大爱大德大情怀来实现伟大的事业；鼓励学生在日常生活和学习中，从细微之处开始，明确区分对与错，踏实修炼，培养他们高尚的道德品质，并将这些品质转化为对劳动的热爱、节约、乐于助人和自我约束的行为标准；培养学生积极乐观、奋发向上的生活态度，使他们能够正确

---

① 习近平．坚持中国特色社会主义教育发展道路 培养德智体美劳全面发展的社会主义建设者和接班人［N］．人民日报，2018-09-10（01）．

对待挫折、面对困难，勇于战胜自我，不轻易放弃自己的目标；鼓励学生积极推广和弘扬社会主义核心价值观和中华传统美德，通过他们的模范行为，影响和引导更多的人形成高尚的道德情操和行为规范，从而在全社会营造出良好的道德氛围。

（四）丰富的知识见识

习近平总书记指出："学习是立身做人的永恒主题，也是报国为民的重要基础。"[①]学习不仅是学生个人成长和成功的基础，也是一个重要的阶梯，既需要从书本中吸取知识，也需要从实际操作中学习；我们应该既从广大人民群众和专家学者那里汲取知识，同时也要从国外的有益经验中学习，以此来扩大我们的视野和丰富我们的见识。作为一个教育工作者，我们既需要把学生培养成"四有"新人，又需要为社会培育优秀人才。教育工作者首先应被视为教师，他们肩负着传授知识、教授技能和解答疑惑的基本职责。教师只有自身努力去"传道"，才能实现其价值。作为传道者，首要任务是明确自己的信仰，确立终身学习的理念，保持与时代同步的性格，不断加强自己的学术基础、扩充知识储备、拓宽思考范围，并指导学生在知识积累的旅程中追求真理、领悟真理和理解事理。要引领学生树立科学人生观、价值观、世界观，培养正确的政治方向和价值取向。我们应该指导学生深入学习，珍视他们的青春岁月，全心全意、持续不断地进行系统的学习、深入学习、刻苦钻研，以确保他们的知识基础稳固，用知识装备他们的思维、引导他们的实践、挖掘他们的潜能，从而在更深的层面上提升他们的知识水平。我们应该鼓励学生拓宽视野，比起读成千上万的书籍，更应该勇往直前。鼓励他们勇敢地走出学校的大门，探索更广阔的世界，扩大自己的知识视野，积累丰富的生活经验和感悟，从而提高他们对事物的认识和视野；要引导学生厚积薄发，善于从书本中汲取营养，通过读书学习，使自己变得更富有创造力和想象力，从而实现自我价值与人生目标。我们应该引导学生将理论知识与实践相结合，将理论知识应用到实际生活中，确立科学的社会实践观念，立足于实际情况，切实行动，通过实践来求知和求行，在实践中不断提升自己的素质和能力，真正做到学有所长、学有所专、学

---

①习近平.在欧美同学会成立100周年庆祝大会上的讲话［N］.人民日报，2013-10-22（01）.

有所用，在社会的大熔炉中，不断提升能力、创新创造、建功立业，用真才实学服务人民，以创新创造贡献国家。

（五）永久的奋斗精神

每个人都只有一次青春时光，而奋斗始终是这段青春的魅力所在。只有将人生的理想转变为青春奋斗的推动力，我们才能在成长的过程中获得真正的精彩。他们以实际行动践行社会主义核心价值观，积极投身于祖国建设事业之中，成为推动历史前进的生力军和突击队。自古至今，中国的年轻人都展现出了持续奋斗的精神特质，无论是在五四运动时代还是在新时代，他们都能坚定地支持自己的理想和信仰，并积极参与到强国的伟大事业中。如何培养当代大学生的奋斗意识和拼搏能力，使他们成为国家未来建设的栋梁，需要我们不断探索研究，积极探索教育途径，帮助大学生树立正确的世界观、人生观、价值观。新时代的年轻学子正处于一个百年未有的巨大变革时期，他们正站在实现中华民族伟大复兴中国梦的决定性时刻。对于广大的年轻人，这既带来了新的机会，也带来了新的挑战，正是这个时代孕育了他们，而青年们又塑造了这个新时代。同时要培养学生具有良好的学习习惯和生活习惯，养成勤俭节约、艰苦奋斗的优良品质，为国家建设贡献力量。奋斗之路并不总是平坦的，充满了挑战和困难。我们需要引导学生始终保持前进的决心，培养他们面对挑战时的责任感，将个人的"小我"与时代的"大我"相融合，将个人的理想与社会的理想相结合，明确自己的角色定位，并充分发挥年轻人的潜能。我们需要培养面对挑战时敢于解决问题的斗志，让学生明白自己在实现中华民族伟大复兴中国梦的过程中所扮演的关键角色，并认识到自己在这个时代中不可替代的重要性。我们应该引导学生珍视这个伟大的时代，展望未来，明确自己的职责，通过承担时代的责任来实现个人价值，并在面对时代的挑战时不断提高自己的能力。

（六）过硬的综合素质

为了培育未来的社会主义建设者和领导者，我们必须大幅度地提高他们的综合能力，这不仅是学生个人成长的基石，也是现代社会进步的基本需求。作为高校教育工作者应把提高大学生的创新能力摆在重要位置，通过多种途径来激发他们的创造力和想象力。在此背景下，我们期望广大的年轻学生具备创新精神，拥有强烈的创新观念、坚韧的创新决心和出色的创新技巧，他们应该投入时间学习、深入研究、刻苦练习，并在实际操作中验证自己的真实知识，从而取得创新的成果。

第五章

优化高校育人的过程方法

学术是人们专门认识活动的产物，是智慧的体现和对真理的追求，是涵盖思想观点、原理规律、理论学说、知识体系、工具方法等内容的集合。学术与学生、学科共同构成了高校育人格局的三大关键，是连接学生和学科的桥梁和纽带。学术作为育人育才的基础和前提，它直接决定了高校育人的质量和水平。树立学术育人理念，从学术发展、学术责任、学术评价对学生思想行为和价值观念的影响入手，探究学术育智、学术育德、学术育魂的思路策略，是提升高校育人水平的重要环节。

第一节　以学术发展驱动学生的主体觉醒

一切事物之间和事物内部都包含着矛盾，矛盾双方的对立统一关系推动着事物的运动、变化与发展。从思想性和价值性的维度来看，学术发展与育人育才相结合的过程，主要就是科学研究与教书育人相融合、知识创新与人的发展相互动的作用过程。在这个过程中，创新既为学术发展提供源源不断的核心动力，也激发学生的主体学习意识不断觉醒，通过发展性互动链条，实现学术发展与育人育才的良性双向促进。

一、从"科教分离"向"科教融合"转变

在高等教育中，科研与教学被视为两大核心任务，它们之间存在紧密的联系并互相推动。在科学研究中，科研和教学都具有一定的社会价值和经济意

义，但其内涵又有区别。多年来，由于市场经济的作用和学校、个人之间的竞争及发展需求，科研和服务为学校和教师带来了更多、更快的短期收益。这导致了一些高校和教师不愿意将他们的时间和精力完全投入教学中，而是更倾向于追求科研和服务。因此，出现了"重视科研、轻视教学"的职能倾向，而最重要的教学和人才培养职能却被忽视，科研和教学被有意分离。在新时代，如何发挥好大学科研和教学之间的互补优势，实现科研和教学协同共进，成为摆在高校教师面前亟待解决的问题。为了最大限度地发挥育人的功能，我们必须回到教书育人的根本，并推动科研与教学之间的深度融合。在当前形势下，加强高等教育研究对提高教学质量具有重大意义。我们需要打破传统教育模式中科研与教学的界限，紧密地将学术研究与教育教学结合在一起。我们应该将教育和培养人才置于首要和基础的位置，鼓励学生参与到科学研究中，推动科研与教学的深度融合，并将高质量的学术创新成果转化为持续的人才培养动力。

（一）将学术研究与教育教学紧密结合起来，以高水平学术研究成果支撑教育教学

虽然学术研究和教育教学是高等教育的两个不同的功能领域，但它们并不是相互矛盾或对立的，反而是一种相互推动和相互补充的关系。科学研究是提升人才培养质量的重要手段和途径，而教育教学研究则可以有效弥补科研不足所导致的缺陷。只有当学术研究与教育教学紧密融合，并以高质量的学术研究成果为教育教学提供支持时，我们才能有效地提升高等教育的教学品质和水平，从而更好地培养高素质的人才。当前，我国各大学都非常重视学术研究与教育教学相结合问题。尽管如此，在实际操作中，有些高校或团体未能正确理解学术研究与教育教学之间的深层次联系，导致学术研究与教育教学之间的"两张皮"现象依然偶尔出现。这不仅严重影响了科学研究工作和教学活动的质量和效果，而且不利于创新型人才的培养。因此，为了建立一个"以学术为基础"的创新能力提升体系，我们必须正确理解学术研究与教育教学之间的紧密联系，突破传统教育模式下科研与教学分离的障碍，坚定树立以学术成果丰富教育教学的科学理念，为培养创新人才奠定坚实的基础。同时，应将学术研究作为高等教育教学改革与发展的重要抓手，不断优化课程体系建设，深化课程改革，完善考核评价机制，切实提高大学生的综合素质。尤其是对广泛的教

育工作者来说，在进行学术研究时，应该及时更新自己的观点和认识，将学术研究与人才培养紧密结合，掌握学科的前沿知识，为教育和教学实践提供更多的教材，进一步丰富教育内容，从而提高教育和教学的整体质量和水平。

（二）强化学术研究思维的迁移与培养，创新科研与教学融合发展的方法路径

方法和路径的科学性和合理性，将直接决定高校在人才培养方面的整体成效。具体而言，首要任务是利用高质量的学术研究成果作为资源，以加强学术知识的实际应用和转化。通过对实践活动中所积累经验和教训进行反思总结，提升人才培养质量。在高校的人才培养工作中，一个显著的特性是其成果具有创新性。作为一种全新理念和思想形态的"以人为本"理念，具有强烈的实践性、时代性和创新性。它始终致力于解答社会发展过程中遇到的新挑战和新问题，不断揭示社会事物发展的内在本质和规律，也不断总结和更新时代发展的新经验和新思维。它能为教育和教学活动提供全新且丰富的素材和资源，确保教育和教学活动始终与客观社会现实和时代发展的前沿保持一致。因此，高质量的教育教学质量必然要求有高水平的学术活动作支撑和保障。为了最大限度地发挥教育功能，我们必须高度关注高质量学术成果在教育和教学活动中的实际应用，及时刷新教育和教学内容，以实现教育和教学与现实问题的有机融合，不断提高教育和教学的针对性，并推动高素质人才的培育。其次，我们需要重视学术研究思维的转移和培育，并持续创新教育和教学方法。科学研究是以探究未知对象及其运动变化规律为目的，具有探索精神和创新意识的人类智力活动。学术研究的目标是突破传统的思考框架，采用全新的模式和视角来审视各种事物。通过对科学研究方法的掌握和灵活运用，能使研究对象更加清晰具体。对这种思考模式的改进，将有助于教育工作者更好地理解和掌握客观世界的新面貌。再次，要注重研究方法的更新，提高探究问题和解决问题的科学思维能力。将这种在学术研究中的创新思维和范式整合到教育和教学活动中，将有助于培养学生的理论思维、科学素养和综合能力。因此，在推动学术成果丰富教育教学的过程中，我们不仅要注重学术知识的实际应用和转化，更应重视学术研究思维的迁移和培养。我们应引导学生勇于批判和追求真理，避免陷入机械性和教条式的学习模式，从而培养他们正确分析和认识社会现象的能

力，提高他们的综合素质，并促进他们的全面发展。

（三）立足人才培养战略需求，完善科研与教学融合发展的保障机制

为了确保学术研究始终为教育和教学服务并获得实际效果，完善相关的保障措施是至关重要的。高校作为培养高素质人才的基地，应高度重视科研管理中的学术成果转化工作，充分发挥其应有作用，为我国经济社会建设提供强有力的智力支持和知识贡献。具体而言，首先，需要加强以学术成就为基础来丰富教育和教学活动的制度性保障。通过建立"以研促教"长效机制和加强高校自身建设来提升教师的科研水平。我们应当积极发布关于科教融合发展的指导方针、行动计划等相关政策文件。同时，也需要完善这些政策文件在具体实施和推进过程中所需的配套制度。例如，应不断推出以学术成果为基础来丰富教育教学的激励机制，并在职称评定和津贴发放等方面给予先进典型更多的支持。这样可以激励育人工作者在学术研究和教育教学之间找到平衡，并用高质量的学术研究成果来丰富教育教学。通过这些举措为科教融合发展提供有力支撑。其次，我们需要加强对科学与教育融合发展的资金支持。要进一步建立健全国家层面的科技创新本系和投入机制，为科教兴国战略实施提供强有力支撑。我们需要持续增加对科学与教育融合发展的资金支持，提升专项资金的比重，积极开发具有指导性的经费项目，并广泛动员社会各方面的力量，以便不断拓宽资金筹集的途径，并确保资金需求得到有效保障。同时还应加强财政性教育经费投入的绩效管理，建立科学规范的绩效评价体系，为高校实施科教融合提供可靠依据。再次，我们需要加强科学与教育融合发展的团队支持。要加强教师队伍建设，努力造就一批高素质的专业化教师群体。我们需要广泛调动育人工作者的积极性，激励更多拥有丰富的学术研究经验和成果的人才走进教室，与学生保持紧密的联系，并积极参与到各个学科和专业的教育教学活动中。我们的目标是培养一支高质量、结构合理、经验丰富的教师团队，以确保教育教学活动能够高质量进行，并进一步提升高等教育人才培养的整体质量和水平。

二、形成"人一知互动"的内在作用关系

知识被视为教育活动的核心，它是为了达到教育目标而产生的教育实体，

其真正的价值也与人与其之间的深度互动紧密相关。现代学校教育以培养适应社会需要的人才为根本任务，对知识的关注成为教师专业发展中不可忽视的重要维度之一。然而，在传统的教育模式中，人与知识的隔阂将知识看作是传授给学生的权威性和固定性的知识对象，将教师和学生转化为知识的传递工具和载体，这样做的最终目标是增加学生的知识储备，而不是推动学生的全面发展和成才。当前高等教育中普遍存在着以传授知识为中心的应试教育模式。在当前的教育模式中，知识的人文价值和发展潜力在很大程度上受到了削弱，同时学生的个人能力也很难得到充分的挖掘、展示和成长。因此，以培养德智体美劳全面发展的社会主义建设者和接班人为己任，就成为新时代赋予教育工作者的使命担当。高校作为培养人才的主要场所和知识的主要提供者和传播者，应当认真执行立德树人的基本任务，承担起教育和培养人才的历史责任，努力实现"人"与"知"的有机结合和互动，以形成"人—知互动"的内在联系。

（一）高度重视知识的人文性

知识是由人类所创造的，而人类又是基于知识来构建的，这两者之间呈现出一种人与知识相互促进的关系。因此，从认识论角度来看，知识也是可以被认识和掌握的，而且它对人类社会发展有着重要作用。然而，在传统的知识观念中，知识被视为一种"真实存在"的事物，它以符号的方式被保留，是一种客观且具有确定性的成果。知识只是一个抽象的概念和范畴，它无法进入具体事物之中去，也就不能成为现实世界中人们认识和改造对象的手段，因而知识不可能转化为教育活动所需要的内容。这样的传统观点明显忽略了知识是人类本质和力量的具体表现，也没有认识到知识总是在特定的历史和文化背景下产生的。这种忽视最终导致了将知识视为可以直接传递给学生的客观存在，并以增加学生的知识储备为教学目标。这必然会使知识变成一个纯粹的生产过程或消费活动。教学过程完全变成了对知识的加工，使得知识的人文价值大大降低。因此，知识本身并不存在于人类社会之中，它只是人们在生产生活实践过程中才得以生成和运用的东西。但是，对教育工作者来说，他们必须深入了解，知识是帮助学生了解外部世界和实现自我觉醒的关键工具，并且它与学生的个人成长和发展有着深厚的内在联系。这就要求我们必须从知识本身出发来审视和解决高校教学工作存在的问题。因此，高校应当积极推进教学活动，强调知识的人文价值，始终将人的全面发展放在首位。我们需要打破传统的"人—知疏离"的教育思维，确立"人—知互动"的知识观念，并在教育实践中强调人的中心地位，充分发挥人的主导作用，确保学生能与各种知识进行平等的交流和对话。与此同时，要注重培养和提升大学生学习的主动性与积极性，促使其主动思考、自主探究。只有这样做，他们才能与知识建立真正的互动和交流，进而孕育出新的思维、观点和体验。

（二）凸显知识的多元生成性

知识的多元生成性指的是知识并不是固定不变的，而是在其生成环境中展现出多样化的属性。知识作为一种特殊形式的文化现象，随着时代的变革而发生着深刻的改变。从更广泛的视角观察，随着时代进步和社会转型，我们的知识结构逐渐变得更加丰富和完善。从更微观的角度观察，由于教育实践的方式、个体的接受能力差异，以及个人与知识互动的程度不同，知识体系也会相应地发生变化。因此，知识体系呈现出多样化的状态。考虑到这一点，为了真正建立"人与知识的互动"这一内在联系，我们需要努力扩大知识的产生途径。我们不能仅仅依赖于系统的教科书知识，而应该更多地考虑到个体的"生活经验"和"生存环境"，将知识视为一个来源丰富、形态多变、开放和动态的知识体系，以实现高校在教育工作中知识生成的科学和生活世界的有机融合。为此，应以问题意识引领师生进行深入思考和积极探究，让他们能够发现知识背后的价值意义，进而主动建构起自己的知识结构，从而提升自身的认知水平，提高学习效率。只有这样，我们才能助力学生打破对知识的单一、权威和刻板的认知，将知识融入更宽广的社会生活，让学生在"人与知识的互动"教学中获得更丰富和多样的知识，从而产生新的体验，获得新的能量，并实现新的发展。

三、提升学生主体终身学习的意识和能力

终身学习理念古已有之。从中国先贤的"吾生也有涯，而知也无涯"到西方哲人的"人生应当自摇篮起学习到墓穴"，无不体现了中外教育思想家们对终身学习的重视与崇尚。随着学习型社会的不断进步，终身学习逐渐被视为人们生活中不可或缺的一种方式，也是教育改革和发展的核心指导原则。终身教

育是以促进每个公民获得良好继续教育机会和提升其综合素质为宗旨的新型教育观和价值观，而终身学习则是这一理念的集中体现。我们必须以科学发展观为统领，深刻认识到终身学习对于促进个人成长发展、拓展人类自我提升空间所具有的重大意义。终身学习被视为个体生存的基石，它促成了教育与学习之间的主体性转变。当个体的自主性和创造性在其成长和发展过程中受到更多的关注，并在教育和教学活动中逐渐显现其价值时，学习者将不可避免地从被教育的对象转向教育的主体，同时教育也将转变为个体主动参与的学习过程。因此，终身学习既是个人生存和发展的需要，又是社会进步、经济发展的需求，更是人类自身发展的必然选择。显然，持续的终身学习是为了促进个体的成长和扩展其生命价值的核心需求。高校育人是一个系统工程，其核心任务就是培养具有全面素质的人才，而大学生则是其中最为关键的群体。在执行"以学育人"的高等教育任务时，我们必须坚定地确立终身学习的观念，把学生的学习和成长放在首位，努力增强学生的终身学习意识和能力，从而推动他们健康成长和成为有才华的人。

（一）要将培养学生终身学习的意识与能力的理念贯穿育人全过程

高校的人才培养工作最终是研究"人"的学科，"培养人的目的是什么"是教育的基本问题。因此，必须将"以人为本"作为高校思想政治理论课的核心任务之一来抓。为了最大限度地发挥教育功能，第一，要改变对人才培养的传统观念，以促进学生全面成长为核心价值观，并加强学生作为主体的终身学习意识和能力。这就要求我们必须从思想上真正重视大学生自主学习能力的养成，切实提高大学生自主学习的效果。因此，教育工作者首先需要确立一个科学的教育和教学理念，努力从"以教师为中心"转变为"以学生为中心"，减少对学生学习的指导和干预，确保学生有足够的学习自由度，尊重学生在教育和教学过程中的主体性，鼓励学生成为课堂教学的主人翁，引导学生从"我要学"转变为"我想学"，增强学生的学习自主性、自觉性、主动性，确保学生学会学习、主动学习、坚持学习。同时还要注重发挥教师自身人格魅力，提升学生主体终生学习的素质和能力。第二，要创新大学生自主发展的制度保障措施，促进学生主体终身化成长。教育是一个注重个体差异的过程，而个性化的教育方法是增强学生终身学习意识和能力的关键手段。高等教育作为一种特殊类型的终身教育，它要求我们必须从人的全面发展出发来进行教育教学改革，促进学生个体不断自我完善、自我超越与自主选择，从而获得更高的生活质量和生命价值。为了实现个性化教育，尊重学生的个性并为他们创造一个有利于提升个性优势的环境是至关重要的。高校需要打破传统的办学理念，在认识到并尊重学生个体差异的基础上，积极学习国外的人才培养模式，以促进学生个性和潜能的全面发展为最终目标。同时，也需要为学生提供一个能够促进多种智力发展的个性化学习环境，以充分激发和发展他们的各种潜能，从而为他们未来的终身学习打下坚实的基础。

（二）革新教育教学模式，实现从"权威型教学"到"研究型教学"的模式转变

在传统教学模式下，教师在教育教学活动中占据着权威地位，高校教学活动有着管理主体片面化、教学组织僵硬化、教学氛围控制化等鲜明特点，学生的自主学习能力难以得到充分的培养。进入 19 世纪初期，德国著名教育家威廉·冯·洪堡（Wilhelm von Humboldt）提出了"教学与科研相统一"的观点。随后，世界各地的大学纷纷将学术科研活动引入日常教育教学过程，"研究型教学"模式由此产生。与"权威型教学"不同的是，"研究型教学"始于问题，基于发现，是一种极具创造性的教育教学模式。在其创立与发展过程中，始终把学生作为教育教学活动的中心，坚持促进教师的研究性教学和学生的研究性学习相结合，力求实现教学与科研、人才培养与学术发展的融合发展。这种教育教学模式有利于激发学生主动发现问题、探讨问题和调查研究的兴趣，促进学生科学态度和创新品格的形成，培养学生主体终身学习的意识与能力。因此，要实现以学术发展驱动学生的主体觉醒，必须推动教育教学模式向研究型转变。具体而言，它要求育人工作者必须立足学术发展前沿，将最新的、最前沿的学术研究成果引入教学过程，将学生从书本和课堂中解放出来，紧密结合课程实践或课题研究，培养学生的问题意识和批判精神，鼓励学生利用已掌握的知识去认识问题、分析问题、解决问题，从而建立新思维、掌握新方法、形成新观点。

第二节 以学术责任涵育学生的道德品行

人无德不立，高校育人的根本在于立德。责任是道德的基点，道德是责任的标尺，二者在规范人们思想行为准则的实践中有机统一。道德责任感和道德品行既要靠个体的自觉养成，也要靠制度约束和典型带动。为此，学术研究要划清学术规范红线、守好学风建设防线、树立学术道德高线，确保学术发展合情、合理、合法的同时，引导学生内化生成高尚的道德操守并转化为积极的道德行为，把做人、做事、做学问统一起来，努力为国家和人民立德立言。

一、坚持软约束和硬措施相结合

对高校来说，过于夸张的学术观点、不正当的学术行为和学术不正之风不仅妨碍了教育工作的持续进步，还可能给学生带来误导，大大限制了教育和培养人才的潜能。当前，在部分高校学生中存在着学术不端的行为方式。为了彻底消除这些不良现象，我们需要将软性约束与硬性措施相结合，强化教师和学生遵循学术规范的自觉性，并设定一个明确的底线，即"带电"和"带刺"，以确保行为符合法律、规章和敬畏的原则。

（一）加强软约束，匡正学术风气

"学风"这一概念，对于学生来说代表了学习的风气，它综合体现了科学的态度、学习的方法以及学习的氛围等多个方面；对于学校来说就是校风，其主要表现为教风和学风。对于教师来说，这代表了学习和研究的风气，这一点在教学和学术的风气中得到了明确的体现。学术风气具有软硬之分，软风则指学风中较为温和、相对稳定的一面，如学习动力、求知欲望、竞争意识、创新意识等等。学术风气中的软性约束依赖于非组织化和规定性的力量，这些力量在学术共同体内部形成了一种普遍的内在约束机制。这种约束机制通常在不明显的情况下展现出强大的影响力，对所有参与学术共同体的人都产生了积极的约束效果。高校应把加强学术道德建设作为一项重要任务来抓，以促进学术风气的健康发展。具体而言，首先需要广泛地进行学术道德的宣传活动，以积极塑造一个清新的学术氛围，要开展学术史教育，强化学术意识培养。学术道德是由教育工作者在学术研究过程中塑造出来的，与学术活动有着密切的联系，并依赖于他们的信仰和社会舆论来维护。这是关于诚信与失信、道德与非道德等多个观念和原则的综合体现。学术道德观，则是一种指导人们从事学术活动的行为准则。学术道德观念的建立和学术道德原则的遵守，对学术研究者的学术行为产生直接影响，同时也影响学生良好道德品质的培养。其次切实强化学术诚信教育。因此，有必要加强对学术诚信的宣传教育，引导广大从事教育工作的人员树立追求真实知识和真理的正确学术价值观，以防止剽窃、抄袭他人的学术论文，或者任意篡改、捏造实验调查数据等严重的失信行为的发生。与此同时，我们需要加强对治学态度的宣传教育，以引导广大从事育人工作的人员坚守严谨治学的基本原则。治学态度是指人们对研究对象及其规律进行探索和认识时形成的思维方式、心理状态以及所采取的行动模式。学术研究的态度，揭示了学者在进行学术探索时的行为偏好。学风建设是一项复杂的社会系统工程，而治学态度则是其中重要组成部分和内在要求。如果学术研究者的学术态度缺乏严谨性，他们的行为将不可避免地显示出学术道德的缺陷，这将进一步导致学术风气的败坏，并对学术研究的健康发展产生负面影响。首先，强化育人工作者自身修养，增强学术责任意识。因此，对于育人工作者的学术态度培养，我们必须给予高度的关注。通过开展各种形式的学术态度宣传活动，我们可以引导育人工作者保持严格的学术态度，坚守学术伦理，从而促进学术研究的健康进展。其次，我们需要强化学术研究的基础规范建设，以预防学术失范危机的出现。学术界是一个非常严肃的职业领域，其行为规范具有很强的权威性与约束力，这也是确保学术研究正常有序进行的重要保障。所指的"学术规范"实际上是"在学术活动中（涵盖学术研究及其成果的发布等方面）所遵循的准则"。它是指在科学研究过程中所遵循的各种标准与要求，也就是学术界普遍公认或大家遵守的准则。这套学术准则主要涵盖了三大方面：技术层面，如学术研究成果的格式排版、引用注释、成果署名等；内容层面，如理论基础的选择、基本概念的界定、研究方法的运用等；道德层面，如承担的学术责任、对待学术的态度等。如果学术规范缺乏严格性或者完全不存在，那么学术研究人员在进行学术研究活动时将面临没有明确依据和规范的困境。因此，作为学术工作者，首先必须遵守一定的道德规范和行为准则，否则就可能被认为是"不务正业"而受到惩罚。在这种情况下，许多学术研究者基于理性经济人的假设，会采取各种"走捷径"和"取巧"的策略，通过伪造、造假、抄袭、剽窃和买卖等手段，力求在项目申报、职位晋升和奖励评定等方面取得优势地位。其中，有相当一部分学者是在追求个人私利最大化的同时忽视了学术伦理与学术规则，从而导致一系列学术失范现象发生。各种学术不端行为的扩散无疑会损害他人的合法权益，并对其所属的研究机构乃至整个学术领域的声誉造成损害，因此，学术领域的创新和发展几乎是不可能的。同时，学术不端行为还可能给国家带来巨大经济损失，危害社会稳定和人民群众生命财产安全。因此，对学术规范的完善是为了规范教育工作者的学术行为，引导他们坚持学术道德，从而推动学术创新的基础和前提。当前，我国学术界存在着较为严重的学术腐败现象，导致一些学者在学术研究上出现了弄虚作假的问题。从实际工作执行的角度看，高校的管理部门需要根据学术研究的实际情况，强化学术研究的基础规范建设，并制定满足学术标准的规范性文件，以便为各大学和研究机构提供权威的指导意见。各级各类学校则要结合自身办学特色与优势，制定适合本校实际情况的学术规范体系并将之付诸实施。所有高校和研究单位都应依据各自专业和学科的具体状况，拟定详细的学术规范和细则，并在技术、内容和道德三个层面对学术研究和学术成果的发布提供全面的指导。此外，高校及其研究机构还应建立相应的监督机制，督促其严格执行学术行为规范。只有这样做，我们才能真正约束和规范教育工作者的学术研究行为，防止他们因为思想认识不足、学术能力有限、利益取向不正确而产生学术失范行为。

（二）完善硬措施，规范学术行为

在最近几年中，高校在育人工作中经常出现学术失范、学术不端和学术腐败等问题，这些问题削弱了学术研究的纯粹性和超自然性质，降低了育人工作者的学术责任感和使命感，同时也对学术界和整个社会的风气造成了污染。这些问题之所以出现并愈演愈烈，其根源在于对学术权力缺乏有效的监督制约机制，致使学术权力被滥用，甚至成为某些人谋取私利的工具。鉴于当前的认知状况，我们在坚守"软约束"原则的同时，也要充分利用"硬措施"的优势，确立并完善问责和处罚机制，并全方位推动学术领域的相关立法进程。本文拟对构建学界问责体系提出若干建议，以供参考。首先，我们需要确立并完善学术问责和相关的处罚机制，严格打击所有形式的学术不端行为、学术腐败和学术失范，以不断增加学术不正当行为的违规成本。其次，要建立相应的监督机制与惩戒机制，保障学术不端的及时纠正，避免因处理失误而影响正常的科研秩序。在这里，"学术问责制"是指相关的学术权益主体对学术机构及其工作人员在学术追求真实和学术自律方面的责任和义务的执行情况进行全面的诊断和评估，并对其在学术活动中的不当行为（如学术失范、学术不端和学术腐败等）以及其他可能妨害学术自由的越权行为进行责任追究。从我国当前的实际状况看，目前学术界还没有形成一套完整的学术问责制度来对科研工作者在从事学术研究活动中出现的各种违法违规行为进行有效惩戒。为了建立一个健全的学术研究问责机制，我们需要将学术研究机构、科研资金供应者、学术团体等视为主要的问责对象。我们需要构建一个多样化的问责体系，明确问责的目标群体，确保他们的合法权益得到保护。此外，我们还需要清晰地定义问责的具体内容和范围，科学地理解责任与责任之间的转换关系，并完善问责流程，确保问责的各个环节，如受理、调查、取证、鉴定、申辩救济和结果发布等，都有明确的执行步骤和权责归属。在此背景下，我们需要进一步完善相关的惩罚机制，无论是书面还是非正式的惩罚条款，都应加强对相关责任者的追责，以增加学术失范、学术不端和学术腐败等行为的违规代价，从而更好地纠正和规范教育工作者和相关学术研究机构的学术行为。同时，还要建立起一套完备的监督约束机制，以保证整个社会对学术研究活动实行有效的监管。再次，我们需要强化针对学术界的相关法律制定，以便为规范学术活动提供坚实的法律支撑。目前我国的法律法规中关于学术失范、学术腐败等现象尚未得到有效规制。经验告诉我们，为了切底消除学术不端行为和学术腐败，仅仅依赖学术研究者的道德自律和行政处罚是不切实际的。相反，我们应该充分利用法治的思维和方法，确保学术研究始终在法律的框架内进行。总体而言，要想彻底解决学术风气和学术生态的建设问题，最终必须依赖于法治的强大支持。

通过法律途径来规范学术不端行为和学术腐败等现象，相较于传统的道德自律和行政处罚，显得更加有力和稳定。因此，应尽快建立起一套科学有效的学术评价体系，对学术研究活动进行全方位的法律约束，并使之制度化和规范化。

更具体地说，我们首先需要对相关的法律条款进行完善，以便为各种学术不正当行为的确定提供坚实的法律支撑。其次要明确界定不同情形下学术失范及学术腐败的范围。目前，在我国，关于规范学术失范、学术不端和学术腐败等问题的各种指导方针主要是由国务院办公厅和教育部等行政机构负责制定和发布的，这些方针属于行政法规、规章和行政规范性文件的一部分，因此在立法层面上相对较低。从整体上看，这些法律法规对学术领域的各种问题还缺乏系统全面的规定。另外，目前的法律、条例和相关的行政规范文件中的很多规定和标准已经不能满足学术研究的实际需求和发展方向，特别是在知识产权的保护、学术不端行为以及对学术腐败行为的惩处方面，仍然存在一定的立法余地。为了确保学术风气和学术生态建设真正有法律依据，我们需要进一步强化立法流程，提升立法质量，并对相关的法律条款进行完善。接下来，我们需要严格界定法律上的责任，并增强对各种学术不正当行为的法律制裁。由于我国现行法律法规体系不够健全，学术不端的认定缺乏统一规范，导致学术界对其认识也不尽相同，进而引发了一系列问题。明确对学术不端和学术腐败等行为的法律责任，是确保惩戒行为具有权威性和针对性的关键措施。目前我国在这方面还存在许多问题，导致学术失范现象时有发生，甚至出现了一些恶劣的后果。因此，我们有必要在法律层面上明确规定各种学术不正当行为的法律责任，并为这些行为制定相应的司法处罚措施和处理流程。我们需要增强相关法律条文的实施力度，确保对严重的学术不端行为和学术腐败行为进行严格的法律制裁，从而创造一个健康的学术氛围和学术生态，为学术的持续发展提供一个有利的环境。

二、建立健全学风建设长效机制

所谓"学术风气"，是指"学术共同体在开展学术活动的过程中形成的相对稳定和持久的，并能被人们所感受的一种氛围和作风"。[①] 习近平总书记指出："繁荣发展我国高校育人工作，必须解决好学风问题。"[②] 高质量的学术氛围是大学精神的一个关键组成部分，它直接决定了学术研究成果的产出、学术

---

① 李硕豪. 大学形成学术风气应注意的几个问题［J］.高等教育研究，1997（02）：74-78.

② 习近平. 在哲学社会科学工作座谈会上的讲话［M］.北京：人民出版社，2016：28.

水平的提高以及高素质人才的培育。良好的学术风气需要有正确的导向与激励，而导向与激励机制又是高校科研管理中不可或缺的组成部分。如今，伴随着经济的增长和社会的转型，浮躁的社会风尚开始在学术研究中蔓延，导致学术不端行为和学术腐败的出现。在一些地方出现了学术造假成风的情况。这一现象不只是违反了学术的基础准则，更是对健康的学术环境造成了损害。在新形势下，如何保持学风建设常态化，促进高校学术繁荣与健康发展成为亟待研究解决的课题。学风建设是一个长期且复杂的基础项目。为了加强高校的学风建设，我们应该重视建立和完善长期有效的机制，通过优化这些机制来消除任何阻碍学风建设的实际障碍，从而促进一个积极、健康的学术环境。

（一）发挥大学文化的熏陶作用，为学风建设创造良好环境

大学文化不仅反映了大学的办学哲学、精神层次和价值目标，而且由于其具备价值导向、行为规范和集体凝聚力等多重功能，对于学风建设起到了强烈的指导作用，成为学风建设的关键支撑和强有力的保障。当前我国大学普遍存在重科研轻教学、重学术轻管理等问题，这不仅影响了高校人才培养质量和水平的提高，而且制约了社会经济发展。因此，为了建立和完善学风建设的持久机制，我们必须最大限度地利用大学文化的教育和熏陶作用。当前，在新时期条件下如何发挥好大学校园文化育人的积极功效呢？具体而言，第一，要加强校园文化的深度内涵，并营造一个良好的学术氛围。通过组织各种学术活动，如学术论坛、学术报告、学术沙龙、专题研讨会和科研竞赛等，我们可以吸引更多的人参与学术讨论，让他们从中感受到学术研究的吸引力，受到学术思想的影响，积累学术研究的经验，提高学术研究的能力，并营造一个浓厚的学术氛围。第二，要强化教师主体责任意识，加强学术伦理教育。我们需要强调校园文化在思想上的引导作用，积极组织各种丰富多彩的校园文化活动，以引导学术研究人员树立科研诚信的观念，严格遵循学术规范，从而真正实现道德自律。第三，从源头上遏制学术腐败行为。通过组织各种讲座和培训活动，纠正学术研究者对学术规范性问题的误解，从而在思想层面上建立一个防止学术失范、不正当行为甚至学术腐败的"防护墙"。在此基础上，还要进一步加强高校内部制度体系建设，为师生提供良好的学习生活环境，促进学生养成严谨求实、勤奋治学的良好习惯，增强科学研究能力。第四，要加强对大学精神的鼓

励，利用良好的校风来推进学术风气的建设。大学作为一个社会组织，它既具有一般社会组织共同拥有的共性特征，又有自身独特的个性品质。大学的核心理念体现了"大学的整体形象、质量、独特性以及其团结、吸引力和活力"。大学文化是大学发展中凝聚着全体师生共同追求的价值观念、思维模式、行为准则及其所呈现出来的精神风貌的总和。一旦形成了积极和健康的大学精神，这将对学术研究者的思维方式、价值观和行为习惯产生间接的影响。在我国高校中普遍存在着重科研轻教学的现象，这与大学精神缺失有很大关系。一个积极而健康的大学文化有助于教育工作者确立正确的学术观点，消弭由学术失范、学术不端和学术腐败行为所形成的思想土壤，从而为形成良好的学术氛围和学术生态环境提供有利的条件。

（二）加强学术共同体的建设，为学风建设提供队伍保障

学术探究不仅仅是个体的责任，它更是整个社群共同的追求。学术共同体就是由一群学者组成的研究团队。"共同体"最初是社会学上的一个术语，具体而言，它指的是一个基于共同愿景而形成的集体。在此意义上，学术共同体是一种以共同利益为基础，以共享知识与成果为纽带的组织形式。共同体内的成员之间存在相互制衡和影响的关系，这使得他们在社会上具有很高的依赖性。因此，"共同体"在某种意义上讲，也就是一种文化现象，一种意识形态。"学术共同体"这一概念，通常指的是那些基于相同的学术观念或目标，并根据特定的学术行为标准或准则建立的，拥有相似或近似的价值观、精神内核和学术才能的集体。学术共同体作为一种重要的研究组织形式和学术交流平台，在大学里有着十分广泛而深厚的基础与作用，其对提升大学科研水平、优化学校治理结构、增强文化软实力发挥着积极有效的作用。学术共同体展现出强烈的自律精神，其成员经常通过各种方式，如对话、交流、辩论、批评和合作，独立地进行学术研究，并自觉地遵循相关的学术行为标准。这种共同体对于推动学术氛围的形成和学术研究的持续创新都产生了深远而广泛的影响。当前，我国高校中存在着诸多不健康的学风现象，其中一个重要原因就是没有建立起良好的学术生态环境。因此，为了创造一个良好的学术氛围和学术生态，并推动高校的教育工作持续繁荣，我们必须重视学术共同体的建设工作。具体而言，第一，要确保学术共同体的规范性。例如，为了构建一个完善的学术共

同体，我们需要确立明确的准入标准，这意味着作为学术共同体的成员，应该强化学术自律、坚守学术道德、遵守学术规范和学术伦理，这些都是构建学术共同体的基石和前置条件。第二，要建立良好的激励机制。为了确保学术共同体的规范性，我们需要构建和完善学术共同体的运营机制，并在项目申请、审批、资金支持和结果评估等方面进行持续改进，这样才能有效地规范从事学术研究的人员的行为；要健全学术共同体的监督约束机制，包括制定相关法律法规，建立严格而又科学的考核评价体系，完善学术奖励制度，以及构建良好的学术环境，等等。对于那些违背学术规范、有学术不端行为的成员，一旦经过核实，应给予警告或严重警告。如果情况特别严重，应剥夺其作为学术共同体成员的资格。同时要健全相应的激励机制，充分调动学术共同体成员的积极性和创造性，促进学术共同体良性发展。第三，要加强学术批评的核心地位，以确保学术共同体能够有效运作。通过健全学术批评机制，引导和鼓励广大师生参与到学术批评中来，使学术批评成为一种促进学科发展的有力手段，实现真正意义上的学术自由。通过加大学术批评的力度，我们可以有效地揭示学术研究领域中的不正当行为，从而使学术共同体的成员在学术研究中行为更加规范，最大程度地维护学术的尊严，并形成一个健康的学术氛围。

（三）强化制度规范的约束作用，推动学风建设常态化

制度被视为人们普遍遵循的行为标准，也是人们追求社会秩序的关键途径。学风建设作为一种社会现象和文化现象，其根本目的在于促进人的全面发展。学风建设是一个长期的项目，它需要一个健全的制度来进行规范。在我国当前社会经济发展转型时期，各种不稳定因素增多，学术腐败和造假现象严重影响了学风建设的健康运行。对学风建设的相关制度进行完善，可以有效地规范学术共同体的学术行为，这是确保学风建设常态化的重要保障。高校应以健全组织机构为基础，创新管理理念和管理模式，不断提高学风建设科学化水平。具体而言，首先需要强化领导管理的制度框架，并对学风建设进行顶层优化设计。各级各类学校和教育行政部门应按照《关于进一步改进高校校风教风的若干意见》要求，切实强化对高校学风建设的组织领导，建立并不断完善相应的规章制度体系。高校和科研机构应当高度关注学风建设，确保学风建设的核心责任得到落实。需要建立一个由党委统一领导、各职能部门共同管理的学

风建设领导管理体制，并构建一个校院协同、全员参与、共同培养的学风建设工作机制。我们应将学风建设视为一项日常工作，持续不断地进行，以全面提高学风建设的领导和管理水平，确保其长期、有序地推进。同时要建立完善科学有效的考核评价体系和激励机制，激发师生学习积极性，形成良好学风氛围。其次，我们需要建立一个相对灵活的科研管理体系，以改善科研管理的整体环境。学校要通过完善规章制度来规范教师的科研活动。我们需要构建和完善一个有助于开放合作、鼓励创新和促进学术繁荣的现代科研管理体系，并努力消除"行政化""官本位"和"教条化"等负面现象对学术研究的限制和束缚。再次，要建立科学有效的监督约束体系，促进学术诚信建设。例如，在提交科研项目申请的过程中，我们必须始终遵循公平竞争和优选录取的基本原则，充分发挥专家评审和同行评议在科研项目申请中的关键作用，避免以行政力量为主导分配资源的不当行为，防止学术腐败的发生，并营造一个鼓励自由竞争的学术环境；在对科研项目进行评估时，我们需要从根本上改变过于功利的学术观念，避免一些教育工作者为了达到项目目标而制造或编造学术研究成果的不正当行为；在科研人员队伍建设方面，要加强对科研团队带头人的培养与选拔，建立完善有效的激励机制和约束机制，使其能够成为优秀的科学研究人才。在设计科研经费的结构时，我们根据各种科研活动的独特性和资金需求，对经费资助计划进行了优化，确保为学术研究提供了充足和合理的资金支持；在科研经费报销和发放的过程中，我们需要对目前报销流程进行改革，将教育工作者从这一复杂的流程中解放出来，以防止他们为了获得科研经费而作出违反学术规范和道德的行为；在科研评价机制的构建方面，应建立科学、公正、高效的科研成果评审制度，以保证科研人员的科研工作质量。在科研信用管理领域，我们需要加强科研信用管理档案的建设，确保育人工作者及其隶属机构在进行学术研究时，严格遵循学术规范和道德标准，并将这些信息录入相应的科研信用管理档案中。这样做可以作为奖励和惩罚的依据，进而产生对广大育人工作者的积极引导效果，为学术风气建设提供坚实的保障。

三、宣传树立师德师风先进典型

师德师风是衡量教师队伍素质的第一标准，也是影响学术风气和学术生态的重要因素。加强师德师风建设，一个重要途径就是宣传树立师德师风先进典型。通过树立师德师风先进典型，以优良的师德师风垂范学风、引领学风，能够为营造良好学术风气和学术生态提供有力抓手，为提高学术研究质量与水平提供重要保证。

（一）明确师德师风先进典型的评判与选择标准

习近平总书记指出：'广大育人工作者要树立良好学术道德，自觉遵守学术规范，讲究博学、审问、慎思、明辨、笃行，崇尚'士以弘道'的价值追求，真正把做人、做事、做学问统一起来。"① 这一重要论断为师德师风先进典型的评判与选择提供了根本遵循。首先，作为师德师风先进典型，应当拥有高尚的学术道德观念，并确保学术自由与学术规范能够和谐统一。学术活动本身就是一种自由表达和交流的过程，也是一个发现问题、分析问题、解决问题的思维过程。要想在学术研究中科学地理解社会事物的本质和规律，学术自由的氛围是不可或缺的。在大学里提倡学术讨论和学术争鸣，有利于提高教师的理论思维能力，促进学生自主学习能力的提升，从而使师生之间形成良性互动，共同成长。尤其是在一些相对先进的高等教育人才培养研究中，我们更应该鼓励学生进行自由的思考、勇于提出新的观点和勇于进行学术辩论。因此，在一定程度上，学术自由是高校教书育人工作中不可缺少的一个重要因素。然而，我们必须认识到，推崇学术自由并不代表教育工作者在学术研究上可以完全不受束缚。因为，任何一种学术现象都会受到各种不同因素的制约，如果不能有效地约束和引导，必然导致学术腐败。严格遵循学术规范构成了进行学术研究活动的基础底线。在学术领域，学术规范和学术伦理有着天然联系，学术道德也对学术自由产生重要制约作用。因此，为了树立具有高尚师德和师风的模范人物，我们必须把是否遵循学术规范作为基础准则。从广泛的教育工作者群体中，我们应识别出那些严格遵循学术规范并具有优秀学术道德观念的模范人物，并深入挖掘他们的优秀事迹，以便影响和激励更多的教育工作者坚守学术道德，实现学术自由与学术规范的和谐统一。其次，作为师德师风先进典型，应当同时具备深厚的学识修养和高尚的道德情操，实现言传与身教的完美融

---

① 习近平.在哲学社会科学工作座谈会上的讲话［M］.北京：人民出版社，2016：29.

合。作为一名优秀的教育实践家和理论工作者，教书育人是师德建设的重要任务，也是对教师进行职业道德培养的基本途径。习近平总书记强调，教育工作者应当成为"先进思想的推动者、学术研究的先驱者、社会风尚的引领者、党执政的坚定支持者"。[①]教师是教书育人的主体，又是学生健康成长的指导者。要成功地扮演这四种角色，广大的教育工作者不仅需要拥有深厚的学识，还需要有志于深入研究和追求真正的学问。他们在道德判断、利益得失等方面都应持有正确的价值观，并能坚守正确的政治观点和方向，真正实现"学高为师、身正为范"的教学标准，并确保言传与身教的完美结合。再次，师德师风是高校办学理念和校风学风建设的重要体现，也是培养合格建设者和可靠接班人的根本保证。因此，为了树立具有高尚师德和师风的先进模范，我们应该致力于识别那些真正有才华、具有人格魅力和高尚道德的杰出人才，以便他们能在探索真理、传播思想和引导社会风气等方面发挥积极的作用。最后，师德师风是教师职业道德的集中体现，应该通过各种途径进行大力宣传。那些具有高尚师德和师风的模范应当持有高尚的价值观，并努力实现对问题的深入研究与对社会的关心的融合。师德是教师的灵魂，只有坚持"以学生为本"才能成为一名合格的教育工作者。育人工作者不仅需要有坚定的学术追求和执着的态度，还要具备助人为乐的情怀，将社会责任视为最重要的任务，以便为社会进步和人类发展作出应有的贡献，同时也要在为人民编写书籍和论述的过程中实现个人价值。

（二）丰富挖掘师德师风先进典型的方法路径

在宣传树立师德师风先进典型的过程中，善于发现先进典型是重要前提。具体来看，一要坚持实事求是的基本原则。坚持实事求是的马克思主义核心思想，是中国共产党成员理解和改变世界的基本需求。作为一种思想路线和政治主张，师德师风对新时期我国社会主义建设事业具有十分重要的意义。坚定地遵循实事求是的原则，是为了确保师德师风先进典型的挖掘工作能够得到有力的推动，同时也是确保工作目标能够有效达成的关键保障。从当前来看，一些师德师风好的单位和个人，往往因为缺乏客观公正的评选而导致先进典型挖掘

---

① 习近平 . 在哲学社会科学工作座谈会上的讲话［M］. 北京：人民出版社，2016：27.

工作进展缓慢甚至停滞。因此，在挑选师德师风的优秀代表时，相关机构必须严格按照实事求是的原则行事，对候选人在师德师风上的真实状况进行深入研究，确保他们或其下属机构提供的相关事迹信息既详尽又真实。同时，还要从政治标准和道德标准两个角度出发，综合考量评选条件是否符合党的教育方针及教育事业发展规律。基于此，我们必须始终以真实的事迹作为参考，对那些在师德师风上表现出色的典型进行资格鉴定，确保他们的事迹经受各种考验，而不是被恶意掩盖、过度美化或夸大。二要构建多元化的发现主体，为选树师德师风先进典型提供重要保障。挑选具有先进师德和师风的典型人物，是一项涉及广泛领域且执行困难的任务，这需要我们积极调动各种资源，以形成强大的工作协同效应。充分利用党团组织作为堡垒的功能，通过各级党团组织的共同努力，确保师德师风先进典型的挖掘工作能够真正深入基层、群众和实际情况中去。要重视社会组织的桥梁纽带作用，鼓励社会各界广泛参与评选推荐师德师风好代表。我们必须高度认识到同行和同事在师德师风方面的关键作用，并积极征集他们对候选人的评价和意见，以便全面了解候选人的基本情况，并为选拔师德师风先进典型提供有力的参考依据。要重视组织领导的主导作用，将评选师德师风典型作为加强师德建设、开展党员教育活动和培养选拔优秀年轻干部等的重要抓手来抓。我们必须高度重视学生在师德师风评估中的核心角色，鼓励学生积极参与到师德师风典型人物的挖掘中，并对学生对这些候选人物的师德师风评价结果给予足够的重视，以确保师德师风的先进典型能够真正"立得住"和"叫得响"，从而真正吸引、影响和感染人们。三要致力于改进选择师德师风先进典型的策略和方法，坚持结合个人自荐和组织推荐的方式，以避免先进典型选树方式的单一化和片面化，从而提高师德师风先进典型选树结果的客观性和公正性。要加强对典型人物进行深入访谈、跟踪考察、全面记录等工作，进一步完善网上公示机制，强化先进典型宣传效果。与此同时，我们必须坚定地结合书面核实和实地考察，以提高先进典型选拔结果的真实性和可靠性，从而增强师德师风先进典型事迹在社会中的传播和影响。

（三）创新师德师风先进典型的宣传方式

在宣传树立师德师风先进典型的过程中，宣传先进典型是最终目的。唯有不断创新宣传方式，才能更好地提升师德师风先进典型的辐射力与影响力。要实现这一目的，一要坚持传统媒体与新兴媒体相结合，实现媒介融合增益。目前，伴随着信息技术的飞速进步，媒体的整合已经变成了媒体发展的一个不可避免的方向。新时代下，如何利用多元化的媒介形式进行新闻宣传工作是值得研究和探讨的重要问题之一。要有效地推广师德师风的先进模范，我们必须准确地理解多种媒体融合的实际趋势，并努力构建一个结合传统与新兴媒体的宣传体系。要充分发挥网络媒体独特的功能作用，不断拓宽传播渠道，增强宣传效果。我们需要进一步发掘电视、电台、报纸和杂志等传统媒体在推广师德师风先进典型人物和事迹方面的显著优势，以便在全社会范围内积极传播正能量，并引导正面的社会风尚。同时，要大力开发网络媒体的舆论引导功能，充分发挥其舆论监督作用。在此背景下，我们需要大力发展基于数字技术、网络技术和机动技术的新媒体传播平台。这将有助于将师德师风的先进典型引入网络，使其更好地融入人们的日常活动中，确保这些先进人物和事迹能够被真实地传播和生动地展现出来。这不仅可以扩大师德师风先进典型的宣传范围，还可以增强其实际的吸引力，为形成健康的学术氛围和生态环境提供坚实的思想支撑。二要坚持日常熏陶与主题宣讲相结合，为宣传师德师风先进典型提供有效载体。要深入挖掘和利用育人工作者在日常生活中的各种场景，将师德师风先进典型的推广与育人工作者的实际行为相结合。通过这些先进典型人物的示范和身教，我们可以引导更多的育人工作者去弘扬良好的学术风气和培养高尚的学术道德。在开展师德师风教育时，应结合学校实际情况，有针对性地做好工作，并根据不同对象采取灵活多样的方法。同时，我们必须紧紧抓住教师节、文化节等关键时刻，或者师德师风专项整治行动这类重要的契机，围绕师德师风建设的主题，通过举办人物表彰会、事迹报告会等多种形式，广泛开展师德师风先进典型主题宣讲活动。这样可以影响和引导更多的育人工作者，坚持以先进典型人物为榜样，以先进典型事迹为参照，将做人、做事、做学问统一起来，努力培养自身深厚的学术底蕴、良好的学术道德和高尚的人格魅力。

第三节 以学术评价营造长效的育人生态

学术评价是学术研究活动的指挥棒，是学术生态的风向标，有什么样的评价导向就会有什么样的学术研究倾向和生态走向。习近平总书记指出，"要建立科学权威、公开透明的高校育人成果评价体系"，"要坚决克服唯分数、唯升学、唯文凭、唯论文、唯帽子的顽瘴痼疾，从根本上解决教育评价指挥棒问题，扭转教育功利化倾向"。[①] 学术评价既要讲主体尺度，也要讲客体尺度，兼顾学术成果的科学性与育人育才的目的性，坚持以政治标准与学术标准相统一为原则，不断完善社会责任评价导向，加强育人育才激励机制，使学术主体在学术活动中自觉作出育人育才的价值判断与选择，为高校育人营造良好学术生态。

一、增强学术评价的公信力

高校的育人工作学术评估标准，指的是评价主体在对高校育人工作的创新成果进行评估时所参考的标准。它不仅反映了高等教育系统内部各要素之间的关系和作用方式，也体现出高校育人工作整体运行效率与质量的高低。由于高校在人才培养工作中研究对象的内在复杂性、评估主体的知识局限性以及在评估过程中的主观倾向，学术评价很难实现绝对的客观和公正。同时，由于学术评价缺乏科学性和权威性，导致一些问题的产生。因此，在进行学术成果的评估时，我们必须建立一个统一的评价准则，以避免评价过程中的随意性和偏见，从而提高学术评价的公众信赖度，并为学术研究提供一个科学的价值方向。

在评估其学术能力时，我们应当以真实性为核心准则，坚守客观和公正的评价标准，同时也要重视学术上的创新，努力使高等教育的培养工作获得更大的进展。具体来看，一要把真理性作为根本指标。高校的核心使命是深入研究客观世界，进而对这些客观事物建立真实的认知。在这个过程中，必须建立起科学的评价机制来检验和评定一切研究成果，使其达到社会所期望的目的和价值。因此，学术标准的核心在于确保学术成果的真实性。所谓真理性就是能够揭示客观事物内在矛盾运动的客观规律，具有普遍指导意义的理论观点或学说。基于真理性标准的核心要求，学术研究的成果应当首先准确地反映客观事物的本质和其固有规律。这不仅体现为对客观事物本身的真实描述，而且也表

---

① 习近平. 在哲学社会科学工作座谈会上的讲话［M］.北京：人民出版社，2016：25.

现在对其规律性的正确认识上。从马克思主义的真理观点来看，真理是客观事物及其内在规律在人们思维中的准确体现，它是主观和客观之间的和谐统一。只有当这种符合达到了一定程度时才能成为真正意义上的真理。要准确评估一项学术成就是否具备真实性，最基础的步骤是观察其是否与客观世界的内在本质和规律相一致。因此，只有坚持以"真"为尺度来衡量，才能真正体现出真理性。任何学术成就，如果不能科学地揭示事物的本质和规律，那么无论其理论体系多么完整、研究设计多么丰富，都不能认为它满足真理性这一学术标准。因此，只有将学术成果作为一种客观存在的认识对象来考察，才能真正做到以实事求是为原则对学术成果进行全面而准确的认定。在实际的学术评估活动中，虽然不同的评价主体在价值观、思维方式、观察视角和知识水平等方面存在差异，并在评估过程中具有一定的自由意志和主观能动性，但最终还是必须严格审查学术成果对某一具体问题的内在本质和客观规律的认知掌握程度。因此，学术成果应当具有较高的科学性。在遵循真理性标准的具体规定下，学术研究的成果应当满足特定的学术准则。因此，学术成果的真理观应该具有科学性与人文性相统一的特征。所有的学术成就都是教育工作者基于特定的学术标准进行的积极研究成果。在没有适当的学术标准的情况下，确保学术研究的真实性变得困难。因此，对学术研究成果应当遵循什么样的规范来保证其具有较高的学术价值和社会意义呢？我们应该如何评估学术研究的成果是否满足学术规范的标准呢？这首先要看其是否具有明确而又具体的学术目标。一些关键的评估标准是基于其是否制定了明确的研究方向，是否运用了科学的研究手段，是否进行了深入的逻辑分析，以及是否对前辈和其他研究者的研究成果持正确态度，并在此基础上形成自己独特的见解和理解。通过这些标准可以有效地判定学术成果是否具有真实的科学性和合理性，从而保证学术质量。值得强调的是，学术规范性只是学术成果真实性的一个关键组成部分，并不意味着只要满足学术规范的要求，就能真正理解客观事物的真实性。因此，必须建立一套科学合理的学术评价体系，通过合理的程序来实现对学术成果的公正评价。在进行学术评价的实践中，评价的主体需要以谨慎的心态来评估学术成果的真实性。他们不仅要关注某一学术成果是否科学地揭示了客观事物的本质和规律，还需要关注其学术规范性，以便为学术评价的决策提供客观的依据。二要将创新性作为关键指标。创新被视为一种具有创新性、能够产生新的研究成果并具有前瞻性的实践行为。高校人才培养目标就是要培养具有较强创新能力和综合素质的人才，这是时代对高等教育提出的要求，也是高等学校义不容辞的责任。在高校中，追求学术研究的创新性始终是教育工作发展的核心议题。学术评价体系中的"产出"和"价值"两个维度都与创造性密切相关。当我们把创新性视为学术评估的核心指标时，首先需要关注的是学术研究是否涉及新的科学议题。从某种意义上讲，学术研究的创新性就是学术思维和学术方法所具有的独创性或创造性特征。这种创新性主要体现在学术研究是否真正实现了研究对象的创新，也就是说，该学术研究是否扩大了现有的研究范围，或者是否开创了一个全新的研究领域，或者是否采用了前人从未使用过的新材料，是否为学术界提供了研究某一具体问题的新途径。其次，学术研究的创新之处也在于是否塑造了全新的思维方式，并为社会的进步和发展带来了新的价值。学术创新需要有一个良好的环境和氛围。科学的核心精神在于不断创新，而不是盲目跟从他人的观点。思想上的突破往往意味着思维方式、方法的更新，也就意味着学术水平的提高。对学术研究成果来说也是这样。学术成果本身既需要有鲜明的个性特征，也必须具备一定的原创性。只有当我们确保思想和观点具有创新性时，学术成果才能真正达到学术标准并具有学术价值，这将为高校的教育工作提供内在的推动力，从而对社会进步、实践发展和时代发展产生积极的推动效果。那么什么才是学术观点的创新呢？我们应该如何去评估一个学术观点是否真正具有创新性呢？这需要我们首先对其所涉及的问题予以准确定位。核心问题是要评估这一学术观点是否采纳了之前研究中未曾采纳的视角，是否进一步丰富了前辈和其他学者的思考，或者是否在理论层面实现了新的重要突破，构建了创新的理论分析结构和思维模式。因此，从一定意义上来说，一个学术研究领域能否形成一种具有独创性的研究成果，很大程度上取决于其学术思想体系的建构与拓展以及所提出的理论见解能否得到广大学者的普遍认可。总体而言，研究结论的创新性应被视为学术创新过程中极为关键的一部分，并应成为相关评价机构在进行学术评估时高度重视的议题。

二、完善社会价值为导向的评价体系

评价制度体系的科学性，直接影响着学术评价的有效性和可信度。同时，其在学术评价过程中或评价决定作出后所形成的制度溢出效应，也影响着学术研究的价值导向。价值导向不同，学术评价的结论自然不同，学术评价要围绕质量与贡献两个关键点，着力构建以社会价值为导向的评价体系。

（一）坚持以质量为先导，坚守学术成果的生命线

学术成果的核心在于其质量，因此，在评价学术成果时，我们必须坚守质量导向，确立科学的质量观点，持续完善学术评价的指标体系，并确保评价主体的专业能力和主观能动性得到充分发挥，特别是要确保学术成果质量评价的客观性。当前，我国学术成果存在着诸多问题，其中一个重要原因就是缺乏正确的学术质量观。因此，首先，我们需要改变传统的思维方式，确立一个基于科学的质量标准。学术成果具有鲜明的主体性特征，其生成过程既需要社会环境条件的支撑，也离不开自身因素的作用。学术成果的核心在于其质量，这也构成了学术话语权的基本出发点。高校作为人才培养基地和科学研究中心，理应成为学术质量保障的核心力量。为了确保高校的教育工作能够持续发展，提高学术研究成果的质量是至关重要的。学术成果不仅需要有良好的外部条件保障，更重要的在于其本身具有较高的学术水平与社会影响力。提升国际话语权和文化软实力，也依赖于通过提高学术质量来赢得声誉和尊严。当前，学术界对学术评价问题已进行了积极有益的探索，并取得了显著成效。然而，从当前的实际情况来看，我国的学术评价体系在某种程度上仍然呈现出行政化和数量化的倾向，同时也存在过分关注学术成果发表的刊物级别、科研基金级别和奖励级别等问题，这导致学术评价的质量意识并没有得到充分的体现。这不仅导致了一些学者为了获得某种荣誉而不惜弄虚作假或造假抄袭甚至剽窃他人研究成果等学术腐败行为，而且也影响了学术界的诚信建设和学术生态环境，不利于我国科学精神的培养。因此，在实际的学术评估过程中，我们应当坚定地遵循以质量为核心的评价原则，摒弃在传统观念中过于重视数量而忽视质量、过分强调形式而轻视内容的做法。我们需要正确地平衡数量与质量、形式与实质之间的关系，加强对学术成果内在价值和精品意识的重视。这样可以引导研究

人员摒弃急功近利的研究观念，纠正那些投机取巧的研究行为，确立以质量为中心的学术研究方向，真正实现从"功利主义"向"学术本位"的转变，从而确保学术研究始终沿着正确的路径发展，不断涌现出优秀的研究人才和高质量的研究作品，并坚定地维护学术成果的生命线。

其次，应当采用综合评估作为工具，进一步完善学术评价的指标结构。综合评价具有客观性和全面性特点，在一定程度上反映了高校的科研实力和水平。综合评价是一种既重视学术成果的数量，又重视其质量的评价方法，将其纳入学术评价体系可以为学术评价的主体提供更加客观、公正的参考指标。目前学术界常用的综合评价方法包括文献计量学法、专家咨询法和主成分分析法。在进行学术成果的综合评估时，我们不仅要考虑其数量和规模，还需要关注其质量。目前，我国高校普遍采用"同行评议"的办法进行学术评价，即由专家根据一定标准，对同一篇学术论文从内容到形式、过程等方面进行全面审查。这种方法的优势在于它打破了传统的以论文数量、专利数量、科研经费、获奖数量等指标来衡量学术成果和学术水平的做法，从而减轻了学术研究机构和研究人员的科研压力。在进行综合评价时，我们不仅要强调质量与数量的紧密结合，还需特别强调质量指标在学术评价体系中的核心地位。我们应将新问题的发现、新材料的挖掘、新视角的采纳、新方法的应用以及新思想的提出等因素作为评估学术成果质量的关键指标，并持续改进学术评价指标体系，确保学术评价始终聚焦于优秀学术人才和学术成果的挖掘与推广。

最后，始终坚守评价主体的专业性，确保对学术成果的质量评估是客观的。在学术评价过程中，应注重发挥专家评议的作用，同时加强同行评议的力度。为了建立一个以质量为核心的学术评估体系，我们不仅需要确立以质量为中心的评价观念和建立相应的评价指标，还需要密切关注这些科学观点和指标在实践中的具体执行情况。目前学术界存在一些学者对学术成果质量评价不够重视的情况，导致许多研究成果不能及时得到有效利用。学术成果质量评价的客观性和全面性，以及优质学术成果的挖掘和推广，都受到学术评价主体专业化水平的直接影响。由于我国目前还存在一些问题，导致部分学者对开展高质量的学术评价产生畏难情绪。因此，我们需要重视学术评价质量，完善以质量为核心的评价体系。我们应该努力优化学术评价的主体结构，充分利用同行、专家等在特定研究领域具有丰富学术经验、对学术历史有深入了解和对学术前沿知识有深入了解的研究人员，确保他们能够积极参与到学术成果评价的实际工作中，从而保证学术评价的效率、权威性和客观性。

（二）坚持以贡献为导引，重视学术成果的价值性

学术研究的最终目的是促进人类的进步和福祉，因此，这些研究成果不仅需要具备高度的学术价值，还应当能够满足人们在精神层面上的需求，并与人类社会面临的实际问题密切相关。一是要把社会贡献度作为学术评价的重要指标。持续地满足和丰富人们的精神需求是发展的核心动力。在评估学术成果时，我们需要深入探讨其是否能够主动地寻找人的存在意义和价值，并对人的本质有一个新的认识。同时，我们也需要准确地把握在特定的社会历史背景下时代的发展趋势，对社会发展的本质和规律有一个客观的理解。此外，我们还需要全面了解个体与社会之间的深层次联系，并引导大家正确看待个人理想追求与社会发展需求之间的辩证关系，从而在整个社会中传播正能量。只有这样，才可能使学术成果成为推动人类文明进步、促进人类文化繁荣发展的重要力量。只有通过对社会价值的检验，我们才能确保学术研究成果得到广泛的认可和社会的普遍接受。二是要关注学术成果对解决现实问题的指导意义。"思想是行动的先导，理论是实践的指南。"学术研究成果不只是为了满足人们的心灵需求，它还应该为社会实践中遇到的实际问题提供科学的理论支持，从而助力人类社会的进步和文明的向前发展。因此，为了构建一个以贡献为核心的学术评估体系，我们必须特别重视学术成果在解决实际问题上的指导作用。学术评价是一种促进人的自我价值实现的行为，也是高校科研管理的重要手段之一。在参与学术评价活动的过程中，学术评价主体应全面认识到学术成果在指导和解决社会现实问题方面的积极作用。同时，应鼓励和推介在育人工作和重大学术成果方面作出突出贡献的人才，以不断激发育人工作者的积极性、主动性和创造力。这样可以引导他们将学术研究与当前时代的问题、现实挑战和发展需求相结合，从而产生更多具有现实指导意义的思想观点和实践策略。在具体评价时，必须综合考虑多种因素，既包括宏观层面上的制度保障和政策支持，又包括微观层面上的科研团队建设和研究队伍管理等内容。值得特别强调的是，学术研究不仅应为当前社会发展所遭遇的难题提供方向，同时也应

为未来可能出现的社会发展难题给出有远见的建议。因此，学术评价主体在进行具体研究时必须充分考虑到这一点。对于那些具有前瞻性和前瞻性认知的学术成就，相关的评价主体也应该给予足够的关注，并利用所有可用的资源和科学的评价方法对其进行客观的评价，以挖掘其间接的、潜在的现实影响和社会价值。

三、健全育人育才为导向的激励机制

高校育人工作的激励机制，是指从满足育人工作者的需求出发，通过特定的激励方法及途径，最大限度地激发和调动育人工作者的积极性和主动性，使学术研究焕发生机与活力的系统过程。此处提及的"激励"与"评价"是密不可分的，它是评价的基本前提和直接目的，也是评价的一种重要形式。因此，完善学术评价体系，应着力健全以育人育才为导向的激励机制，充分调动育人工作者在育人育才工作中的积极性、主动性和创造性。

（一）以增加知识价值为导向，满足育人工作者的物质需要

高校的育人工作人员同样是人，尽管他们在研究方面通常具有高度的奉献精神和全身心的工作热情，但满足他们最基础的生活和发展需求是确保高校持续发展和人才传承的关键。因此，在这一过程中，我们应优先考虑满足育人工作者的物质需求，确保他们的基本需求得到满足，而不是仅仅注重奉献和回报。同时还要关注育人工作者的精神境界，使之获得充分自由和全面发展。因此，我们首先需要逐渐增加教育工作者的薪资水平。其次建立科学的激励体系，使育人工作者有较强的归属感和成就感。因此，为了增强知识的价值，我们应该完善激励策略，并努力提高教育工作者的薪酬水平。首先，要将工资收入与岗位职责联系起来，保障育人工作者的基本工资水平，并坚持基本工资增速要与社会经济发展水平、物价水平相适应，从而确保基本工资水平的正常增长。其次，要将工资收入与学术考核评价结果挂钩，强化对育人工作者从事学术研究的绩效考核，不断优化其工资收入结构。最后，要加大对作出重大贡献的育人工作者、研究团队及科研机构的奖励力度，建立健全基础工资、绩效工资与学术贡献奖励相结合的收入增长机制，从而在全社会营造尊重知识、尊重人才、尊重创造、尊重劳动的良好氛围。

例如，在开展学术评价的过程中，针对部分具有重要社会价值的学术成果，应对其学术研究者及所属的科研机构进行额外的奖励。通过这一手段，全面提高育人工作者的总体收入水平，从而确保其有时间和精力专注于学术研究工作，形成更多具有重要贡献的高校育人工作理论及实践成果。再次发挥财政科研项目资金的激励引导作用。完善以增加知识价值为导向的激励机制，需充分发挥财政科研项目资金的激励引导作用。要根据科研项目特点完善财政资金管理，针对不同功能和资金来源的科研项目要坚持分类管理，并在此基础上加大对育人工作者的激励力度。对于部分符合条件的智库项目，也应积极探索政府购买服务的方式，并依据政府购买服务的合同约定管理科研项目经费，在科研资金使用上给予育人工作者及其所属研究机构更多自主权，进一步激发育人工作者开展学术研究的能动性与参与热情。最后鼓励育人工作者通过学术成果转化增加合理收入。通过市场配置资源实现学术成果转化，是实现知识价值、增加成果性收入的有效方式。因此，完善以增加知识价值为导向的激励机制，需积极鼓励育人工作者借助多种方式与途径进行学术成果转化，增加自身的合法合理收入。具体来看：首先，要建立健全学术成果转化受益分配和奖励方案，落实相关研究机构履行学术成果转化长期激励的法人责任，不断加大对育人工作者的知识产权与知识价值的保护力度。其次，要完善学术成果转化的相关配套机制，提高育人工作者在学术成果转化中的实际收入。例如，对符合条件的学术成果作价入股实施纳税优惠政策，鼓励育人工作者积极开展创新创业活动，并在此过程中促进学术成果的进一步转化，切实提高育人工作者的收入水平。

（二）以思想引领为导向，关注育人工作者的精神需要

育人工作者的精神需求成为他们持续深化研究，并主动将研究成果应用于服务社会和为社会作出贡献的强大驱动力，这也是推动高校教育工作持续深化的关键因素。当前我国高等教育面临着新形势和新机遇，对高校育人工作者也提出了更高要求。因此，我们首先需要关注教育工作者的学术道德观念，并鼓励他们增强理论上的勇气。学术良知是一个人从事学术研究时对自己的思想和行为是否符合客观实际所持有的一种自觉意识。所指的"学术良知"通常是指那些与理论勇气密切相关的，以追求真理为使命、不畏权势的学术品质。

这类学者具有高度的理论素养和深厚的历史积淀，在学术研究上有很强的独到见解。若缺乏这种宝贵的学术特质，学术创新的成果常常难以付诸实践。要着眼于育人工作者的社会责任和历史使命，引导其树立崇高的理想追求。因此，完善以思维导向为核心的奖励制度，我们应该重点培育教育工作者的学术道德观念，关键是要增强他们在理论上的勇气。这不仅是因为理论素养对人才培养具有重要意义，更因为理论修养本身就是一种高尚的道德境界，更是一种崇高的人生追求。正如马克思曾经指出的，科学之路并不是一帆风顺的，只有那些不怕辛劳、勇敢地沿着险峻的山路前行的人，才有可能攀登到辉煌的高峰。高校作为人才培养基地，其使命就是培育具有坚定理想信念、高尚道德修养的人才。从培养学术道德和理论勇气的具体途径来看，我们应该引导教育工作者坚定地以追寻真理为自己的责任。学术自由是一种崇高而伟大的理想，是人类孜孜以求的最高精神境界，也是大学精神的灵魂所在。在高校中，追寻真理被视为教育工作的核心使命。从事教育工作的人员应当始终以追寻真理为自己的责任，坚守学术道德的基本准则和正确的学术价值观，从而为高校的教育事业的持续繁荣和发展作出有益的贡献。同时，要引导育人工作者树立强烈的历史责任感和历史使命感，勇于担当起时代赋予的历史使命。为了鼓励教育工作者善于识别问题并勇于挑战学术界的权威，学术研究的成果与社会、政治和经济的变革紧密相连。这意味着，如果学术研究的成果与社会需求不匹配，那么它可能会对社会、政治和经济的进步带来严重的负面效应。如果在学术研究过程中缺乏应有的理论勇气，也会给国家、民族造成不可挽回的损失。因此，强化教育工作者的思维导向并努力培育他们的理论勇气变得尤为关键。

学术研究是人类实践活动的高级形式，具有鲜明的时代特征。学术探索总是在特定的历史背景下展开，并在回应时代的担忧时追求创新与进步。当前我国正处于实现中华民族伟大复兴的关键时期，经济社会深刻变革对人才培养提出了前所未有的要求。因此，在进行学术研究的过程中，育人工作者应始终保持与时俱进的态度，不断接受时代发展带来的新挑战，并真正加强责任感和担当精神。这既是对学术工作自身规律和特点的深刻把握，也是对时代要求和历史使命的高度自觉。更具体地说，从事教育工作的人员必须勇于承担时代发展所赋予的责任和使命，勇于发出时代思想的先锋声音，解决社会发展中的显著矛盾和问题，这样才能真正做到不辜负使命、引领实践。同时，从事教育工作的人员也应当尊崇人民的主体地位，并始终致力于为人民进行学术研究。只有这样，才能够让我们的学术研究成为推动经济社会发展的重要动力。在新的时代背景下，广大的教育工作者应当深刻认识到人民是社会历史的缔造者，坚定地确立为人民进行学术研究的宏伟目标，并始终将所有的学术研究活动集中于人民的实际创新和为人民的实际需求服务，从而产出更多能够经受人民的检验和时代的挑战的学术研究成果。

第六章

形成高校育人的保障机制

学科是学术创新的基本平台，也是人才培养的重要依托，是实现高校全员、全方位、全过程育人育才的重要支撑和保障。学科是一定科学领域知识系统的集合概念，"既是大学内部建立组织的依据，也是大学实现人才培养、科学研究和社会服务等职能的基本单位"。[①]学科是一所高校发展的龙头和主线，处于重要的战略地位，学科的发展水平反映着一个大学的发展水平。学科建设的目标在于提升知识生产力、课程建设水平、人才培养质量以及科学研究等方面的能力，以此更好地服务和贡献国家、社会发展。归根到底，学科建设最根本的价值追求就是实现学科的育人育才功能。中国特色教育自诞生以来，就明确了学科教学是"主渠道"、课程建设是"主战场"、教师队伍是"主力军"的理念，就决定了学科育人就是高校最经常、最普遍、最稳定的育人育才方式和途径。要建立高校育人格局，必须让高校所有学科、所有教师、所有课程都承担起育人育才责任，统筹不同学科育人育才整体效应，推进思政元素融入所有课程建设，提升教师育人能力，实现学科课程、教学环节、教育人群三个全覆盖，建立起同向同行、协同联动的保障机制，确保高校育人方略的有效实施。

第一节　统筹不同学科育人整体效应

不同学科具有不同的学科建设目标，决定了不同学科具有不同的育人价

---

①"中国特色高等教育思想体系研究"课题组.中国特色高等教育思想体系举要［J］.中国高教研究，2017（04）：1–25.

值。本文以高校学科体系中的"一主十一支撑"为研究范畴，即"马克思主义理论"学科作为"一主"，是统摄高校学科体系建设的学科；"十一支撑"是具有中国特色和国际视野的哲学、历史学、经济学、法学、政治学、社会学、民族学、心理学、新闻学、人口学、宗教学为支撑的学科。它们相互联系、相互支撑、相互渗透，不同学科既具有共性特点亦各有特点，要根据不同的学科特点发挥各自特殊的育人功能。我们要突出马克思主义学科的引领作用，将高校学科建设目标与育人目标统一起来，整合发挥不同学科的育人功能，整体增强学科群育人效应。

一、统一学科培养目标与育人目标

由于知识的无尽性和人类知识的有限性，学科基本上是由人类某一领域的认识成果或科学知识体系组成的科学门类。因此学科是一个系统整体，它具有自身独特的属性和规律。学科育人的功能是嵌入在各种知识教育和智育中的，而不同的知识体系则决定了不同学科的建设目标和人才的培养方向。因此，对学科知识进行分类并明确其性质特征是实现学科育人功能的前提。多年来，由于过分强调"应试导向"和"科研导向"，人们对学科的知识教育目标给予了更高的重视，而忽略了知识的占有和学生个人发展之间的密切关系，这导致了学科教育目标的明显缺失。因此，如何将学科知识教学作为一个整体来设计并实施？实际上，我们的目标是着眼于根本问题和长期规划。学科育人目标的确立不仅需要明确其内涵，而且还需把握其内在要求及外延边界。在新的时代背景下，实施立德树人的核心任务，学科教育的核心问题在于为党和国家培养人才，确保教育的统一性。这不仅是新时代学科教育的逻辑出发点，也是学科持续发展的核心价值。为此，需要明确学科育人的核心内涵，把握好学科育人的基本要求，探索出科学有效的学科育人路径。不可否认，现代中国的高等教育学科深受马克思主义的影响，我们更应该高度重视社会主义的办学理念，将学科建设的独特性和优势转化为教育质量，确保学科的培养目标与教育目标紧密结合，这样才能保证教育的正确方向。目前，普通高等学校高校学科基本界定与培养目标如下：

在中国，育人的根本目标就是要培养德智体美劳全面发展的社会主义建设者和接班人，培养拥护中国共产党领导和我国社会主义制度、立志为中国特色社会主义事业奋斗终身的有用人才。只有将高校育人工作所有学科的培养目标与育人目标相统一，才能确保所有学科在进行知识教育的过程中，体现学科知识和学科教学的育人功能。通过对高校育人工作"一主十一支撑"学科的基本内涵及培养目标的分析，我们可以得出以下结论：一是各学科的培养目标均未明确体现育人目标。各学科在培养目标中，更侧重于本领域学科素养和专业能力的培养，均未明确体现"社会主义建设者和接班人""拥护中国共产党领导和我国社会主义制度、立志为中国特色社会主义事业奋斗终身"的育人目标内容。二是大部分学科培养目标碎片化融入了育人目标。有 6 个学科培养目标明确提出了鲜明的"马克思主义立场"或"马克思主义理论素养"，有 5 个学科培养目标明确提出了"正确的政治方向"，有 3 个学科培养目标提出了"践行社会主义核心价值观"，个别学科培养目标提出了"以国家政治、经济和文化建设发展需求为基本原则""了解、拥护党和国家的方针政策"等内容，体现了育人目标的价值指向。三是部分学科培养目标滞后于育人目标。有部分学科培养目标仍停留在德智体美的认识上，滞后于新时代德智体美劳全面发展的育人目标。四是大部分学科培养目标体现了对创新人才培养的关注。新时代的人才应该是具有国际水平的创新型、复合型、应用型人才，8 个学科培养目标中都体现了对创新型人才培养的重视和关切。综上所述，高校学科培养目标亟待以育人目标为遵循，主动适应变局、回应时代，完善和优化学科培养目标内容，把学科培养目标与育人目标有效统一起来，发挥高校育人工作全学科育人功能。

二、突出马克思主义理论学科引领地位

面对各类风险和挑战日益增多的新形势，应不断推动马克思主义理论学科的完善与发展，切实把马克思主义的立场、观点与方法贯穿到高校育人工作各学科、各专业之中，着力提升马克思主义理论学科的引领力，努力把马克思主义理论学科建设成为高校育人工作的优势学科。要植根时代变化和实践发展，形成以马克思主义理论学科为引领、其他相关学科为支撑的高校学科体系，巩固马克思主义的指导地位。

马克思主义理论学科在理论与实践的创新互动中不断发展。2005 年，国务院学位委员会、教育部印发《关于调整增设马克思主义理论一级学科及所属二级学科的通知》（学位［2005］64 号），增设马克思主义理论一级学科及所属二级学科，暂设置于"法学"门类内，下设马克思主义基本原理、马克思主义发展史、马克思主义中国化研究、国外马克思主义研究、思想政治教育 5 个二级学科。2008 年，国务院学位委员会、教育部印发了《关于增设"中国近现代史基本问题研究"二级学科的通知》，在原有 5 个二级学科基础上，新增设"中国近现代史基本问题研究"。2016 年，在中共中央、国务院印发的《关于加强和改进新形势下高校思想政治工作的意见》中，提出"强化马克思主义理论学科的引领作用，优化学科布局，以马克思主义哲学、政治经济学、科学社会主义等相关学科为支撑，不断完善马克思主义学科体系，支持有条件的高校在马克思主义理论一级学科下设置党的建设二级学科"，① 进一步推动了马克思主义理论学科体系的整体性发展。2021 年，在中国共产党成立 100 周年的重大节点，国家正式设立中共党史党建一级学科。不同学科具有不同的学科特点，发挥的作用也不尽相同，但它们之间相互支撑、相互联系、相互渗透，互为支撑、不可分割。

基于对马克思主义学科体系基本框架内容和其内在逻辑关系的认识，马克思主义学科的内在逻辑体系具有以下突出特征：一是具有学科体系的整体性。虽然马克思主义内容繁杂、体系庞大，但在马克思主义哲学、马克思主义政治经济学、科学社会主义三部分的相互关系中可见其相互关联的整体结构，综合地反映在对人的社会发展规律、自身发展和认识发展等。理解这种整体性特征，不仅要理解各学科各自的研究内容、范式和特征，更要从整体上理解和把握它们之间的相互关系。二是具有马克思主义的生命力。马克思主义学科体系充分彰显着理论的生机，这种理论生机主要来自其理论与实践相结合的特征。要将马克思主义的基本原理同所处时代的政治经济发展实际结合起来，同人们的思想实际联系起来，避免僵化、教条地认识马克思主义，马克思主义只有和社会经济发展时机、人们的思想实际结合起来才能得到长足的发展，才能体

---

① 中共中央文献研究室. 十八大以来重要文献选编：下［M］.北京：中央文献出版社，2018：484.

现出其强大的理论生命力。三是兼具学术性和意识形态性。马克思主义学科作为一个学科其有自身的内在学术性。它作为人类思想文化的结晶，揭示了人类社会发展的一般规律，展现了自己独特的学术魅力和逻辑品格，但与此同时马克思主义理论作为无产阶级改造世界的武器，也具有一定的意识形态性。而马克思主义学科体系正是其学术性与意识形态性的完美结合。我们既要注重学术性，也要坚守其意识形态性，充分发挥其引导人们认识世界、改造世界的强大功能，实现学术性和科学性与意识形态性相结合，筑牢马克思主义的指导地位，注重研究其中国特色，更好地服务于中国特色社会主义理论的发展，培养社会主义建设者和接班人。

需要强调的是，马克思主义学科的引领地位包含"统领"和"融入"两层含义，既"要用马克思主义的立场、观点和方法统领整个高校育人工作的学科建设，确保旗帜鲜明、坚定正确，还要在高校学科建设和教学过程中，都要融入马克思主义的精髓和灵魂，让马克思主义的指导思想像空气一样无处不在"，要在马克思主义理论学科的引领下，充分挖掘高校育人工作各学科中蕴含的育人教育资源，才能实现与思想政治教育协同育人的科学目标。

三、整合发挥不同学科的育人功能

任何事物在本质上都具有相对的共性和个性，它们在一定的条件下可以相互转化。在高校思政类学科群中，不同知识体系的学科既具有共性特点，也具有相对的个性特点，这决定了不同学科在育人过程中发挥着不同的特殊作用。高校思政类学科大体可以分为马列科社类、人文科学类、社会科学类三大类，它们对于育人的作用方式是相互区分、相互支撑的、相互渗透的，发挥着不同的育人作用，通过整合与转化能够从整体上提升高校育人质量。

（一）马列科社类学科要教育引导学生坚定理想信念

马列科社类学科承担着教育引导学生在坚定马克思主义信仰、中国特色社会主义信念和共产主义理想的重要使命，要引导学生做到真学、真懂、真信、真用马克思主义。习近平总书记指出："马克思主义思想理论博大精深、常学常新。要不断从中汲取科学智慧和理论力量。"① 要自觉地刻苦、深入学习马克思主义经典著作，从源头上完整理解和领悟马克思主义原理，坚持用马克思主义立场观点方法把握工作规律、破解实际问题，有效传播和引导学生科学认识马克思主义的历史性、科学性和现实性，感悟马克思主义的真理力量；要引导学生坚持用习近平新时代中国特色社会主义思想武装头脑。习近平新时代中国特色社会主义思想是马克思主义中国化最新成果，要引导学生从历史与现实、理论与实践等维度学习和理解习近平新时代中国特色社会主义思想的科学内涵和精神实质，真正做到学深悟透、融会贯通、真信笃行；要教育引导学生坚定对中国特色社会主义的信念，要深刻认识到道路、理论、制度和文化共同构成了中国特色社会主义的主要内容，要引导学生深刻领会中国特色社会主义事业的根本保障、实现途径、行动指南与精神力量，切实坚定"四个自信"，能够讲清楚中国共产党为什么能、马克思主义为什么行、中国特色社会主义为什么好的道理、学理、哲理，积极应对人类面临的共同问题，善于提出中国主张、中国方案，向世界传递响亮的中国声音。

（二）人文科学类学科要教育引导学生掌握科学的世界观和方法论

人文科学类学科也可以简称为文史哲类学科，文学、历史学、哲学类学科是高校育人工作的基础学科，蕴含着丰富的育人内容，是育人的主要渠道。哲学类学科是认识世界和改造世界的工具，能够为学生提供科学的世界观和方法论，使学生真学、真懂、真信、真用马克思主义，掌握"解释世界"和"改造世界"的科学思想武器，帮助学生正确认识自然界、人类社会、人类思维及其发展规律。文学类学科植根于中西方文明的精神土壤，优秀的文学作品浓缩的往往是一个时代的风貌和风气。纵观中华民族五千年的文明长河，流传于世的文学瑰宝比比皆是，从诗经、楚辞、汉赋、唐诗、宋词、元曲到明清小说，再从五四新文化运动、新中国成立到改革开放以来，中华儿女创造了璀璨的文学成果，通过文学作品传递了正确的历史观、民族观、国家观和文化观，为人们传递了追求真善美的永恒道德境界。文以载道、以文化人，优秀的文学作品能够潜移默化地给学生以价值引导、精神引领、心灵洗涤和审美启迪。在世界

---

① 习近平.在纪念马克思诞辰 200 周年大会上的讲话［M］.北京：人民出版社，2018：15.

文化的激烈碰撞中，我们要坚定文化自觉和文化自信，自觉弘扬中华优秀传统文化、革命文化和社会主义先进文化，自觉做社会主义核心价值观的坚定信仰者、积极传播者和模范践行者。历史学类学科是人类最好的教科书，是前人的实践和智慧之书。历史知识的深入学习、历史经验的辩证借鉴与运用，能够帮助学生获取智慧、认识规律、把握方向，坚定理想信念，勇担历史赋予的重要使命，努力成长为堪当民族复兴大任的时代新人。

（三）社会科学类学科要教育引导学生树立"小我融入大我"的人生追求

狭义的社会科学主要包括经济学、管理学、法学类等学科。与文史哲类学科发挥的宏观作用不同，狭义社会科学类学科的作用更加具象和微观，不同的学科聚焦社会的不同方面，是对社会不同领域分门别类的研究和把握，与国家和社会发展的关系更加密切。经济学类学科是"经世济民之学"，也是"理性选择的科学"，每个日常个人与社会中的生产、消费、工作等经济行为都是一个理性选择的过程，而如何支配利益和资源是经济活动中的一个根本问题，理性选择并不意味着单纯追求自利的自由经济，而是"穷则独善其身、达则兼济天下"的利益选择，在教授经济学专业学科知识的同时，应引导学生深刻认识经济社会发展规律，从我国社会主义基本制度的发展历程和成功经验中正确看待"两个毫不动摇""两种分配方式相统一""两只配置之手相结合"，坚定学生的制度自信，树立"经邦济世、强国富民"的经济思维，主动投身进"五位一体"总体布局和协调推进"四个全面"战略布局之中，将个人掌握的经济学知识和能力服务于国家和社会发展，服务于人民幸福，在追求自利与共享的平衡中，实现自己的人生价值。管理学类学科的终极价值追求就是运用有限的人力、物力和财力取得最大的效能，在追求效益和效能最大化的过程中，对于人的管理是管理的实质和核心，在管理活动中，不同环境、不同要素都需要人去使用、调配、协调和控制，因此，在学科教学活动中，要引导学生在管理活动中尊重人性、适应人性，在注重管理服务效率和效能最大化的同时，坚持以"诚实守信"为根基，在人与人之间相互依存、相互信赖的关系中，提高管理服务效能，引领社会风气。法学类学科所传授的知识体系是国家权力强制实行的规范，属于硬规范，与之相呼应的道德就属于软规范，法律是成文的道德，道德是内心的法律，在个人素质中道德素质和法治素养二者相互统一、相互促进，习近平总书记在考察中国政法大学时强调要培养"德法兼修"的高素质法治人才，因此，在教授学生法学知识的同时，要把道德导向贯穿法治教育的全过程、各环节，充分体现社会主义道德要求，避免产生泛道德化思维和法律万能主义，引导学生在道德上做好人、在法律上做好公民，在思想和行动上践行社会责任意识、规则意识和奉献意识。

需要强调的是，除了上述传统学科以外，其他学科诸多新兴学科、前沿学科、交叉学科、冷门学科，同样具有育人的重要作用，需要充分实现学科间的互动，突出优势、拓展领域、补齐短板、完善体系，实现育人功能相辅相成、相互促进。

第二节　推进思政元素融入所有课程建设

课程思政建设是高校教学改革的重要内容，其核心在于挖掘不同学科和专业课程的思想政治教育资源，发挥不同课程的育人功能，进而全面提升高校立德树人实效。2020年，教育部印发的《高等学校课程思政指导纲要》中明确提出，要全面推进高校课程思政建设，深入挖掘各类课程和教学方式中蕴含的丰富思想政治教育资源，切实发挥好每门课程在人才培养中的独特作用。高校育人工作作为研究各种社会现象与人类思想活动，揭示人类社会发展规律的学说，具有鲜明的知识性、学术性和意识形态性。它既是思想政治教育的重要载体，也为课程思政教育教学改革提供着有益的支撑。挖掘高校育人工作所蕴含的思想政治教育资源，发挥高校所有课程的育人功能，使各类课程与思想政治理论课相互配合、同向同行，形成思政课程到课程思政的协同效应，实现价值体系和知识体系的有机融合，对提升思想政治教育质量具有重要意义。

一、深化思政课程与课程思政协同建设

思政课程与课程思政同向同行、形成合力，是实现高校育人效果最大化的关键所在。习近平总书记强调："要用好课堂教学这个主渠道……其他各门课都要守好一段渠、种好责任田，使各类课程与思想政治理论课同向同行，形

成协同效应。"① 这对高校思想政治教育工作提出了"全过程、全方位"的新要求，但目前高校思想政治教育仍在一定程度上存在与专业教学"两张皮"的状态，专业知识讲授与价值引领相互脱离，专业课教师的理想信念、师德师风建设较弱，各学科的思想政治教育资源没有得到充分发挥。基于此，高校必须积极推进思政元素融入所有课程建设，发挥思政课程与课程思政的协同效应，确保思政课程与课程思政同频共振，实现育人效果的最优化。

（一）切实办好思想政治理论课，把稳育人方向盘

思想政治理论课是高校落实立德树人根本任务的关键课程，在育人中的作用不可替代。新形势下，建设好思想政治理论课要放在"世界之变""中国之变""教育之变"的大局中来看待，放到党和国家事业发展的战略视角下去加强。"思政课是落实立德树人根本任务的关键课程，发挥着不可替代的作用……坚持思政课建设与党的创新理论武装同步推进"。② 总体来看，高校思想政治教育理论课建设要"坚持政治性和学理性相统一、坚持价值性和知识性相统一、坚持建设性和批判性相统一、坚持理论性和实践性相统一、坚持统一性和多样性相统一、坚持主导性和主体性相统一、坚持灌输性和启发性相统一、坚持显性教育和隐性教育相统一"③ 的原则，以习近平新时代中国特色社会主义思想为主线，遵循教育规律、学生认知规律和成长规律，整体规划课程目标，不断完善课程体系，丰富马克思主义理论教育、中国特色社会主义和中国梦教育、社会主义核心价值观教育、"四史"教育、中华优秀传统文化教育等课程内容，充分发挥思想政治理论课对学生的政治引领和价值引领作用，实现知、情、意、行合一，满足学生成长发展需求和期待。

（二）挖掘课程蕴含的思想政治教育资源，注入育人新动能

思想政治教育理论课是一门包罗万象的综合性、复合型课程，面对的意识形态领域复杂多变，面对的教育对象多元、生动，仅仅依靠思想政治教育理论课一门课程是难以完成时代赋予的任务使命的，需要所有课程同频共振。高校

---

① 习近平.习近平谈治国理政（第二卷）［M］.北京：外文出版社，2017：378.
② 中办国办印发《意见》深化新时代学校思想政治理论课改革创新［N］.人民日报，2019-08-15（01）.
③ 习近平.思政课是落实立德树人根本任务的关键课程［M］.北京：人民出版社，2020：17-23.

课程蕴含着主流意识形态的知识体系，能够为思想政治教育建设提供强大的智慧支撑。为此，要大力推进所有课程的课程思政建设，深入梳理和挖掘所有课程和教学方式中蕴含的思想政治教育元素和资源，解决好各类课程与思政课之间的关系与配合的问题，依托高校学科体系构建全面覆盖、类型丰富、层次递进、相互支撑的课程思政体系，把思想政治教育内容融入贯穿课程设计与教学全过程、各环节，在知识教育的过程中渗透价值育人内容，把做人做事的基本道理、把社会主义核心价值观的要求、把实现民族复兴的理想和责任融入各类课程之中，着力使学生的价值塑造、知识传授和能力培养三者相统一，让学生掌握事物发展规律，通晓天下道理，坚定政治信念，养成科学思维，提高道德修养和精神境界，促进身心和人格健康发展，在潜移默化、润物无声的教学过程中达到思想政治教育效果，打通高校课程与思想政治教育理论同行共建与协同育人的"最后一公里"。

需要强调的是，在学科体系中，理学、工学、农学、医学、军事学等各类课程同样是课程思政建设的重要阵地，蕴含着丰富多元的思想政治教育资源，同样需要高度重视和充分发挥自然科学与思想政治教育课程协同育人的作用。

二、立足"大思政"格局开发各类教材

教材体系与学科体系密不可分，是高校育人的重要依托。习近平总书记指出："学科体系建设上不去，教材体系就上不去；反过来，教材体系上不去，学科体系就没有后劲。"① 当前，在高校党委抓顶层设计、党政齐抓共管、校院层层推进的"大思政"格局下，教材建设既要深入研究"教什么"的问题，也要深入研究"教给谁""怎样教"的问题，要用当代中国马克思主义学术语言，正确解读中国现实，回答中国问题，确保正确政治方向、价值取向、学术导向。要坚持以马克思主义为指导，以大力提升教材育人功能为目标，以全面提高教材建设质量为重点，切实创新"马工程"教材编写、深化思想政治教育学科教材建设、推进教材体系向教学体系的深入转化。

---

① 习近平 . 在哲学社会科学工作座谈会上的讲话［M］. 北京：人民出版社，2016：23.

（一）创新"马工程"教材编写

马克思主义理论研究和建设工程（简称"马工程"）重点教材建设是构建具有中国特色的学术工程。创新教材编写为新时代高校育人工作繁荣发展提供有力支撑，也是"马工程"教材体系建设的核心理念之一。具体而言，一要创新解读马克思主义经典理论。习近平总书记提出："对待马克思主义，不能采取教条主义的态度，也不能采取实用主义的态度。"①马克思主义理论的与时俱进性决定了"马工程"教材的编写工作中也应尊重与时俱进这一理论品质，在坚持马克思主义原理和立场的前提下，以时代为标准和素材审视马克思经典著作，对其经典理论和观点在尊重经典的基础之上，基于引发和阐释，力求其成为解释现实，为现实社会实践提供理论源泉的重要资源，不断创新理论成果，在当代中国的实践基础上作出符合时代要求的理论阐释和创新。但马克思主义经典理论的创新解读绝不能是无原则的任意解释和阐发，应坚持以下原则：坚持实事求是的原则，即根据实际情况，实事求是地作出理论阐发，既不夸大其词也不有意回避，对马克思主义的经典理论恰当运用，不能为了创新理论而创新，也不能为了解释现实而强加于理论之上，坚持实事求是、一切从实际出发应是运用马克思主义经典理论解释一切问题的最基本原则。一要坚持与时俱进的原则，在"马工程"教材的编写过程之中要适应社会发展、实践深入和历史前进对高校育人工作的要求，紧跟时代步伐，更好地体现其思想性和时代性的统一。二要创新反映马克思主义中国化最新理论成果。"马工程"教材既要重点解读马克思主义基本理论，也要对中国化马克思主义理论成果进行阐释，推动习近平新时代中国特色社会主义思想进课程、进教材。三要创新吸收各学科学术研究的新成果。随着学科交叉的深入与信息化、全球化的发展，在"马工程"教材体系的编写内容上也不能仅仅集中在马克思主义理论这一学科之内，而是要博采各学科之长，创新性转化，创造性发展，服务于马克思主义理论的创新和发展。

（二）深化思想政治教育学科教材建设

结合"大思政"的工作格局，在教材建设之中要深刻领会教材的基本作

---

① 习近平. 在哲学社会科学工作座谈会上的讲话 [M]. 北京：人民出版社，2016：14.

用，辩证认识教材的属性与教材建设的重要性，正确把握教材与教学之间的关系，深刻激发教材建设对增强思想政治理论课教学的重要意义。为此，一要增强教材内容的理论性与立体性。思想政治教育学科教材作为马克思主义理论一级学科下的二级学科教材，其教材内容要从马克思主义的整体性和政治性出发，应深入马克思主义理论研究，提升教材的理论性，将教材编写作为马克思主义理论资源转化为教育教学资源的现实途径，研究将马克思主义理论内化为大学生世界观、人生观与价值观的基本规律，研究教学内容与方法的科学性和有效性，研究大学生的思想特征和变化规律，对马克思主义中国化最新成果进行深入研究，将其基本内涵与思想内核注入教材体系中，充分体现马克思主义中国化最新理论成果的理论品格。要在教材编写的过程中用历史的厚重感、现实的丰富性和强大的逻辑魅力展现出马克思主义理论的独特魅力。同时，要促进思想政治教育教材体系的立体化。思想政治教育学科教材适用对象十分丰富，在教材编写上应建立一个立体化的教材体系，针对不同学历程度、不同专业的学生进行优化，注重解决以往在教材中出现的内容交叉重复、衔接不当的问题，使每一门课程都有其存在的独特价值，都能对学生的思想产生深远影响。二要优化教材设计的可读性与实践性。思想政治理论课教材只有贴近生活、贴近实际、贴近学生才能展现出其独特的吸引力，尤其是在网络信息发达的当下，学生获得知识的来源已不再局限于教材，因此思想政治学科教材应进一步增强其可读性，更加适应大学生的阅读习惯，在教材写作风格与排版设计上更加简明生动，适应学生的发展需求，增强教材对学生的吸引力。同时，要增强思想政治教育学科教材的实践性，直面学生中所普遍关注的重大现实问题和焦点难点问题，回答学生在思想上的困惑，帮助学生成长发展。

（三）推进教材体系向教学体系的转化

思想政治教学学科教材体系向教学体系的转化，是增强思想政治教育学科教学效果的现实需要，只有做好转化工作才能真实地使思想政治教育学科教材"活起来"。为此，一要突出教材的"有理性"。思想政治教育学科教材体系向教学体系转化的有理性，是指在实践的过程中防止教学之中削弱的教材的理论性，步入"去理论化"和"理论教学肤浅化、表面化"的误区之中，降低了思想政治教育教材的理论性。应在教材设计中就做好教材的理论性设计，同时在理论知识的展示上要突出理论的独特魅力，让思想政治教育教师在教育教学的过程中有一定的教学空间，将真理、事理与情理融入教材设计之中，这是实现思想政治教育学科教材体系向教学体系"有理化"转化的重要前提。二要突出教材的"明理性"。思想政治教育学科教材体系向教学体系的转化其目标就是要"明理"，所谓明理就是要陈述真理、讲明道理，要求思想政治教育中大道理要真正地走到学生的心中，使得学生能够明白一定的道理。"明理"是思想政治教育学科教材体系转化的最终目的，明理的过程就要求我们在教材编写的过程中要用通俗的方式来使得学生能够更好地接受道理，运用"对话""讨论""案例分析"等学生喜欢的方式激发学生对理论学习的兴趣，提升学生的理论境界。三要注重"有理"向"明理"的转化。对理论的转化是思想政治教育实现从"有理"到"明理"的重要桥梁，只有真正实现了理论的转化，才能够将理论生动具体地表达出来，在教材设计的过程之中除了要注重内容上的理论性，更要增强教材的适用性，做好理论的解读工作，使其更有利于走进学生内心。

三、探索"效果导向"的课堂教学创新

课堂教学是高校人才培养的主要途径，教育教学质量直接关系到人才的培养质量。育人要感染学生，就要运用青年喜爱并接受的话语和活动方式，只有被学生认可和接受，才有可能进一步理解和接受话语背后传递的价值观念。育人实际上是一个释疑解惑的过程，要为学生解答人生应该在哪用力、对谁用情、如何用心、做什么样的人，及时回应学生在学习生活中的现实问题。高校育人课堂在融入思想政治教育内容时在一定程度上存在着"理论与现实脱节"的问题，结果就是"言者谆谆，听者藐藐"。面对内涵式发展的新形势，应对客观存在的新问题，高校教学必须转变发展思路，注重效果导向，推进教育教学改革，切实提升高校课堂育人实效。

（一）创新马克思主义在课堂教学中的传播话语体系

话语体系是关于思想、理论、观念的表达系统，是系统化、条理化、规范化的话语。马克思主义传播话语体系，是关于马克思主义的表达系统。马克思主义理论较为深奥晦涩，在传播过程中较难被学生有效理解和掌握。要不断创

新马克思主义传播话语体系，使大学生能够真正学懂弄通马克思主义，做坚定的马克思主义者。

一要坚持马克思主义精神实质，科学把握呼吁体系创新的界限。创新马克思主义传播话语体系，实质是对马克思主义思想、理论的创新性传播和弘扬，主要是用通俗化、大众化、生活化的话语对复杂、深奥的马克思主义理论进行诠释和阐述，归根到底是促进马克思主义的中国化、大众化发展，构建学生通俗易懂的马克思主义话语体系，切莫为了通俗易懂而失去了思想的灵魂价值。在此基础上，中国有自己独特的国情、独特的文化、独特的历史，构筑了中国特色的话语体系，创新马克思主义传播话语体系要遵循中国语境、坚持历史性原则，正确对待中国原有的传统话语体系，将马克思主义话语体系与之相统一、相协调，促进马克思主义中国化发展，才能扎根中国构建有历史底蕴、适宜时代发展的马克思主义传播话语体系，马克思主义传播话语体系的学理性和学术性发展，防止马克思主义传播与本国意识形态割裂开来。

二要关注教育对象的特点，实现教材语言向教学话语的转换。要立足新时代大学生的群体特点、成长规律和实际需要创新话语方式，以大学生喜闻乐见的方式传播马克思主义，使马克思主义话语体系贴近学生实际，尊重学生的接触、接受、认同的主观能动性，增强马克思主义理论传播效果，要结合学生知识水平、思维逻辑和教育的基本原则，促进晦涩生僻的马克思主义理论学术话语向平实朴素的教学话语转变，将理论术语转化为具有框架结构和逻辑线索的教学话语，充分发挥教师课程引导作用，实现理论逻辑结构转化为平实易懂又理性严谨的话语，拉近学生与理论的距离，形成马克思主义理论传播的话语风格。将马克思主义理论话语传播与时事热点、政治热词、社会关注结合起来，提高理论观照现实的能力，激发学生主动学习马克思主义理论的学习兴趣，提升马克思主义理论对学生的吸引力和感召力。

三要做好理论与现实阐释，促进理论话语向实践话语转变。思想理论是现实世界的反映和写照，是时代发展条件下社会思想的凝练，马克思主义是发展的理论，它能根据时代发展变化要求来指导社会前进的方向。要引导学生在实践中检验和发展真理，学生实践活动作为马克思主义理论实践探索的重要内容，引导学生将马克思主义理论融入日常生活、学习和实践，用马克思主义指导认识问题、思考问题、解决问题，在中国特色社会主义的伟大实践中不断深化对马克思主义理解，促进理论话语向实践话语转化，推动马克思主义传播、丰富马克思主义内涵，增强理论自觉。同时，要重视理论传播环境氛围，发挥马克思主义传播话语环境的渗透力，发挥学校、社会、家庭乃至网络传播环境对学生的影响和塑造作用，为学生营造"学马信马""传马护马"的良好文化氛围。

（二）探索传统媒体与新兴媒体在课堂教学中的深度融合

随着互联网技术的迅猛发展，除了报纸、杂志、电视等传统媒体外，抖音、微博、微信等新兴媒体的涌现，也时刻影响着人们的学习生活和社会交往。传统媒体与新兴媒体各具特点、各具优势，二者之间的交流碰撞形成了一个新的概念即"融媒体"。"融媒体"既是一个时代背景，也是一个新兴工具，为育人工作者提供了新的教学手段。高校既要正视"融媒体"时代带来的挑战，亦要把握其带来的机遇，创新教育教学方式，以吸引力、针对性为导向，加强教学过程中传统媒体与新兴媒体深度融合和优势互补，创新交流式、互动式的教学方式，进一步提升学生的接受效果。一要把握融媒体时代机遇，打开课堂教学视野。融媒体时代让传统媒体和新媒体碰撞出诸多活力，为高校教学创新带来机遇，融媒体坚持受众为本，并在实现资源共享、传播形态有效融合、全时空传播等方面具有显著优势，新时期的大学生是伴随着互联网的发展而成长起来的，媒体融合提供了丰富鲜活的教学案例和灵活多变的教学形式，能够适应当代大学生思维活跃、独立、开放的群体特点，满足学生求新求异的成长需求，调动学生对学习的主动性和互动性，提升教学接受效果。二要转变教育教学理念，拓展教师课堂创新的能力和素质。融媒体时代，媒体传播的途径多样化，教育教学的形式多元化，教师是教育的主体，应在传授专业知识的同时，注重对新兴媒体技术的了解和把握，把传统工作优势融入新兴媒体运用之中，坚持受众为主、时效为辅、内容为王的原则，提升信息教育教学精品化发展，切实提高专业知识储备和融媒体运用能力，不断加强与融媒体时代相适应的能力，紧跟时代潮流，学习、掌握各种新媒体平台的应用技巧，积极开设微博、微信等新媒体育人平台，敢于亮剑发声，引导主流舆论，促进融媒体教育常态化发展，把互联网这个最大变量转化为教育教学中的最大增量。三要强化传统媒体与新媒体的优势，创新媒体融合教育教学路径。人在哪里，教育的重点就在哪里，要对比分析传统媒体与新媒体各自的优势，传统媒体具有把关严格、责任明确、专业性强等优势，新媒体具有反馈机制强、传播速度快、发布灵活、信息量大等特点。在教学过程中传统媒体与新媒体的教育教学应用不是割裂的，而是深度融合、发展的，要科学把握网络信息传播规律，创新教育教学方法，有效应对网络信息消极影响，加强网络舆论引导，做到现实与虚拟双管齐下，创造网上与网下齐头并进的良好局面。

（三）促进优秀传统文化在课堂教学中的创造性转化和发展

中华优秀的传统文化是中华民族精神力量的源泉，为高校教学提供了丰富的教育资源。高校要着眼于时代发展需求，面对传统文化要取其精华去其糟粕，扬弃继承传统文化的时代新内涵，创造性转化传统文化的育人价值，引导大学生树立正确的价值观，培育具有民族精神和人文底蕴的社会建设人才。一要把握文化发展的时代任务，展现优秀传统文化的教育教学价值。当今时代，各国之间文化交流日益频繁，我们要不断提高国家文化软实力，增强本国文化竞争力。构建中华优秀传统文化传承发展体系，是建设社会主义文化强国的战略任务。高校作为传承传统文化的重要场所，要积极促进传统文化与当代文化相互融通，从而更好地实现以文化人的历史使命和时代任务。中华优秀传统文化有着丰富的内容和内涵，可以为高校教学提供丰富的教育资源，不管是儒家、道家、法家等哲学思想，还是琴棋书画、茶艺、丝织技术等传统技艺，都可以成为教育教学的内容，传统文化中所蕴含的人文精神会不断提升大学生的文化素养，潜移默化中熏陶着大学生的精神世界，提升学生的文化自信。二是充分挖掘传统文化中的教育内涵，促进其转化为新的文化形态。习近平总书记指出，"要推动中华文明创造性转化、创新性发展，激活其生命力"，[①]体现了传统文化创造性转化的紧迫性，也指明了高校在传统文化教育中的使命与责任。中国传统文化是不同时代的民族印记，涵盖着民族精神和文化底蕴，高校要积极推进优秀传统文化转化和创新，在教育教学过程中要坚持马克思主义的指导，以现代化、大众化为目标导向，积极推进传统文化的创造性发展，与现

---

① 习近平.在哲学社会科学工作座谈会上的讲话［M］.北京：人民出版社，2016：17.

代社会的政治、经济、文化等内涵相适应，贴近学生的生活实际，从而激发大学生的思想共鸣，增强文化育人的实效，培养具有正确世界观和文化自信的人才。同时，积极培养大学生传承中华传统文化的能力，引导学生能够客观中正地对待传统文化，增强大学生感悟传统文化内涵的能力，引导学生深层次探索、哲学性思考，充分挖掘传统文化中的精神食粮，深刻领悟传统文化中的时代价值。要以中国特色社会主义文化为依托，促进传统文化教育融入高校课程体系中，提炼中华优秀传统文化的时代内涵和当代价值，使传统文化成为新时代高校育人的重要内容。同时，要以实践为目的，引导传统文化教育转化为实际行动，引导大学生在社会实践过程中将传统文化内化于心、外化于行，让大学生认识社会、了解国情，使得他们能够顾全大局、服务人民、奉献社会。

第三节　提升教师育人能力

构建高校育人方略要从人抓起，久久为功，增强课程教师育人能力是实现育人功能的重要保证和关键环节。新时代提升思想政治教育实效性需要多元主体和多方力量协同推进，教师是参与思想政治教育教学的重要的主体，这既是天然使命使然，亦是高校落实立德树人的应尽任务。当前，一些课程教师在参与思想政治理论课教学与研究过程中，还在一定程度上存在着重视程度不够、积极性不高、实效性不强的问题，究其根本，还是对自身育人使命的认识不够深刻，思想政治教育能力不够过硬，亟待强化教师在育人中的主导地位，加大马克思主义学者培养力度，提升思想政治教育素养，从整体上提升教师的育人能力。

一、落实教师在育人中的主导地位

教师是高等教育发展的第一资源，是立教之本、兴国之源，是推动高校育人工作有效发挥育人功能的根本条件。所谓"经师易求，人师难得"，教育的"育"要以学生为本、以学生为中心，"教"要以教师为本、教师为主导。在育人过程中，教师就是关键因素和中坚力量。切实提高高校育人工作中每一位教师参与思想政治教育教学活动的积极性、主动性和创造性，是推动育人取得实效的重要保证。

（一）强化教师在高校教学科研中的主导作用

教学科研是教师的基本职责，要处理好教育与科研的辩证关系，回归到教学活动本身，用科学研究提升教学质量，深刻认识到教师在教学中的重要地位和作用，今天的学生可能成为明天的学者，今天的学术大师也曾是昨天的学生，只有把科学研究与学生培养真正结合起来，才能使学生更深入地学习专业知识，了解学科发展中的前沿问题和深层次问题，才能更加系统地了解所在研究领域的知识体系，学生的知识水平真正提高了，学科水平也就真正地提升了，才能产生创造性、高水平的学术成果，这样也就从根本上提高了育人的水平，促进学生的思想观念和专业素养的全面发展，也在一定程度上解决了高校育人工作研究的人才储备和梯队建设问题。

（二）巩固教师在教书育人中的主导作用

教书育人是教师的天职，育人质量在很大程度上取决于教师教书育人的姿态和水平。虽然不同学科的教师传授的知识体系、讲授内容和教学方法不尽相同，但是为党育人、为国育才的根本目标是一致的。教师不能只做"象牙塔"和"桃花源"里传授书本知识的教书匠，要始终与党和人民同心同向同行，把握学生成长规律、尊重学生个性，要把知识教育与价值观教育和素质教育灵活有效地结合起来，把思想引领和价值塑造融入每一门课程的教学之中去，贯穿学生学习生活全过程，使学生在掌握知识体系的和专业本领的同时，塑造灵魂、塑造生命、塑造人，引导学生养成科学的思维方式、严谨的科学态度、为人处世的人生哲理和勇于搏击的创新精神，通过身体力行正向影响学生思想、观念、言行，给予学生受益终身的宝贵启示和人生财富。

（三）提升教师在实践育人中的主导作用

实践是认识的基础，也是育人的基本途径。"要强化社会实践育人，系统设计实践育人教育教学体系，完善科教融合、校企联合等协同育人模式，加强实践教学基地建设。"[①] 教师应正确认识实践育人的重要地位与作用，将其视为统筹教育理念、教育模式、教育实践于一体的教育体系结构，促进实践育人

---

① 中共中央文献研究室.十八大以来重要文献选编：下［M］.北京：中央文献出版社，2018：489.

与理论武装的有机结合，将"读万卷书"与"行万里路"相结合，推动构建政府、社会、学校协同联动的"实践育人共同体"，推动实践类课程建设，丰富实践类教学活动形式，注重在知行合一中培育学生的创新精神和解决问题的实践能力，努力扎根中国大地了解国情、社情、民情，在社会实践的熔炉中增长智慧才干，在奋斗中锤炼意志品质，这既是对马克思主义教育原理的基本遵循，也是促进学生全面成长成才的客观需要。

（四）优化教师在高校育人氛围中的主导作用

广大教师是育人的主体，主体不觉醒，育人功能就难以落地。高校应合力利用教师的社会影响力和贡献力，推动高校育人工作小课堂和社会大课堂的有机结合，积极汇聚校内外资源合力，围绕育人积极营造优良的校风、教风、学风，加大正面宣传和舆论引导力度，推动形成齐心协力育人的良好氛围，形成提升育人功能的无形力量。

二、继续加大马克思主义学者培养力度

高校育人工作领域是知识分子密集的地方，要关心好、培养好、使用好，确保育人的源头活水。要发现、培养、聚集一批有深厚马克思主义理论素养、学贯中西的思想家和理论家，一批理论功底扎实、勇于开拓创新的学术带头人，一批年富力强、锐意进取的青年学术骨干。

（一）以"重点马克思主义学院建设工程"为平台，培养一批马克思主义学者

人才培养需要依托好的平台，早在 2015 年，中央宣传部、教育部印发的《普通高校思想政治理论课建设体系创新计划》就规划实施了"重点马克思主义学院建设工程"，要求建设一批集马克思主义理论学习教育、研究宣传、人才培养于一体的高水平马克思主义学院，为培养马克思主义学者搭建了培养平台。部分高校通过把马克思主义学院作为重点学院，纳入学校整体发展规划以及"双一流"建设方案进行建设，选聘高水平教授，明确二级学科带头人，实施"传帮带"的培养机制，支持教师赴国内外进行高水平学术研讨交流，搭建高端理论教育与学术研究平台，持续提升马克思主义学者阶梯式培养的质量和水平。同时，要完善高校育人工作领域人才选聘及激励机制，对科研成果进行

评优奖励，保障教研用房空间、薪资职称待遇，尊重马克思主义学者的知识成果，在"万人计划""四个一批"等人才项目中加大倾斜支持力度，大力培养马克思主义理论学科领军人才，增强马克思主义学者的认同感、荣誉感、责任感，在为国、为民立德立言中成就自己的价值。

（二）以"青年马克思主义者培养工程"为平台，培养一批青年马克思主义者

"青年马克思主义者培养工程"（以下简称"青马工程"）是在 2007 年由共青团中央启动实施的，以大学生骨干、高校团干部、高校青年教师为三大群体，建立了全国、省级、校级三级培养体系，培养了数以百万计的青年骨干。"青马工程"事关党的事业后继有人，事关国家的兴旺发达，事关青年的健康成长，具有重大而深远的意义。2017 年，中共中央、国务院印发的《中长期青年发展规划（2016—2025）》中，将"青马工程"列为重点项目的第一项来部署推进。高校要持续深入推进"青马工程"，坚持政治性、突出思想性、注重实践性，通过对青年学生加强党性修养、理论学习和实践本领等方面的培养，使之成长为具有较强思辨能力、创新能力、动员能力，对党忠诚、绝对可靠，关键时刻能够为党冲锋陷阵的青年政治骨干。在这个过程中，要有力发挥红色理论社团在"青马工程"发展中的重要作用，重视和扶持理论学习型社团，明确红色理论社团要以学习、宣传、研究和实践马克思为核心任务，使社团宗旨与党的主流意识形态保持高度一致，加强对社团骨干成员的政治立场、组织管理能力等综合素质的严格考核和系统培训，聘任具有较高马克思主义理论水平、教学与学术研究经验丰富的指导师资，充分发挥红色理论社团源自青年学生、服务于青年学生的先天优势，丰富和创新"青马工程"教育模式和实践抓手，积极为党培养新时代的青年马克思主义者，培养马克思主义学者储人才。

三、提升教师的思政素养

教师要牢记总书记的殷切嘱托，自觉成为"先进思想的倡导者、学术研究的开拓者、社会风尚的引领者、党执政的坚定支持者"。[①]

---

① 习近平.在哲学社会科学工作座谈会上的讲话［M］.北京：人民出版社，2016：27.

（一）提供精神指引，做先进思想的倡导者

高校是意识形态工作的前线阵地，教师肩负着思想观念的引导、文化的传承和创新的重大责任。他们必须坚持马克思主义的指导地位，充分发挥社会主义核心价值观的凝聚作用，深入实施习近平新时代中国特色社会主义思想，加强党在高校意识形态领域的领导作用，积极推广和发展中华民族的优秀传统文化、革命文化和社会主义先进文化，引导学生更好地建立中国信心，涵养中国精神，汲取中国力量。一要自觉坚持以马克思主义为指导。教师必须深入理解马克思主义作为中国特色社会主义大学最鲜明的基础，并始终坚定地维护党在高等教育意识形态领域的领导地位。在政治立场、价值观和舆论导向方面，必须与党中央保持持续的一致性，以无条件和高质量的方式传播党的观点和主张。必须自觉地以马克思主义作为指导思想，确保学生真正地学习、理解、信仰和应用马克思主义，这样才能有效地传播和引导他们科学地认识马克思主义的历史、科学和现实属性，并深刻理解马克思主义的真理力量。二要坚持用习近平新时代中国特色社会主义思想武装头脑。习近平新时代中国特色社会主义思想代表了马克思主义在中国的最新发展，它融合了党和人民的实践经验与集体智慧，是中国精神在这个时代的精髓，也是指导国家政治和社会生活的基本方针，这是新时代高校在思想政治工作中必须持续遵循的核心思想。在教学中贯彻好这一科学理论对做好大学生思想政治工作具有重要意义。高校中的思想政治工作人员需要深入、全面地掌握习近平新时代中国特色社会主义思想的核心思想和精神内涵，以此来武装思想、教育学生，并确保他们能够深入理解、全面掌握并真诚实践。

（二）倡导知识创新，做学术研究的开拓者

创新不仅是民族向前发展的核心精神，也是推动社会持续进步的持久力量。在知识经济时代，一个国家的竞争力越来越取决于知识创新与技术创新。在当前的全球背景下，国家综合实力的争夺在本质上是对人才的争夺，最核心的是那些拥有创新思维和能力的人才之间的角逐。在新时期新形势下，高等教育肩负着培养创新型人才的重要历史使命，而大学教育则承担着实现这一使命的主要途径之一。创新不仅是高校持续发展的核心议题，同时也是社会进步、实践加深和历史发展对高校提出的不可或缺的需求。高校教师作为知识创新与传播的主体，在促进科技自主创新方面起着举足轻重的作用。教育工作者必须深刻理解创新在学术研究中的指导角色，持续增强学术创新能力，并为国家及社会的进步作出有益的学术贡献。为此，我们必须从以下几方面着手提高自身科研水平，努力使自己成为名副其实的研究型学者。首先，我们需要抓住创新的机会，并始终坚守学术研究的问题导向原则。

新的时代无疑为高校的教育工作创造了宽广的发展机会，这不仅是一个理论需求强烈的时代，也是一个理论必然会诞生的时代。理论来源于实践又服务于实践，只有通过不断地探索才能使其不断完善。理论的活力源于不断地创新，在历史的进程中，与其他领域的创新相比，学术研究的创新显得更为关键和迫切。只有不断地进行学术创新，才会推动高校育人工作向前推进。我们必须明白，理论上的创新并不是简单地照搬或模仿，而是基于实际情况并坚持问题导向，这是学术创新的核心和焦点，否则高等教育的人才培养工作可能会显得力不从心。首先，要强化研究基础，夯实学科根基。我们应该以当前正在进行的工作为核心，从我国的改革和发展实践中寻找新的材料、识别新的问题、提出新的观点、构建新的理论，这样才能提炼出有意义的学术创新成果，并为人才培养提供源源不断的源泉。其次，我们需要指导学生增强他们的创新思维，并提高他们的创新技能。培养大学生的创新能力需要教师转变教学观念、改进教学方式，提高教学质量，还要注重激发学生学习兴趣、营造良好氛围、开展第二课堂活动等。教师需要深刻认识到，创新是年轻人应当具备的品质。他们应该勇于打破传统的思维模式，打破固有的思维习惯，擅长识别和解决问题，勇于开展实践活动和探索真理。教师应培养历史思维、辩证思维、系统思维和创新思维的习惯，并在科研活动中不断提升学生的创新能力。教师应以理论为引领，理解创新的特点和规律，努力创造能够造福社会和人民的创新成果。

（三）崇尚主流文化，做社会风尚的引领者

社会风尚是人们思考、追求而形成的社会风气和文化潮流。党的十九大报告提出："中国特色社会主义文化，源自中华优秀传统文化，熔铸于党领导人民在革命、建设、改革中创造的革命文化和社会主义先进文化，植根于中国特色社会主义伟大实践。"① 教师应当主动地实践社会主义的核心价值观，凭借

① 习近平.在中国共产党第十九次全国代表大会上的报告［M］.北京：人民出版社，2017：41.

丰富的学识和修养赢得他人的尊重，并用高尚的人格魅力来引导社会风尚。为此，需要做以下几个方面工作：首先，要科学地理解先进思想文化传播的核心内容。把立德树人为根本任务作为根本要求。我们致力于将中华卓越的传统文化进行创新性的转化和发展，不断深化和丰富中华传统文化的精神内核。通过新时代的解读方式，我们鼓励学生研读中华经典，深入理解中华文化，从而提高中华传统文化的社会影响和吸引力。其次，要着力培育爱国情怀。为了更深入地认同中国的革命文化，我们需要以爱国主义作为核心主题，引导学生深入了解中国的革命历程，理智地认识到革命精神的巨大影响，确立并坚守正确的历史观、民族观和国家观，并感性地认同中国革命文化的红色基因，从而增强他们作为中国人的骨气和底气，并明确他们所承担的责任和使命。再次，为了鼓励对社会主义先进文化的深入实践，要将社会主义先进文化整合到教育、学风、师德和师风的建设中，使学生能够不知不觉地接受并实践社会主义先进文化，这也是培养学生文化自信的关键途径。最后，我们必须始终强调社会主义核心价值观的领导地位。学校要把弘扬与培育社会主义核心价值观作为一项重大战略任务来抓。中华民族普遍追求的价值是社会主义核心价值观。作为高校教育工作者，应以立德树人根本任务为主线，把培育和践行社会主义荣辱观贯穿于高等教育始终。教师应致力于培养能够肩负起民族复兴重任的新一代人才，将社会主义核心价值观的培养和实践全面地融入教育和教学的各个环节中。通过课程设计、日常实践和模范示范等多种方式进行细致、细致和具体的落实，引导学生科学地理解社会主义核心价值观的真正含义，并将其自觉地转化为情感认同和行为习惯，从而在全社会范围内推广和实践社会主义核心价值观的积极风尚。

参考文献

［1］陈仕俊，陈军强.润物无声风化于成三全育人的校本探索与实践［M］.杭州：浙江工商大学出版社，2022.

［2］付瑞红.高校"三全育人"教育体系评估及实践探索［M］.北京：燕山大学出版社，2021.

［3］姜雅净，程丽萍.三全育人理念下高校课程思政改革实践［M］.上海：立信会计出版社，2021.

［4］阚雅玲名师工作室.课程思政探索与实践［M］.广州：广东高等教育出版社，2021.

［5］李淑静.应用型本科高校实践育人研究［M］.长春:吉林大学出版社，2021.

［6］李薇，沈大明.多重视域下课程思政研究［M］.北京：中国轻工业出版社，2022.

［7］连那.新时代高校思政育人体系建设研究［M］.长春：吉林大学出版社，2022.

［8］刘莉莉.课程思政研究与改革实践［M］.北京：北京航空航天大学出版社，2022.

［9］陆官虎.高校课程思政工作建设研究［M］.长春：吉林大学出版社，2022.

［10］马志强，周国华.新时代高校组织育人理论与实践［M］.镇江：江苏大学出版社，2021.

［11］任旭东，马国建.新时代高校科研育人理论与实践［M］.镇江：江苏大学出版社，2021.

［12］上海大学课程忌政教学研究中心.课程思政教学设计［M］.上海：上海大学出版社，2022.

［13］宋红波，陈尧.高校外语课程思政理念与实践研究［M］.武汉：武汉大学出版社，2022.

［14］苏基协.新时代高校"三全育人"理论与实践创新研究［M］.西安：西北工业大学出版社，2022.

［15］吴春笃，陈红.新时代高校服务育人理论与实践［M］.镇江：江苏大学出版社，2021.

［16］吴坤埔，彭杨.高校三全育人开展路径探索与创新［M］.西安：西北工业大学出版社，2022.

［17］袁东升，张成．蒋晓敏.高校三全育人体系的创新发展研究［M］.西安：西北工业大学出版社，2022.

［18］张娇.课程思政育人实效性研究［M］.北京：中国纺织出版社，2022.

［19］张玉.高校匠心鲁班育人实践体系研究［M］.长春：吉林大学出版社，2022.

［20］赵巧玲，宗晓兰.高校实践育人研究［M］.长春：吉林人民出版社，2020.

［21］周乐成，陈艳波.哲学教育与课程思政［M］.贵阳：贵州大学出版社，2022.

［22］朱建军.高校文化育人探索研究［M］.长春：吉林出版集团股份有限公司，2021.

［23］丁霞.中华优秀传统文化在高校育人中的效用、困境及进路［J］.汉

字文化，2022（20）：176-178.

［24］段吴勇.高校育人功能探索及其问题研究［J］.公关世界,2021（24）：146-147.

［25］符可."五育并举"视域下高校党史育人路径探析［J］.科教文汇，2022（12）：5-9.

［26］高丽萍.浅论"三全"育人格局下的高校课程思政［J］.秦智，2022（11）：101-103.

［27］耿思嘉.将红色文化融入高校育人工作的路径研究［J］.北京教育（德育），2021（11）：92-95.

［28］贺卫.基于生态文化建设的高校育人路径研究［J］.环境工程，2022，40（09）：317.

［29］雷晓燕，胡晓迪，吴芳.高校课程思政高质量发展路径研究［J］.重庆电力高等专科学校学报，2022，27（05）：50-52+61.

［30］李斌，杨航宇.高校思政育人工作中数据挖掘技术应用探索［J］.北京教育（德育），2022（09）：67-70.

［31］李冬梅，汪辉.新时代"双创"背景下高校育人观念探究［J］.湖北开放职业学院学报，2022，35（08）：13-15.

［32］李芳.提高育人质量：新时代高校研究性教学的可行与应为［J］.贵州师范大学学报（社会科学版），2022（05）：53-63.

［33］李海霞，舒厚婷.高校课程思政建设的回观、研判与未来优化策略研究［J］.世纪桥，2023（08）：84-86.

［34］李杰.创新驱动发展下高校创新创业育人体系的构建［J］.职大学报，2021（05）：73-78.

［35］李雪丽.新时代思想政治教育视角下高校三全育人内在逻辑研究［J］.湖北开放职业学院学报，2023，36（15）：103-105.

［36］凌淑瑜，曹盈."三全育人"视域下新时代高校学生社区协同育人模式研究［J］.吉林工程技术师范学院学报，2022，38（07）：4-6.

［37］凌烨丽，王石.必然·实然·应然：党的二十大精神融入高校课程思政刍议［J］.机械职业教育，2023（08）：50-55.

[38]马军,阳剑兰.高校辅导员与专业教师协同育人机制内涵、功能及构建路径[J].高教学刊,2022,8(25):159-162.

[39]梅乐堂.新形势下推进高校管理育人工作的途径[J].中外企业文化,2022(08):190-192.

[40]帕提古丽·吾布力."三全育人"视域下高校教务工作者服务育人机制的探析[J].就业与保障,2023(08):160-162.

[41]宋家本.建党以来高校育人方式发展的历史沿革、理论基础与实践逻辑[J].决策与信息,2022(08):89-96.

[42]王风雷.高校课程思政实施效果评价体系的构建[J].黑龙江科学,2023,14(15):103-105.

[43]王嘉莹.提升高校课程思政与思政课程协同育人效应[J].中共太原市委党校学报,2023(04):65-67.

[44]王建华,伍动辉,王亚达.创新"五融"模式构建"三全育人"新格局[J].职业,2022(18):16-18.

[45]吴勇.SWOT理论下高校课程思政建设现状研究[J].黑龙江科学,2023,14(15):100-102.

[46]徐蓉,周璇.师资联动:构建"大思政课"育人格局[J].思想理论教育,2022(04):25-30.

[47]杨洋.构建高校"三全育人"长效机制研究[J].林区教学,2022(09):9-12.

[48]杨哲,陈一,张阳.新时代高校课程思政建设存在问题与解决方法[J].高教学刊,2022,8(31):177-180.

[49]袁秦英,朱亚琪.关于对高校思政课程与课程思政协同育人路径的研究[J].四川劳动保障,2023(08):49-50.

[50]张金松,任少伟,杨旭东.高校"三全育人"过程中文化自觉的理论探析[J].徐州工程学院学报(社会科学版),2023,38(03):102-108.

[51]郑江华.新时代高校落实"三全育人"工作研究[J].吉林省教育学院学报,2023,39(08):33-37.

[52]郑文婷.新时代高校推进"三全育人"工作的困境与对策研究[J].

吉林农业科技学院学报，2023，32（04）：41-44.

[53] 钟凤宏，刘畅.新媒体时代融入"四史教育"对高校育人模式创新的影响 [J].办公室业务，2022（04）：87-88.